선진국의 탄생

선진국의 탄생
― 한국의 서구 중심 담론과 발전의 계보학

김종태 지음

2018년 3월 31일 초판 1쇄 발행
2019년 6월 21일 초판 2쇄 발행

펴낸이 한철희 | 펴낸곳 돌베개 | 등록 1979년 8월 25일 제406-2003-000018호
주소 (10881) 경기도 파주시 회동길 77-20 (문발동)
전화 (031) 955-5020 | 팩스 (031) 955-5050
홈페이지 www.dolbegae.co.kr | 전자우편 book@dolbegae.co.kr
블로그 imdol79.blog.me | 트위터 @Dolbegae79

주간 김수한 | 편집 라헌
표지디자인 오혜진 | 본문디자인 이은정·이연경·김동신
마케팅 심찬식·고운성·조원형 | 제작·관리 윤국중·이수민
인쇄·제본 상지사P&B

ISBN 978-89-7199-848-9 (93300)

이 도서의 국립중앙도서관 출판예정도서목록(CIP)은 서지정보유통지원시스템 홈페이지
(http://seoji.nl.go.kr)와 국가자료공동목록시스템(http://www.nl.go.kr/kolisnet)에서
이용하실 수 있습니다.(CIP제어번호: CIP2018010100)

책값은 뒤표지에 있습니다.

이 저서는 2013년 정부(교육부)의 재원으로 한국연구재단의 지원을 받아 수행된
연구임(NRF-2013S1A6A4017561).

선진국의 탄생

한국의 서구 중심 담론과 발전의 계보학

김종태 지음

선진국
행복
삶의 질
사회적 공감
상상력
공동체

선진국의 문턱
미래상
동경
서구중심주의
중진국

위기의식
근대 식민주의
후진국
경제 성장
공업화·산업화
개화·문명·발전 담론
개발 독재

돌베개

더 성숙하고

평화로운 세상을 살아갈

아이에게

책머리에

    짬이 날 때면 한강을 산책한다. 저녁이면 외로운 듯 높이 빛나는 남산서울타워가 보이고, 한강은 도시가 뿜어내는 색색의 빛을 품으며 유유히 흘러간다. 필자에게 한강 공원의 이미지는 편안함과 여유로움이 감도는 공간에 가깝다. 사람들이 삼삼오오 잔디밭에 앉아 얘기하거나, 자전거를 타거나, 반려견과 노닐며 여가를 즐기는 모습을 보며 선진국의 모습을 상상하고는 한다. 서울의 한강처럼 평온하게 즐길 수 있는 대중 공간은 다른 나라의 대도시에도 드문 편이다. 사실 많은 한국 사람들이 동경하는 뉴욕의 센트럴 파크도 밤이면 위험 지대가 되고는 한다.

    미국 유학 중 서브프라임 모기지sub-prime mortgage를 공부하기 위해 1년 일정으로 방문한 한국인 연수생을 만났다. 그런데 그가 귀국하고 얼마 지나지 않아서 미국은 바로 그 서브프라임 모기지 때문에 심각한 금융 위기를 겪었다. 미국의 금융 제도라면 무엇이든 선진 사례로 한국의 연구 주제가 될 수 있는 현실은 우습고도 서글프다. 한국 사회는 남북 간의 극한 대립 속에서 미국의 패권에 안주하며, 미국과 서구에 대한 비판적 사고 능력을 적지 않게 잃었다.

    미국 생활 중 여러 면에서 "미국이 정말 한국보다 나은 나라일까?"라는 의문을 품고는 했다. 미국 사회 내부의 극심한 경제·사회적 불평

등, 내재된 폭력성, 개인·소비주의, 암묵적인 인종 차별주의, 고도의 감시·통제 체계, 그리고 대외적으로 '자유와 민주주의'의 명분하에 저지르는 일방주의적 행태를 보며, 이제 한국 사회가 미국에서 벗어나야 할 때가 아닌지 생각했다.

하지만 아직 한국에서 미국은 선망의 대상이다. 한국 사회의 주류는 여전히 미국에 대한 정신적 의존에서 벗어나지 못하고 있다. 미국의 최고 대학이라는 하버드대학교가 한국 사회에서도 최고일 수 있는지 진지하게 고민해 본 적이 없으면서도, 우리는 맹목적으로 그 지적 권위를 인정한다. 한국의 서구(미국)중심주의자들은 서구의 시각에서 한국 사회를 평가·비판하는 데 익숙해졌다.

그렇다면 서구중심주의자들이 한국 사회에서 패권을 지키고 그 시각을 정당화할 수 있는 이유는 무엇일까? 미국의 실상과 한국에서 상상하는 미국 간의 간극은 어디에서 비롯되는가? 한국 사회가 미국과 서구에 대해 '결핍 정체성'을 갖고, 이들과의 위계 관계를 당연시하는 이유는 무엇일까?

이 책은 한국 사회가 서구에 품은 막연한 동경심에서 비롯된 정체성 결핍의 역사적 기원과 전개 그리고 이런 정체성이 한국 사회의 변화와 발전에 끼친 영향을 주제로 삼은 최초의 사회학적 탐구다. 이 탐구를 위해서 19세기 말의 개화기부터 현재까지 한국 사회를 지배한 서구 중심 담론의 궤적을 전 지구적인 패권 담론의 변화라는 맥락에서 추적했다.

박사 과정 중에 연구를 시작해 10년 가까운 시간이 지나고서야 독자들께 그 성과를 보이게 됐다. 짧지 않은 시간 동안 최선을 다했지만, 면박綿薄한 탓에 여기저기 미흡한 부분이 있는 듯해 두렵기도 하다. 모쪼록 졸저가 한국 사회가 스스로를 깊이 성찰하며, 더 나아가 탈서구중심주의·탈발전주의적 상상력을 높이는 데 작은 보탬이 됐으면 한다. 독자 여러분의 질정叱正을 바란다.

이 책은 필자의 박사 학위 논문이 바탕이 됐고, 여러 장章은 국내외의 학술지에 발표한 글을 대폭 수정·보완했다. 보다 많은 독자를 위한 인문 교양서를 염두에 두고 내용과 문장을 세심히 다듬은 만큼, 흥미롭게 읽을 수 있기를 기대한다.

책이 나오기까지 여러 분께 신세를 졌다. 우선 이 책은 얀 네더빈 피터스Jan Nederveen Pieterse(현 미국 캘리포니아대학교 샌타바버라캠퍼스 교수) 선생님의 가르침 덕분에 가능했다. 필자의 박사 과정 지도 교수였던 선생님은 '탈서구 중심의 다극화 세상'을 주창하는 대표적인 글로벌 사회학자로서, 필자가 탈서구중심·탈발전주의의 세계를 상상할 수 있도록 이끌어 주셨다. 일리노이대학교의 링컨 홀과 푸른 교정, 그리고 맛좋은 포도주가 있는 어배너의 자택 등에서 학문과 인생에 대해 아낌없이 조언해 주신 선생님의 은혜를 영원히 잊지 못할 것이다. 네더빈 피터스 선생님은 어느덧 칠순이 넘은 연세에도 왕성한 집필 활동을 하시며 게으른 제자를 깨우쳐 주신다. 선생님의 학술 활동이 앞으로도 오랫동안 지구 사회에 큰 울림을 주길 바라며, 이 책을 감히 선생님께 바친다.

다음으로 필자의 유학을 지원해 주신 고 홍승직 선생님과 박길성·손석춘 선생님께 감사드린다. 학부 졸업 후 12년 만에 다시 사회학을 공부하겠다고 나선 필자에게 고 홍승직 선생님과 박길성 선생님은 은사의 자격으로서 흔쾌히 최선의 추천서를 써주시며 제자의 학문적 성취를 기원해 주셨다. 직장 선배인 손석춘 선생님은 필자의 결단을 남몰래 지지하며 여러모로 도움을 주셨다.

애리조나주립대학교의 여러 선생님들께도 감사 말씀을 드린다. 특히 지도 교수였던 조지 토머스George M. Thomas 교수님을 비롯해 메리 베닌Mary Benin·카렌 밀러로시Karen Miller-Loessi 교수님께 감사드린다. 당시에 영어조차 어설펐던 필자는 선생님들의 너그러운 관심과 배려로 석사 과정을 성공적으로 마칠 수 있었다.

일리노이대학교의 노먼 덴진Norman K. Denzin·팀 리아오Tim F. Liao·제임스 해이James W. Hay·브라이언 딜Brian J. Dill 교수님께 감사드린다. 박사 학위 논문의 심사위원을 맡아 주신 이 선생님들의 애정 어린 비판과 조언, 그리고 배려가 없었다면, 필자의 연구는 훨씬 더 어렵고 긴 시간이 걸렸을 것이다.

조대엽·김종길 선생님은 귀국한 필자가 한국 학계에 안착할 수 있도록 다양한 도움을 주셨다. 필자의 무능 탓으로 선생님들의 기대에 부응하지 못하는 듯해 언제나 송구함을 감출 수 없다.

박정현·이동준 선생님과 안암골 일대에서 막걸리 잔을 기울이며 나눈 대화들은 이 책의 자양분이 됐다. 한국 사회 내 '서구 콤플렉스'의 심각성을 함께 토로하며, 이 연구의 중요성을 일깨워 주시고 격려해 주신 선생님들께 감사드린다.

고려대학교 아세아문제연구소(아연)는 2011년에 갓 박사 학위를 받고 귀국한 필자에게 안정적인 연구 공간을 내 주었다. 아연이 없었다면 이 책의 집필은 훨씬 어려웠을 것이다. 이내영·윤인진·송규진·이정남 선생님을 비롯한 아연의 여러 선생님께 감사드린다.

선진국 담론과 발전주의 연구는 한국연구재단 등의 지원에 힘입어 현재 그 대상을 중국·일본·대만 등 동북아시아 지역으로 확대하고 있다. 필자와 국제 비교 공동 연구에 기꺼이 동참해 많은 깨달음과 논제를 주신 정일준·윤은자·송병권·왕은미 선생님께 감사드린다.

이 책은 한국연구재단이 시행한 2013년도 저술출판지원사업의 선정 결과물이다. 당시 한국 사회에서 생소한 주제였을 선진국 담론 연구의 필요성에 공감해 주신 익명의 심사위원 선생님들과 연구재단 관계자께 감사드린다.

도서출판 돌베개는 어려운 출판 환경 속에서도 졸고의 인문·사회학적 가치를 평가해 기꺼이 출판을 맡아 주었다. 졸고를 훌륭한 단행본으로 정성껏 꾸며 주신 한철희 대표, 김수한 편집주간, 라헌 편집자를 비롯한 출판사 관계자들께 감사 말씀을 전한다. 이 책의 영문판 격으로 영국 런던과 미국 뉴욕에서 출판된 *Eurocentrism and Development in Korea*(Routledge, 2018)에도 독자 여러분의 관심을 바란다.

마지막으로 필자의 가족에게 고마움을 전하고 싶다. 언제나 부족한 맏아들의 행복한 삶을 늘 기원하시는 부모님께 감사드린다. 자칭 예술가인 아내 영미는 필자가 언제나 정서적으로 의지할 수 있는 존재다. 늦깎이 공부에 나선 아빠를 따라 변화하는 여러 환경에서도 현명하게 자라 준 아들 원준에게 고마운 마음을 전한다. 이 책이 원준의 세대가 살아갈 세상을 보다 성숙하고 평화롭게 하는 데 조금이나마 기여할 수 있기를 바란다.

2018년 초봄
북악산 기슭 연구실에서 김종태

차 례

서론 / "선진국 담론"이란 무엇인가?

한국 사회는 선진국 담론의 견고한 틀에 깊이 갇혔다. 2010년 11월에 당시 집권 여당이었던 한나라당의 대표는 당 중앙연수원 특강에서 아래와 같이 말했다.

박정희 대통령의 뜻을 받들어서 조국을 앞으로 선진화로 이끌어 나가고 선진국으로 이끌어 나갈 세력이 어느 당인가. 바로 한나라당이 아닌가. …… 바로 한나라당이 우리나라를 선진국으로 이끌어 나가기 위해서는 반드시 이명박이 성공을 거두어야 된다. …… 저는 한나라당이 정권을 다시 잡아서 대한민국을 선진국으로 올려놓아야 되는 것이 시대적 사명일뿐만 아니라 또 그것을 할 수 있는 정당은 저는 대한민국에서 한나라당 밖에 없다고 생각한다. …… 다음에 또다시 노무현 정권과 같은 그런 정권이 들어선다면, 저 민주당 정권, 좌파 정권이 들어선다면 결국은 우리나라가 선진국으로 진입하는 데 실패하리라고 생각한다.

이 인용문에는 "선진국(선진화)"이라는 단어가 무려 5회나 나온다. 한국 사회에서 선진국이라는 개념이 얼마나 중요한지, 또 어떤 정치·사회적 구실을 하는지 여기서도 잘 드러난다.

우선 선진국은 대한민국의 국가 목표를 표상한다. 연설은 선진국으로 올라가거나 "진입"하는 것이 "시대적 사명"이라며 이 목표를 완수할 정당은 한나라당밖에 없다고 주장했다. 정당의 정당성을 "선진국 진입"의 달성과 결부시켰다.

한나라당은 대한민국을 선진국으로 "올려놓을" 정당이지만, 노무현 정권 같은 "좌파 정권"은 실패할 것이라고 비판했다. 이어서 이명박이 성공해야 하는 이유 역시 "우리나라를 선진국으로 이끌어 나가기 위해서"라고 말한다. 그러므로 이명박 이후 한나라당의 정권 재창출은 이런 "시대의 사명"이라고 주장한다.

연설은 다음과 같은 내용으로 이어진다.

이명박은 우리나라를 정말 선진국으로 진입할 수 있도록 기본 틀을 만들어놓고 그 다음에 우리 한나라당이 훌륭한 후보를 뽑아서 그 사람을 대통령으로 당선시켜 선진국으로 진입하는 것을 완성하는 것은 다음 한나라당 대통령이 완성시켜야 된다는 것이 저희 생각이다. 또 그렇게 하여 3만 불 이상으로 올려놓으면 3만 불 이하로는 떨어지기 힘들다. 그러나 2만 불 시대에서는 1만 5천 불, 2만 불 오락가락하니까 우리가 완전한 선진국으로는 진입하지 못하고 있다. …… 우선 한나라당이 다음 정권을 잡아야만 일 잘하는 이명박 정부의 뒤를 이어서 우리 대한민국을 선진국으로 올려놓지 않겠는가. 국민 소득 3만 불 시대로 올려놓을 수 있지 않겠는가. 그러려면 다음 정권을 재창출해야 된다.

위 연설에는 한국의 정치권이 인식한 한국의 정체성이 드러난다. 즉 한국은 아직 선진국이 아니며 진입 단계에 있다는 것이다. 연설은 한국이 선진국으로 진입하지 못하는 이유로 국민 소득 1만 5천 달러,

2만 달러를 오락가락하는 것을 든다. 그러면서 국민 소득 3만 달러를 선진국의 조건으로 제시한다.

또한 이 연설은 선진국을 향한 향후 일정을 제시했다. 이명박이 선진국 진입의 기본 틀을 만들고, 한나라당의 다음 정권이 선진국 진입을 완성한다는 것이다. 이 연설을 하고 3개월 남짓 지나서 한나라당은 당명을 새누리당으로 바꾸고 대선에서 승리해 정권 재창출에 성공했다. 하지만 결과적으로 선진국 진입이라는 시대적 사명은 완수하지 못한 채 헌정사상 최초로 탄핵된 대통령의 '공범'으로서 국민적 지탄을 받고 있다.

돌이켜 보면 탄핵당한 박근혜 전 대통령은 지난 2007년 한나라당 대통령 후보 경선에 출마하면서 "5년 안에 선진국 건설"이라는 청사진을 제시했다. 지지자들은 "5년 안에 선진국, 박근혜는 할 수 있다", "박근혜와 함께 선진국으로" 등의 구호와 함께 선진국의 사명을 달성할 지도자로 박근혜를 내세웠다. 스스로 이룬 업적 없이 아버지 후광에 전적으로 기댄 정치인 박근혜는 과연 그럴 역량이 있었을까?

박근혜가 선진국 건설을 역설했지만 한나라당은 "샐러리맨의 신화"로 불리는 이명박을 대통령 후보로 선출했고, 그는 2007년 12월 19일 제17대 대통령 선거에서 48.7퍼센트의 득표율로 당선됐다. "발전주의 신화"에 익숙한 한국인들은 과거 산업화 시대에 불도저 같은 저돌적 경영 능력을 뽐낸 이명박이 '747 공약(연평균 7퍼센트 성장, 1인당 소득 4만 달러, 세계 7대 강국 진입)을 달성해, 한국을 선진국으로 인도하기를 기대했을 것이다.

대통령에 취임한 이명박은 선진화라는 구호를 내세우며 선진국 진입을 꾸준히 국가 목표로 제시했다. 그가 22조 원의 예산을 들여 뚝심 있게 추진한, 이른바 4대강 사업을 찬성론자들은 "선진국으로 가는 길", "선진국 도약의 계기 마련" 등으로 정당화했다.

선진국 담론은 비단 정치권뿐 아니라 대중 공간에서도 널리 통용된다. 예컨대 지난 2016년 12월부터 이른바 박근혜·최순실 게이트로 온 나라가 황당해 할 때, 한 인터넷 언론은 「박근혜 게이트 척결하면 선진국형 성장 모델 가능」이라는 제목의 기사를 보도했다.[1] 이 기사가 주장하는 박근혜 게이트 척결과 선진국형 성장 모델 사이에는 얼마나 인과 관계가 있을까? 혹시 이것 역시 박근혜의 "5년 내 선진국 건설" 구호만큼 막연한 주장은 아닐까?

한 가지 확실한 사실은 정치인, 언론 등 현재 한국 사회의 여론 주도층이 내용의 정확성이나 타당성과는 무관하게, 선진국 담론을 다양한 맥락에서 흔히 사용한다는 것이다.

정작 선진국 담론의 내용은 막연하다 보니 그 사용 주체인 한국인들도 무엇이 선진국인지 궁금해 한다. 대략 미국, 유럽의 국가들, 일본을 선진국으로 생각하는 듯하지만, 이 나라들이 어떤 기준으로 선진국인지 논란이 있다.

때로 사람들은 대한민국은 선진국인지 아닌지 묻기도 한다. 지난 2015년 한 인터넷 게시판에는 「한국이 선진국이라고 생각하시나요?」라는 제목의 글이 올라왔다.

오늘 친구들하고 무슨 얘기를 하다가 제가 한국은 아직 개발 도상국이니까 어쩌구 했더니 친구 두 명이 의아해하면서 한국 정도면 선진국 아니냐고 하더라고요 그래서 좀 언쟁했는데 뭔가 서먹서먹해졌어요⋯⋯. 저는 한국이 선진국이라고 생각해 본 적이 없는데 오늘 친구들 보니까 의외로 선진국이라고 생각하는 사람이 많나 싶어서요. 좋아하진 않지만 동양에서 선진국은 일본 정도라고 생각하는데⋯⋯. 제가 생각하는 선진국의 기준(?)은 외국에서도 좋은 이미지로 대부분 사람들이 인지하고 있고 공동체 인식이라든가 사람들이 상식적(?)이어야 하고 복지가 잘 되어있어야 한다는 건데……. 첫 번째랑 세 번째가 꽤 부족하다고 생각해서 선진국이 아니라 생각하는데. 아 그리고 중국도 개발 도상국인가요?[2]

이 질문에 대해 "한국은 후진국이고, 일본은 선진국이다.", "우리나라는 선진국으로 보기도 하고 개도국으로 보기도 하고 그 중간쯤인 신흥 공업국으로 분류하기도 한다."라는 등의 여러 댓글이 달렸다.

선진국과 관련한 이런 논의는 순수한 호기심에서 비롯됐지만, 혹자는 선진국 담론을 아는 체하는 데에 활용하기도 한다. 예컨대 어떤 주제에 대해 말할 때 "선진국에서는", "선진국의 경우" 운운하는 것은 한국 사회에서 꽤 잘 통하는 화법이다. 선진국을 끌어들이는 화법은, 화자가 제공하는 정보의 정확성과 무관하게 한국 사회에서 권위를 갖는다. 그런데 정작 선진국이라는 개념과 그에 대한 정보는 애매하고 불확실한 경우가 적지 않다.

시골에서 서울 방문 경험이 있는 사람과 없는 사람이 서울에 대해 얘기하면 목소리 큰 사람이 이긴다는 우스개소리가 있다. 시골 사람의 서울과 한국 사회의 선진국은 둘 다 미지의 세계이자 막연한 동경의 대상이다. 이런 점에서 어쩌면 시골 사람들의 서울과 한국인들의 선진국 이야기는 상통하는 면이 없지 않다.

선진국 담론은 오늘의 한국 사회를 지배하는 인식 체계다. 그렇다면 우리에게 선진국은 과연 무엇인가? 우리는 언제부터 선진국을 국가 목표와 정책 결정의 준거로 설정했을까? 한국 사회에서 선진국은 어떤 역할을 할까? 현재 우리는 선진국인가, 아닌가? 아니라면 어떻게 선진국이 될까?

　이 책은 한국 사회의 선진국 담론에 대한 최초의 학술적 접근이
다. 한국 사회의 정치권과 대중 공간에 만연한 선진국 담론의 실체와
역사적 계보를 사회학적 관점에서 규명함으로써, 위의 질문들에 대한
나름의 해답을 제공하고자 한다.

선진국의 개념과 역할

선진국의 지칭 대상

선진국先進國은 글자 그대로 '앞서 가는 국가'를 의미한다. 비슷한 맥
락에서 후진국後進國은 '뒤처진 국가'를 뜻한다. 『표준국어대사전』은
선진국을 "정치, 경제, 문화 등의 발전에서 앞서 있는 나라"로 정의
한다.[3] 선진국이라는 용어를 처음 실은 국어사전은 1938년 문세영의
『조선어사전』으로 추정된다.[4] 『조선어사전』은 선진국을 "자기 나라보
다 문물이 먼저 발달된 나라"라고 규정했다.[5]

　선진국이라는 용어는 한국 사회에서 1960년대 발전주의develop-
mentalism의 부상과 함께 본격적으로 대중화됐다. 문명civilization에서
발전development으로의 지구적인 담론 전환을 반영해 한국 사회 담론
의 초점도 1960년대부터 바뀌었다.

　선진국 담론은 경제 발전 수준으로 각 국가를 선진국 또는 후진국
으로 구분하는, 한국 사회의 대표적인 발전 담론 가운데 하나다. 선진
국은 한국 사회가 생각하는 앞선 나라 또는 이상적인 나라를 지칭하
는 단어로서, 이 개념은 점차 문명국 개념을 대체하며 대중화됐다고
할 수 있다.

한국 사회에서 선진국 개념은 매우 모호하고 자의적인 맥락에서 사용된다. 대중적인 개념이지만 한국 사회에서 선진국이 무엇인지에 대한 합의는 아직 없으며, 지칭 대상도 화자의 의도나 자의적 해석에 크게 의존한다.

현재 한국 사회에서 선진국이라는 용어의 사용은 지칭 대상의 구체성을 기준으로, 구체적 유형과 추상적 유형의 두 가지로 나눌 수 있다.[6] 구체적 유형은 선진국의 지칭 대상이 텍스트 안에서 구체적으로 명명된 경우고, 추상적 유형은 선진국이 무엇을 지칭하는지 명확하지 않은 경우다.

구체적 유형에서 선진국은 주로 특정 국가를 지칭한다. 신문 자료를 분석한 결과, 총 18개 국가가 다양한 맥락에서 선진국으로 지칭됐다. 미국(16회), 일본(33회), 영국(10회), 독일(9회), 프랑스(7회), 한국(6회), 호주(3회), 스웨덴(3회), 러시아(2회), 핀란드(이하 각 1회), 네덜란드, 덴마크, 벨기에, 노르웨이, 이탈리아, 스페인, 스위스, 아일랜드 등이다.[7] 이처럼 주로 서구 국가들이 선진국으로 규정됐다.[8]

어떤 경우에 선진국은 특정 국가 집단을 지칭하기도 했는데, 경제협력개발기구OECD가 가장 자주 언급됐으며, G7 또는 G8 등의 국가 회의체가 선진국으로 언급되기도 했다. 어떤 국가가 선진국으로 규정되면, 이 개념에 내포된 긍정적 속성들을 그 국가의 실제 속성으로 상상하면서 이상화하게 된다. 선진국으로 범주화된 국가들은 단일하게 묶이기 충분한 공통 속성을 지녔다고 상정된다.

그러나 선진국 개념은 추상적 유형으로 훨씬 자주 사용된다. 지칭 대상이 텍스트 안에서 특정되지 않은 상태라면 텍스트의 맥락에서 유추할 수밖에 없다. 예컨대 『동아일보』 사설은 "국민이 식품 하나 안심하고 사 먹을 수 없다면 선진화는 요원하다. 선진국들이 기업 하기 좋은 나라를 만들기 위해 규제를 혁파하면서도 식품 안전과 환경 규제는 강화하는 이유이기도 하다."라고 말한다(『동아일보』, 2008년 3월 25일).

이처럼 선진국 개념은 그 지칭 대상을 마치 사회적으로 합의한 것처럼 사용하는 경우가 많다. 그러나 실제로는 대상이 합의되지 않은 상황에서 위의 사설 속 선진국이 무엇을, 어떤 국가를 의미하는지는 독자의 상상에 의존한다. 이때 선진국은 독자의 상상 속에서 '앞서 가는' 국가가 된다.

다음으로 자주 나타나는 추상적 유형의 선진국은 머지않은 장래에 한국이 달성해야 할 국가적 목표를 지칭하는 개념이다. 예컨대 『한겨레』는 "한국 사회는 과거 개발과 독재에 짓눌려 수많은 인권 침해가 묵인됐고, 지금도 법과 제도 곳곳에 그 잔재가 남아 있다. 더불어 사는 성숙한 공동체와 진정한 선진국으로 가기 위해 반드시 해결해야 할 과제다."라고 언급한다(『한겨레』, 2006년 1월 12일).

이 기사는 한국은 아직 진정한 선진국이 아니며 그것이 국가적으로 추구해야 할 궁극적 목표임을 암시한다. 이 유형에서 선진국은 "진입, 도약, 꿈, 향하다, 되다, 나아가다"처럼 성취, 목표 등을 암시하는 단어들과 자주 결합한다.

또 선진국은 추상적 유형 중 국가의 지위를 지칭하는 맥락에서 자주 쓰인다. 『조선일보』는 "선진국일수록 교육 과정에 스포츠의 비중을 높이고, 학교의 내신이나 대학의 학생 선발 과정에서 스포츠 분야의 활약상을 크게 평가하는 것"이라 언급했다(『조선일보』, 2005년 4월 13일). 이 경우에 선진국은 어떤 나라의 국제적 지위를 지칭하는데, 그 나라는 특정한 (긍정적) 속성을 지닌 것으로 상상된다. 위계적 담론 체계에서 긍정적 가치의 전형인 선진국은, 다른 국가들이 모방해야 할 바람직한 사회적 속성을 가졌다고 가정된다.

이 속성과 관련해 선진국 용어는 수준, 형型과 같은 단어와 결합해 이상적이고 바람직한 국가적 수준이나 유형을 나타내기도 한다. 어떤 국가 또는 사회 집단이 선진국 수준 또는 선진국형의 무엇을 가졌다고 가정될 경우 그것은 선진국 또는 선진국이라는 국가의 위치에 어울리는 고품질의 대상을 의미한다.

선진국 개념의 사회적 구실

서구 패권의 지구적 부상 이후 서구는 많은 비서구 사회의 근대화 과정에서 가장 '중요한 타자'significant other였다. 발전 담론의 부상과 함께 많은 비서구 국가들은 자신들이 서구에 비해 저발전 상태임을 깨닫고, 서구를 근대화 사업을 시행해서 따라잡아야 할 긍정적 준거 집단으로 설정했다.

제2차 대전 이후 정치적 독립을 이룬 비서구 국가에서 국가적 발전 사업은 식민주의로부터 경제적 독립을 이루는 길로 인식됐다(Ndlovu-Gatsheni, 2012). 이 과정에서 서구는 단선적 발전 또는 근대화의 경로에서 비서구 사회들의 위치를 가늠하는 준거였다. 지구적 역학 관계 속에서 서구의 구실을 스튜어트 홀Stuart Hall은 네 가지로 설명하고 있다(Hall, 1996: 186).

첫째, 서구의 존재는 여러 사회를 서구, 비서구 등 다른 범주로 분류할 수 있게 한다. 둘째, 서구는 언어 체계 또는 표상 체계a system of representation의 일부로 기능하는데, 예컨대 서구적인＝도시적인＝발전된, 또는 비서구적인＝비산업적인＝농촌의＝농업의＝저발전된 등으로 인식하게 한다. 셋째, 서구는 비교의 준거와 모형을 제공한다. 넷째, 서구는 다른 사회들을 서열화하고 이에 따라 강한 긍정적, 부정적 감정을 야기하는 평가 기준을 제공한다.

한국 사회에서 준거 집단으로서 서구의 구실은 선진국 담론에 잘 반영돼 있다. 발전의 전형으로서 선진국은 한국 사회의 근대화 과정에서 다양한 구실을 수행해 왔다.

첫째로 선진국은 한국 사회가 나아가야 할 방향을 제시한다. 예컨대 『조선일보』는 "1,000년 만에 찾아온 이 세계사적 호기를 놓치지 말고 대한민국이 선진국으로, 세계의 주역으로 나아가 보자는 것"이라 말한다(『조선일보』, 2007년 8월 22일). 여기서 선진국은 한국 사회가 향할 지점을 제시하는 국가 목표다.

사실 선진국은 기술, 경제, 복지 등 다양한 분야에서 앞섰다고 인식된다. 『동아일보』는 "수출액이 1000억 달러(1995년)에서 4000억 달러가 되기까지 걸린 기간은 13년으로 우리보다 먼저 4000억 달러 고지를 밟은 선진국 평균(17.2년)보다 4년 이상 짧다."라고 말한다(『동아일보』, 2008년 12월 9일).

선진국은 한국이 현재 선 발전의 지점을 한발 앞서 지나간 국가 또는 국가 집단을 표상한다. 앞서가는 존재인 선진국은 보편·단선적 발전의 경로에서 한국 사회의 미래상을 제시해 준다. 한국의 정체성은 선진국을 좇는 국가로 규정된다.

둘째로 선진국 개념은 비교의 준거를 제시한다. 예컨대 『조선일보』를 보면 "우리나라 전체 의료비 가운데 건강 보험으로 충당하는 비율은 64퍼센트쯤으로 선진국의 70~80퍼센트에 못 미친다."라고 언급한다(『조선일보』, 2007년 11월 16일). 여기서 선진국 개념은 특정 국가나 집단을 지칭하지 않은 추상적 유형으로서, 한국의 건강 보험 상황을 평가하는 준거점이다.

이처럼 선진국은 추상적 유형이든 구체적 유형이든 한국 사회가 발전하는 과정에서 중요한 참고 대상의 구실을 했다. 특히 선진국은 대체로 정상성normality의 비교점을 제공한다. 즉 선진국에서 공통적으로 나타난다고 가정되는 현상이나 제도는 정상·상식적인 것으로서, 한국 사회의 정상성을 판단하는 기준이 된다.

셋째로 선진국은 사회의 다양한 영역에서 '바람직한 모형'을 제시한다. 『한겨레』는 이 점과 관련해서 "세계 최고 교육 선진국으로 꼽히는 핀란드의 성공 비결은 교원 정책에 있다."라고 언급한다(『한겨레』, 2008년 5월 1일). 이 사례에서 선진국은 핀란드로 특정된 구체적 유형으로서, 한국 사회에 바람직한 교육의 모형을 제공하는 역할을 했다.

선진국이 선진국 수준 또는 선진국형 등으로 사용될 때도 사회의 다양한 영역에서 본받아야 할 모범을 제시하는 경우가 많다. 이렇듯 '바람직함'은 선진국 개념의 중요한 속성이다.

넷째로 선진국 개념은 때로 단순한 참고 사례의 구실을 한다. 이런 경우에 선진국의 바람직한 속성은 뚜렷하지 않다. 예컨대 한국 정부의 시위 진압에 대한 국제사면위원회Amnesty International의 비판과 관련해 『동아일보』는 "살상 무기를 휘두르고 국가 기물을 파괴하는 시위대를 미국, 유럽, 일본 같은 선진국 경찰이라면 어떻게 다루는지 모르는 모양이다."라고 국제사면위원회를 비판했다(『동아일보』, 2008년 7월 21일). 여기서는 선진국의 강력한 법 집행을 한국이 참고할 사례로 제시했지만, 바람직한 것으로 여기지는 않았다.

마지막으로 선진국 개념은 지구적 추세를 제시하는 구실을 한다. 어떤 사회 현상이 선진국에서 공통적으로 나타난다고 가정되면, 이것은 시대에 뒤떨어지지 않기 위해 반드시 따라야 할 추세로 여겨진다. 예컨대 『조선일보』와 『동아일보』의 사설들은 지구·세계화 추세 속에서 선진국들이 신자유주의 정책을 채택했으므로, 한국의 발전을 위해서 반드시 이것을 수용해 지구적 추세를 따라야 한다고 생각하는 경향이 강했다.

선진국의 표상

선진국을 앞선 존재로 설정함으로써 한국은 국가 발전 과정에서 선진국을 따라잡기catch up 위해 많은 노력을 기울였다. 이 과정에서 한국 사회는 발전에 관한 긍정적 가치들을 투사함으로써 선진국이라는 이상적 이미지를 창출했다.

선진국은 한국 사회가 발전 과정에서 이루려는 목표와 미래상을 이미 성취한 국가를 표상한다. 이런 점에서 선진국 개념은 한국 사회의 역사·사회적 구성물로서의 고유성과 독자성을 지니며, 엄밀한 의미에서 다른 언어의 유사 개념(영어의 developed country 또는 중국어의 發達國家)과 담론적인 면에서 다르다.

선진국 담론이 발전 담론이라는 점에서, 경제적 측면은 한 국가의 선진국 여부를 가늠하는 가장 중요한 기준이다. 여기서 선진국은 대체로 높은 소득과 앞선 산업 기술, 경쟁력 강한 대기업을 보유한 국가로 묘사된다. 높은 소득과 앞선 기술을 가져야만 선진국이 된다는 점에서 이것은 기본적인 전제 조건이라 할 수 있다.

그러나 이런 측면들이 충분조건이라고 할 수는 없다. 한국에서는 선진국이 몇몇 질적인 속성들도 지닌다고 인식하기 때문이다. 우선 선진국의 경제 체제는 공정·투명하다고 가정한다. 예컨대 부정부패가 없는 것은 선진국이 강하고 경쟁력 있는 경제 체제를 만드는 비결 중 하나로 인식된다.

따라서 선진국 달성은 단순히 국가나 국민의 소득 증가가 아니라,

정직한 경제 체제를 만드는 작업으로 인식된다. 이런 인식은 자연스럽게 선진국에 존경스런 국가의 지위를, 그들의 부富에는 정당성을 부여한다. 『조선일보』의 한 사설은 "선진국은 돈이 많은 나라도, 넓은 국토나 인구가 많은 나라도 아니다. 선진국은 국제 사회에서 존경을 받는 나라들이다."라고 말한다(『조선일보』, 2007년 2월 26일).[9] 이런 담론 틀에서 유럽과 북아메리카 지역의 발전의 성취, 나아가 자본주의 근대성 자체가 역사적으로 비서구 지역에 대한 착취와 정복과 맞물려 있다는 비판적 인식은 약화된다(Ndlovu-Gatsheni, 2012: 19).[10]

경제 이데올로기와 관련해서, 이른바 보수 신문들은 선진국을 자유 시장 경제와 자유 민주주의의 원칙 위에 세워진 나라로 표상화한다. 이들이 주장하는 바로는 세계에서 자유 시장 이데올로기에 기반을 두지 않은 선진국은 없다. 『동아일보』는 "반反시장주의로는 선진국이 될 수 없다."라고 말한다(『동아일보』, 2006년 4월 1일).

국제통화기금(International Monetary Fund, IMF)의 구제 금융 이후인 2000년대 한국에서는 신자유주의 담론이 크게 부상했다. 이런 상황에서 시장 이데올로기에 관련해 보수 신문은 선진국이 신자유주의와 신자유주의적 세계화를 적극적으로 수용한 나라라는 주장을 편다. 예컨대 『동아일보』는 선진국 정책의 추세에서 몇몇 핵심적 사항이 나타나는데, 정부의 축소, 공기업의 민영화, 규제 철폐, 친기업 정책, 시장 개방 등이라고 주장했다(『동아일보』, 2006년 12월 26일). 이 신문은 선진국의 추세는 "압축하면 '작은 정부, 큰 시장'이다."라고 덧붙였다.

사회적 측면에서 선진국은 대체로 효율적인 재난 방지 체계, 투명한 의사 결정 과정, 높은 인권 의식, 시민 의식, 다름에 대한 관용 등의 특성을 가진 성숙한 사회로 여겨진다. 중국 사회를 비판하는 아래 신문 사설은 선진국의 이미지를 잘 나타낸다.

세계에서 달러를 가장 많이 갖고 있고 인공위성을 쏘아 올린다고 해서 1등 국가가 아니다. 외국인이 중국 병원에 가려면 목숨을 걸고 가야 하는 형편이라면 누가 중국을 세계의 지도적 국가로 존중해 주겠는가. 하나를 보면 열을 아는 법이다. 인명과 정직을 귀한 가치로 치는 국민 의식과, 거짓·탈법은 엄정히 응징하는 사회 시스템을 갖추지 못했다면 아무리 덩치가 크다 해도 선진국 대접을 받기는 어렵다(『조선일보』 2007년 8월 22일).

이 사설은 인명에 대한 경시, 정직함의 결여, 부정의한 사회 체계 때문에 중국은 선진국이 아니라고 주장한다. 이것은 반대로 선진국이 인명 중시, 정직함, 정의로운 사회 체계를 갖추었음을 암시한다.

공정한 법 집행은 선진국이 사회적 신뢰를 유지하는 중요한 요인으로 인식된다. 이 점과 관련해 『조선일보』는 "선진국과 후진국을 가르는 가장 중요한 차이를 법과 제도에 대한 존중 여부로 따지는 그들로서는 위헌 논란에 휩싸인 국민 투표나, 하루가 멀다 하고 터지는 대통령 측근과 정치권의 대형 비리 사건을 보며 한국에서 법과 제도가 정착되기는 아직도 멀었다고 판단할 수밖에 없을 것"이라 주장한다(『조선일보』 2003년 10월 16일).

믿을 수 있는 사회 체계 속에서 선진국의 사람들은 그들의 사회적 역할에 따라 책임감 있고 적절하게 행동한다고 가정된다. 특히 선진국의 지배 엘리트들은 성숙한 사회의 지도층에 걸맞은 자질을 지녔다고 인식된다. 『조선일보』는 "선진국 사회를 지탱하는 힘은 '노블레스 오블리주'라고 한다. 사회적 명예와 권력과 부가 높고 강하고 많을수록 그에 따르는 도덕적 의무나 사회적 헌신의 필요성도 비례해서 늘어난다는 것"이라 주장했다(『조선일보』 2007년 5월 2일).

또한 선진국의 구성원들은 이민자들과 외국인 노동자 등 사회적 약자에게 관대한 자세를 지닌다고 인식되며, 이에 따라 그 사회가 관용의 수준이 높다고 여겨진다(『동아일보』, 2008년 10월 4일).

앞서 언급한 영역들과 마찬가지로, 선진국의 정치 역시 정상적이고 성숙하며 투명하다고 여겨진다. 안정적이고 정당하게 집행되는 법체계 덕분에 부정부패가 없는 정치를 가정한다. 이런 인식은 선진국의 지배 엘리트는 성숙하고 책임감 있다는 추론을 내포한다.

선진국은 문화 영역에서도 앞섰고, 매력적이며 수준 높은 문화적 속성을 지녔다고 표상된다. 선진국의 문화는 매력 있는 국가 브랜드와 축적된 과학적 지식부터 높은 문화 수준을 향유할 능력까지 다양한 측면을 포괄한다. 이런 인식은 한국 사회에서 선진국이 지닌 문화 패권의 근거가 되며 교육, 방송, 영화 등 문화 영역의 대외 개방을 정당화하는 논거가 된다.

흥미로운 점은 선진국 담론의 기본 개념 및 가정과 관련해 이른바 보수 신문인 『조선일보』, 『동아일보』와 진보 신문인 『한겨레』 사이에서 차이가 두드러지지 않는다는 것이다. 예컨대 신자유주의와 관련해 다른 두 신문보다 『한겨레』는 비판적인 태도가 훨씬 강했다. 『한겨레』는 정부와 자본의 신자유주의 추구가 노동자들의 처지를 악화시켜서 결국 막대한 사회적 부작용을 초래하리라는 점을 강조했다.[11]

그러나 『한겨레』도 다른 두 신문처럼, 이런 주장을 하기 위해 선진국의 권위에 의존했다. 예컨대 『한겨레』의 한 사설은 "미국을 비롯한 여러 선진국들은 과도한 금융 규제 완화의 부메랑을 맞고는 규제 강화와 국유화에 나서고 있다."라고 주장한다(『한겨레』, 2008년 10월 14일). 비슷한 맥락에서 다른 사설은 "재정 건전성을 해치지 않고 경기 부양과 사회 통합을 이루기 위해 부유층에 세금을 늘리고 취약 계층에 지원을 확대하는 게 선진국의 추세다."라고 말한다(『한겨레』, 2008년 12월 1일).

이런 점에서 『한겨레』 역시 서구중심주의를 내포한 선진국 담론에 저항하기보다, 대체로 그 인식 틀을 수용하고 주장의 정당성 등을 위해 선진국 담론을 활용한다. 이것은 선진국 담론이 한국 사회 전반에서 당연시되는 지배 담론의 성격을 띠고 있음을 잘 보여 준다.

다양한 분야에서 이상적 존재로 표상된 선진국은 한국 사회에 자체 오리엔탈리즘auto-Orientalism을 야기한다. 선진국과 비교될 때 한국의 매력은 크게 줄어든다. 한국인들은 자국이 열망하는 어떤 것이라도 선진국에 이미 존재하고, 반면에 자국과 같거나 비슷한 부정적 면모는 선진국에 없다고 가정하는 경향이 있다.

이상화된 선진국은 한국 사회에서 크게 두 맥락에서 이용되는 점이 주목된다.

첫째로 선진국은 한국 사회를 비판하는 맥락에서 가장 자주 이용된다. 선진국과 비교할 때 한국의 여러 현상과 제도는 불만족스럽다고 가정되며, 이것은 한국이 아직 온전한 선진국은 아니라는 근거로 여겨진다. 한국 사회의 어떤 현상을 비판해야 할 때에 사설들은 한국과 선진국을 비교하며 "선진국에는 그런 일이 없다."라는 식으로 말한다. 그러면 그 현상은 자연스럽게 사회 내부에 수치심을 유발해서 빠른 시일 내에 고쳐야 한다고 인식된다.

둘째로 선진국 개념은 어떤 주장을 정당화하는 맥락에서 사용된다. 이상화된 표상으로서의 선진국은 한국 사회에서 문화적 권위의 중요한 근원인 까닭에, 신문 사설들은 이 권위를 빌려서 자신의 주장을 곧잘 정당화한다. 즉 어떤 정책이나 사안을 정당화하거나 권위를 부여하는 가장 쉬운 방법은 "선진국에서는 이미 일반화됐다."라는 식으로 주장하는 것이다.

예컨대 신자유주의의 도입을 논할 때는 이것이 한국 사회에 어떻게 유용한지 논리적으로 따지기보다 "선진국은 오래 전에 신자유주의를 채택했다."라고 말하는 것이 더 효율적이다. 사회 내부의 상황보다 선진국의 사례에 의존해서 어떤 정책이나 제도의 유용성을 논하는 경향은 선진국 담론에 내포된 한국의 서구중심주의가 발현된 결과라고 할 수 있다.[12]

후진국의 개념과 속성

담론에서 요소들 간 관계는 종종 이항 대립으로 구성된다. 록산 린 도티Roxanne Lynn Doty는 미국의 외교 정책 담론 분석에서 "어떤 것들은 다른 것과의 대비 속에서 그 의미가 부여되고 동시에 위치가 결정된다."라고 말한다(Doty, 1993: 312). 선진국 담론은 그 위계적 본질을 반영한 선진국과 후진국 간 이항 대립의 관계가 명확하다.

선진국은 후진국과의 대립 관계 속에서 그 표상이 구성되는데, 에드워드 사이드Edward W. Said가 얘기한 오리엔탈리즘Orientalism에서 서양의 이미지가 그와 반대되는 동양의 이미지와 관계를 맺으며 구성되는 원리와 유사하다(Said, 1979). 한국인들이 그들의 부정적 발전 가치들을 후진국에, 긍정적 가치들을 선진국에 투사하는 과정에서 선진국과 후진국의 위계는 자연스럽게 나타난다. 후진국은 선진국의 주변화된 타자로 구성되며, 따라서 이 두 개념은 담론 속에서 반드시 상대의 존재가 필요하다.

선진국과 같이 후진국이라는 개념 역시 한국 사회에서 상당히 모호하게 사용된다. 후진국의 지칭 대상은 합의되지 않았으며, 따라서 사용자의 의도와 해석에 따라 다소 자의적으로 사용된다.

후진국 개념도 지시 대상이 구체적인 정도에 따라서 구체적 유형과 추상적 유형으로 구분할 수 있다. 분석한 결과, 구체적 유형의 경우 한국(23건), 방글라데시(2건), 중국(이하 각 1건), 동남아시아, 과테말라, 수리남, 영국에서 독립하기 전의 아일랜드 등이 언급됐다.[13] 후진국은 대체로 경제적으로 가난하고, 지리적으로 아프리카, 남아메리카, 아시아 등 비서구 지역에 있는 나라들을 일컫는다.

후진국 개념의 추상적 유형을 살펴보면, 특정 국가나 집단이 아닌 막연한 어떤 나라(들)를 지칭하는 경우가 많았다. 이 경우에 후진국은 추상적 표상으로 존재하는데, 부정적이며 부적절한 여러 속성들을 가진 나라로 가정된다. 예컨대 반인권, 후진성, 비위생적 환경(각 8건), 위험과 안전 불감증(7건), 무능력과 무책임(7건), 부정부패(4건), 여성의 낮은 지위(4건), 혼란(3건), 갈등, 추세를 거스름, 무질서, 과실, 빈곤(각 2건), 무원칙, 근시안, 비상식, 비효율(각 1건) 등이다.

선진국 담론 속에서 후진국의 표상은, 발전 연구자들이 아프리카의 이미지와 관련해 언급하는 환원적 반복reductive repetition 관행과 유사하다. 발전 담론에서 아프리카 문화는 반복적으로 본질적 결함의 조합a set of essential deficiencies에 이르는 경향이 있다(Andreasson, 2005: 981). 이런 담론 관행은 서구 중심의 담론이 비서구 세계를 만성적인 후진 상태에 놓는 경향을 반영한다(Ndlovu-Gatsheni, 2012: 19).

이렇듯 비서구를 문제화하는 서구중심주의 경향은 후진국이라는 개념에 깊이 내포돼 있다.[14] 부정적인 속성으로 표상된 후진국은 한국이 닮지 말아야 할 나라다. 후진국은 단선적 발전 경로에서 한국이 지나온 과거의 상태, 즉 근대화에 성공함으로써 탈출한 지위라고 여겨진다. 후진국 개념이 후진국형 또는 후진국 수준 등으로 사용될 때,

그것은 선진국을 향한 발전 과정에서 한국이 반드시 벗어나야 하는 부정적 유형 또는 수준을 암시한다.

후진국의 표상

선진국의 다양한 영역이 긍정적으로 표상되는 만큼, 후진국의 다양한 영역은 부정적으로 표상된다. 정치 영역에서 후진국은 믿을 수 없는 정치 체계로 특징지어지는데, "혼란스러운, 예측 불가능한, 부패한, 비효율적인, 무책임한, 무능력한" 등의 이미지와 곧잘 결합한다.

예컨대 『동아일보』의 사설은 한국 국회가 미국과의 자유무역협정 (Free Trade Agreement, FTA)을 다루는 방식을 말하면서, "우리나라는 역시 정치 후진국이다."라며 "그 단견短見과 무지가 놀랍고 딱하다."라고 지적했다(『동아일보』, 2008년 5월 9일). 다른 사설은 한국의 정치 스캔들에 대해 "언제까지 이런 후진국형 비리가 반복돼야 하는지 답답한 생각이 든다."라고 비판했다(『동아일보』, 2008년 12월 2일).

경제 면에서 후진국은 대부분 소득 수준, 경쟁력, 신뢰도가 매우 낮은 체제라고 인식된다. 『조선일보』는 후진국을 "경쟁력 있는 글로벌 기업을 많이 갖지 못한 나라"로 규정했다(『조선일보』, 2007년 2월 22일). 따라서 이들의 경제는 글로벌 경쟁과 추세에서 뒤처진 상태이며, 빈곤 상태에 머무는 중요한 원인으로 여겨진다.

후진국의 빈곤은, 선진국의 투명하고 공정한 경제 체제와 다른 그들 내부의 부패와 비효율에서 기인한다고 인식된다. 그런 까닭에 한국의 신문들은 이 경제적 문제들을 풀지 못하거나 세계적 추세를 따르지 못하면 후진국의 지위로 다시 돌아갈 수 있다고 경고한다.

사회적인 면에서 후진국은 무질서, 위험성, 무능력, 비상식, 비위생적 환경 등에 시달리는 미성숙하고 위험한 사회로 여겨진다. 많은 경우에 이것은 낮은 시민 의식에 기인한다고 생각된다. 선진국 담론이 상상하는 후진국 사회에서 인간의 고상한 생활은 불가능하다.

『조선일보』는 한국 사회의 무질서를 후진국에 비유하며 다음과 같이 주장했다.

삼천리강산이 쓰레기 밭이다. 강과 산과 바다가 온통 쓰레기와 악취로 뒤덮였다. 여름휴가 인파가 피크에 달한 지난주 말, 신문 사회면과 TV 화면에 비친 피서지 풍경은 끔찍했다. …… 이것이 이제 좀 먹고 살만해졌다고 으스대는 한국·한국인의 현주소다. …… 해법은 달리 있을 수 없다. 어렸을 때부터 질서와 예절을 몸에 배게 해 주는 교육, 그리고 무질서 사회 현장에서의 엄격한 제재뿐이다. …… 국가의 교육 목표에서부터 이를 우선순위에 올려놓고 장기적으로 실행해 나가는 인식의 대전환을 하지 않으면 안 된다. 그렇지 않으면 장차 국민 소득이 몇만 달러가 돼도 우리는 영영 '정신적 후진국'을 벗어날 수 없다(『조선일보』, 2001년 8월 7일).

후진국은 안전 문제에서도 소외된 타자의 전형이다. 후진국은 자연재해 또는 인공재해를 효과적으로 방지하는 체계가 없다고 인식된다. 한국에서 일어난 폭발 사고와 관련해 『동아일보』는 "졸지에 40명의 목숨을 앗아간 이천냉동창고 화재 폭발 참사는 한국 사회의 안전 의식과 방재 시스템이 후진국 수준임을 뼈아프게 재확인시켰다."라고 비판했다(『동아일보』, 2008년 1월 9일).

질병들도 어떤 것은 선진국형 또는 후진국형으로 언급되며 위계가 나타난다. 『조선일보』는 이질痢疾, 콜레라, 말라리아, 홍역紅疫 등과 같은 질병을 후진국형으로 분류했다(『조선일보』, 2001년 1월 8일, 2001년 12월 17

일). 한국 사회는 다른 질병보다 후진국형 질병의 발생에 대해 더 당황하고 수치스럽게 여기며 통제하기 위해 더욱 노력한다.

후진국은 문화와 지식의 측면에서도 뒤처졌다고 인식된다. 『조선일보』는 "수학과 과학이 뒤진 나라는 지금 선진국이라도 곧 후진국으로 퇴보할 나라"라고 말한다(『조선일보』, 2007년 2월 24일). 반면 이른바 후진국이라 일컬어지는 사회의 전통적, 토착적 지식은 선진국 담론에서 특히 과소평가된다.

한국 사회에서 후진국 개념의 역할은 다양한 맥락에서 중요하다.

우선 한국 사회 내부를 비판하는 맥락에서 가장 자주 사용된다. 이때 한국 사회는 스스로를 후진국이라고 냉소하는 경향이 있다. 이런 관점에서 신문 사설은 한국을 가장 빈번하게 후진국으로 명명한다. 한국 사회 내의 어떤 문제가 후진국형으로 규정되면 한국인들은 큰 수치심을 느끼며 하루빨리 고쳐야 한다고 생각한다.

또한 후진국 개념은 어떤 주장을 지지하는 맥락에서 사용된다. 어떤 정책이나 현상을 바꿔야 한다는 주장을 정당화하는 가장 쉬운 방법 중 하나는 "(기존의) 그것은 후진국적"이라고 규정하는 것이다.

이렇듯 후진국 개념은 한국 사회가 그 발전 경로에서 절대 닮지 말아야 할 속성들을 내포한 부정적 준거 집단으로서 다양한 구실을 한다. 긍정적 준거 집단인 선진국과 비교할 때에 후진국 개념이 사용되는 맥락은 선진국과 비슷하지만, 내용적으로는 정반대로 사용된다는 점이 흥미롭다.

선진국 담론 속 한국의 정체성

정체성은 사회적 행위자가 자신에 대해 지니는 개별성 또는 독특성의 이미지를 말한다(Jepperson, Wendt, and Katzenstein, 1996: 59). 이런 점에서 개인 이나 집단 정체성의 형성은 자아와 타자의 경계를 설정하는 인식 과정이라 할 수 있는데, 이것은 해당 개인이나 집단의 '중요한 타자'에서 큰 영향을 받는다. 발전이 담론 속에서 상상된 표상representation과 깊이 관련됐다면(Tripathy and Dharmabrata 2011), 발전 담론은 발전에 관한 다양한 정체성을 구성하고 협의하는 틀이다.

선진국 담론에서 한국의 정체성은 '중요한 타자' 둘에게 큰 영향을 받았는데, 긍정적 타자인 선진국과 부정적 타자인 후진국이다. 보편적 발전 경로상에서 한국이 과거 후진국의 지위에서 급속히 탈출해 진보해 왔고 현재 선진국 근처에 이르렀다는 점에서 후진국은 과거로, 선진국은 미래로 인식된다. 후진국은 한국 사회의 우월감을, 선진국은 열등감을 야기한다.

현재 선진국 담론에서 한국 사회는 때로 선진국으로 규정되지만, 가장 지배적인 인식은 선진국에 근접한 상태, 즉 선진국 문턱에 있다고 본다. 이것은 후진국과 중진국에 대한 우월감과 선진국에 대한 열등감을 동시에 내포한 중간자적 정체성이다.

선진국에 대한 국가적 열등의식을 극복하려면 스스로를 선진국으로 규정하는 방법이 가장 쉽겠지만, 여기에는 내부적인 저항이 존재한다. 예컨대 "한국은 이미 선진국"이라는 정부 고위 당국자의 발언에 대해 『조선일보』는 1인당 국민 소득 세계 48위인 한국이 선진국이라는 말은 비상식적이라고 비판했다(『조선일보』, 2005년 11월 26일). 선진국을 판단하는 중요한 기준은 1인당 국민 소득 2만 달러이고 이를 충족하는 나라는 전 세계에 35개 나라밖에 없다고 비판의 근거를 들었다.

이런 논쟁은 한국 사회에서 선진국의 기준이 모호하다는 사실을 잘 보여 준다. 예컨대 『동아일보』의 한 사설은 선진국의 기준으로 1인 당 국민 소득 3만 달러를 제시했다(『동아일보』, 2008년 8월 15일). 이 수치는 불과 몇 년 전에 위의 『조선일보』 사설에서 제시한 기준인 2만 달러와는 차이가 크다.

역사적으로 1970년대 후반의 박정희 대통령과 1980년대의 전두환 대통령은 한국이 선진국에 근접해서 목표가 바로 눈앞에 있다고 강조했다. 그들이 주장한 한국의 국가 정체성은 현재 언급되는 선진국 문턱과 유사하다.

발전이라는 목표를 향한 자원 동원의 차원에서 보면, 선진국 문턱의 지위는 선진국의 지위보다 유리하다. 발전을 위해 동원되는 자원은 아이디어, 열망, 리더십, 그리고 사람들에게 믿음과 행동의 동기를 제공하는 측정 불가능한 자질들을 포함한다(Sikkink, 1991: 25). 이런 점에서 "선진국이 돼야 한다."라는 인식은 "이제 선진국이다."라는 인식보다 더 큰 발전적 동기를 부여한다. 국가 발전 목표의 달성을 눈앞에 둔 시점에서 지속적으로 또 다른 목표를 설정하는 것이, 발전주의자들에게는 정치적으로 유리할 것이다.

선진국 담론은 선진국 문턱이라는 현재의 지위를 한국이 쉽게 얻지 않았다는 점도 강조한다. 그것은 "앞선 세대들이 무릎에 피멍이 들면서 기어올랐던" 지위로 인식된다(『조선일보』, 2005년 7월 1일). 한국인들은 서구가 수백 년 걸린 근대화를 짧은 시기 동안 성공적으로 이루어 내서 선진국 문턱의 지위에 오른 데 자부심을 느낀다.

하지만 이런 인식은 위기의식을 동시에 부른다. 한국 사회는 현재 '달아나는' 선진국과 급속히 '쫓아오는' 중진국(개발 도상국) 사이에 낀 신세로 자주 인식된다. 이런 상황 아래서 한국 사회가 영영 선진국의 문턱을 넘지 못할 수도 있다는 위기의식도 나타난다.

신문들은 한국의 현재 지위가 지난 세대의 "피와 땀과 눈물"로 얻어졌다면서 한국을 온전한 선진국으로 진입시키는 것이 현 세대의 역사적 책무라고 주장한다. 이런 맥락에서 후퇴가 아니라 전진이 국가 전략으로 강하게 추진된다. 「'국가 서열' 전진이냐 후퇴냐 갈림길에 섰다」라는 제목이 붙은 『동아일보』의 기사에서 그 단면을 엿볼 수 있다(『동아일보』, 2008년 10월 22일).

선진국 담론의 이론적 배경

담론의 사회학적 이해

일반적으로 담론은 '담론을 즐기다', '담론을 벌이다' 등과 같이 이야기를 주고받으며 논의한다는 의미로 많이 쓰인다.[15] 그런데 학문적인 차원의 담론discourse은 크게 세 가지 의미로 이해된다.

첫째로 발언utterance 또는 의사 표현이다. 이때 담론은 의미를 구성하고 교환하는 다양한 형태의 의사소통과 그 내용을 지칭한다. 이 정의에 대해 팀 단트Tim Dant는 "화자의 의도에 따라 의미가 부여되고 다른 참가자들이 의미 있다고 취급한, 사회적 맥락에서 교환되는 발언의 물질적 내용"이라고 설명한다(Dant, 1991: 7).

결국 이때의 담론은 의미를 담아 표현하는 자와 그것을 의미 있는 것으로 받아들이는 자 사이에서 교환되는 내용 자체라고 이해된다. 이 맥락의 담론은 주로 언어학의 연구 대상이다.[16]

둘째로 담론은 의미를 구성하는 지식의 체계로 이해된다. 이때 시식은 세상을 이해하고 세상의 여러 사물과 현상에 의미를 부여하는 정보 체계이다.

예컨대 미셸 푸코Michel Foucault는 담론이 단순히 언어 또는 언설로 환원될 수 없다며, 정치 경제학, 생물학, 정신 병리학 등 다양한 학문적 지식 체계가 바로 담론 체계discursive formation라고 말한다(Foucault, 1972). 푸코의 이론에서 담론은 여러 '흩어진 요소들'dispersed elements이 어떤 규칙성으로 하나의 체계를 이룬 것으로 이해된다. 푸코는 어떤 담론 요소들과 그 사이에 형성된 규칙성이 필연적이라기보다는 우연적이며, 어떤 규칙성이 다른 규칙성보다 더 타당하다고 볼 근거는 없다고 주장했다. 그는 담론 체계 간의 우열 관계 또는 변하지 않는 진리truth의 존재를 기본적으로 부정한 것이다.

이런 맥락에서 푸코는 과학의 방법론적 우월성을 부정하며 이것으로 객관적이고 보편적인 진리에 이를 수 있다는 과학주의를 비판한다. 푸코의 이런 태도는 지나친 상대주의라는 비판을 불렀다. 하지만 그의 주요한 의도는 근대 과학주의, 더 나아가 자신만이 진리라고 주장하는 맹목적이고 오만한 담론 체계와 이 체계에 속한 세력들을 비판하는 데 있었을 것이다.[17]

어떤 규칙성으로 형성된 하나의 정보 체계로서의 담론은 세상에 대한 인식 틀을 제공한다. 혹시 독자 여러분 곁에 커피 한 잔이 놓여 있다면, 태운 생두를 우린 그윽한 향기의 검은 액체를 여러분은 어떤 지식 체계 또는 담론을 거쳐서 인식하는가?

최근 커피에 대해 몸에 이롭다거나 해롭다는 등의 논란이 있는데, 커피에 대한 담론 체계가 다양하기 때문이다. 세계보건기구(World Health Organization, WHO)는 1991년에 커피를 "인체 발암 가능 물질"로 분류했다가, 2016년에는 제외함으로써 커피에 대한 인식을 바꿨다. 우리가 커피라고 부르는 액체의 실재는 그대로지만, 지식 체계 또는 담론 체계에 따라 그 정체성이 발암 가능 물질 또는 비발암 물질로 바뀌는 것이다.

이 문제와 관련해 푸코는 담론은 단순히 어떤 대상을 지칭하는 신호가 아니라 "말하는 대상을 체계적으로 구성하는" 것이라고 말한다 (Foucault, 1972: 49). 이 지적은 인식 주체와 대상의 관계를 이해하는 데 중요한 의미가 있다. 인식 대상의 속성을 반영해 (과학적) 지식이 창출된다는 시각이 과학주의라면, 푸코는 그 반대, 즉 지식으로 인식 대상이 창출되는 측면에 초점을 맞춘다. 인식 대상의 정체성과 속성은 본질적으로 내재되지 않고 지식으로 구성된다는 관점이다.

이때 인식 대상을 어떻게 규정하는지는 인식 주체의 정체성과도 연관된다. 예컨대 커피를 어떻게 규정하는지에 따라 그 사람의 정체성은 커피 마니아 또는 커피 안 마시는 사람 등이 될 수 있다.

이런 점에서 푸코는 과학주의자들과 달리 어떤 지식이 더 타당한지에 관심이 별로 없다. 그의 초점은 담론 내용의 타당성보다는, 각 담론이 저마다 독자적 규칙성을 가진 하나의 체계로서 어떤 역사적 배경에서 어떤 구조로 형성됐으며, 그에 내포된 권력관계로 사회와 그 구성원들이 어떻게 규율되는가이다.

담론에 대한 세 번째 관점은 이것을 사회관계의 체계로 인식한다. 이 관점은 인식 체계로서의 담론이 없으면 사회관계가 불가능하다는 점에서, 담론은 사회관계 그 자체로 볼 수 있다고 강조한다.

에르네스토 라클라우Ernesto Laclau와 샹탈 무프Chantal Mouffe는 담론이 "언어적인 것과 비언어적인 것을 모두 내포하고 있는 총체"이며 언어·비언어적인 사회적 행위를 가능하게 하는 "관계의 체계적 조합"이라고 말한다(Laclau and Mouffe, 1987: 82). 이들은 담론 없이 사회적 관계와 행위는 불가능하므로 모든 사회적 관계와 행위는 담론적이며 "주체의 모든 지위는 담론적 지위"라고 말한다(Laclau and Mouffe, 2001: 115).[18]

라클라우와 무프가 언급했듯이(Laclau and Mouffe, 1987: 82) 어떤 둥근 물체를 길거리에서 임의로 차는 것과 운동장에서 특정 규칙을 따라 차는 것은 의미가 크게 다른데, 이 물체가 축구공이라는 정체성을 가지려면 후자의 상황이 필요하다. 즉 이 물체는 우리가 축구라고 부르는 관계 체계 속에서 차일 때 비로소 축구공이 되고, 찬 사람은 축구 선수의 정체성을 갖는다. 이렇게 볼 때, 어떤 인식 대상 또는 주체의 속성과 정체성은 그 자체에 내재한다기보다는 그것이 속한 특정한 관계 체계 또는 담론 체계로 결정된다고 말할 수 있다.

이렇듯 라클라우와 무프는 모든 사회관계의 본질은 담론적이라는 전제 아래, 담론·비담론적 사회 현상을 구분하지 않는다(Laclau and Mouffe, 1987, 2001). 담론 또는 사회의 이해에서 이 관점은 앞의 두 관점에 비해 더 넓은 범위의 담론 관계를 가정한다.

담론에 대한 위의 세 관점 가운데 이 책에서는 주로 두 번째를 인용해서, "인식 대상을 해석, 구성하는 체계로서의 해석적 틀 또는 그런 해석적 틀이 상징체계를 따라 표명된 것"으로 담론을 이해하고자 한다. 이런 의미에서 담론은 (여러 요소들이 일정한 규칙성을 따라 조합된 하나의 체계로서) 내부적 일관성이 있는 자의적 체계다.[19]

인식 대상의 정체성과 속성은 본질적으로 내재되지 않고, 담론을 따라 구성된다. 따라서 같은 대상도 이용하는 담론에 따라서 다르게 인식된다. 개인은 담론으로 세상을 해석하고 이해하며, 그것을 바탕으로 삼아서 사회적으로 행위하고 관계를 맺는다. 또 이 과정에서 자신의 정체성을 형성한다.

담론의 또 다른 중요한 속성은 사회적 힘 또는 권력과 연관된다는 점이다. 푸코는 "힘의 행사는 언제나 지식을 창출하며, 반대로 지식은 항상 힘의 효과를 야기한다."라고 말한다(Foucault, 1980: 52). 지식과 힘의 관계(power relations, 역학 관계)에 대해 그는 "힘의 관계는 그에 상응하는 지식의 구성 없이는 존재할 수 없으며, (반대로) 힘의 관계를 가정하거나 구성하지 않는 지식 또한 없다."라고 언급한다. 이런 점에서 하나의 지식 체계는 사회적 힘의 관계를 반영하는 동시에 구성한다.

그런 까닭에 담론은 사회적 투쟁의 장이 된다. 여기서는 다양한 세계관과 인식 틀이 지배적인 지위를 두고 경쟁한다. 한 사회에서 담론 간 경쟁은 곧 권력관계 간 경쟁이다. 특정한 담론 또는 지식의 지지 없이는 특정한 권력관계도 성립할 수 없기 때문이다. 예를 들어 학교나 군대, 직장 등에서 교사와 학생, 장교와 병사, 상사와 부하 직원 사이의 위계는 이것을 정당화하는 담론이 있어서 가능하다. 데이비드 하워스David Howarth는 "담론의 구성은 힘의 행사, 그리고 그에 따른 다양한 사회 주체 간 관계의 구성과 관련된다."라고 말한다(Howarth, 2000: 9).[20]

담론과 패권

선진국 담론의 논의에서 인용할 또 하나의 주요 개념은 패권hegemony 이다. 이 개념은 문화적 마르크스주의자라 불리는 안토니오 그람시 Antonio Gramsci가 제시했는데, 그람시와 푸코는 이론적 성향이 크게 달랐지만 사회 분석에서 정신적, 문화적 요소에 초점을 맞추었다는 점에서 종종 함께 논의된다.

푸코가 지식에 내포된 권력적 속성을 간파했듯, 그람시는 지배에 내포된 문화적 힘 또는 이른바 연성 권력soft power의 중요성을 패권이라는 개념을 이용해서 통찰했다.

그람시에 따르면, 패권 또는 헤게모니는 피지배 계급의 동의를 얻은 지배 계급의 지적·도덕적 리더십이라고 할 수 있다. 피지배 계급의 자발적 동의를 바탕으로 삼은 패권은 강압에 의존하는 직접적 지배와 구분된다. 이런 점에서 패권 상황의 지배·피지배 관계는 대립 관계가 아니라 협력 관계다.

한 사회에서 지배 계급이 안정된 지배를 유지하려면 강압적 수단과 함께 피지배 계급의 동의를 확보해야 한다. 지배 계급의 역사적 블록historical bloc의 형성, 즉 특정한 역사적 시점에서 상부 구조와 경제적 토대(생산관계)의 적절한 결합, 그리고 이 결합을 이용한 지배가 안정되려면 반드시 패권 상황을 창출해야 한다(Gramsci, 1971; Forgacs, 1988).[21]

패권은 지배 계급과 피지배 계급 모두가 이해관계를 공유한다고 믿는 정치적 국면을 지칭한다. 따라서 어떤 정치 세력이 자신의 정치적, 경제적 이해관계에만 집착하면 패권을 잡기 어렵다.

지배 계급이 내세우는 명분, 주장과 활동은 특정 세력의 이해를 넘어 상당 수준의 보편성을 띤 것처럼 인식돼야 한다. 예컨대 국가 차원에서 패권 세력의 지적·문화적 활동은 대다수 국민들이 동의해야 하며, 패권 세력의 이해관계는 '국가적 이해관계'와 동일해 보여야 한다. 이런 까닭에 패권 세력은 종종 자신들의 이해관계를 애국주의와 성공적으로 결합시킨다(Simon, 1991: 44).

피지배 계급이 어떤 정치 세력의 활동을 '국가를 위한 것'으로 인식하면 그 세력은 안정적 패권을 확보한 셈이다. 패권 상태에서 지배·피지배 계급은 정치적으로 동맹을 맺은 상태이며, 이때 피지배 계급이 지배의 정당성을 인정하고 당연시한다.

앞서 언급했듯 담론이 권력의 속성을 내포한다는 점에서 담론 이론가들은 그람시의 패권 이론을 활용한다. 예컨대 특정 패권의 창출,

즉 모두가 특정 권력관계에 동의하려면 이것을 지지하는 특정 담론 패권의 창출이 동반돼야 할 것이다. 다만 그람시 이론이 자본가 계급, 노동 계급 등 마르크스주의의 핵심 계급에 초점을 맞추는 데 비해, 담론 이론가들은 이 계급보다 훨씬 유동적이며 다양한 사회적 정체성, 즉 구성적이고 탈중심화된 정체성을 상정하는 경향이 있다.[22]

담론, 오리엔탈리즘, 발전주의

팔레스타인 출신의 미국인 학자인 사이드는 담론이 인식 대상의 실재를 반영하지 않고 그 자체의 틀 안에서만 타당성이 인정되는 체계라는 푸코의 아이디어를 이용해, 서구의 동양에 대한 인식을 분석했다 (Said, 1979). 그가 제기한 오리엔탈리즘은 동양, 즉 오리엔트를 열등한 존재로 구성하려는 서구의 담론 체계 또는 경향을 말한다.

사이드는 미국 사회의 타자他者 인식이 상당히 자의적이며 몰이해 하다는 문제의식 위에서 그들의 중동 지역과 이슬람 세계에 대한 인식, 나아가 서구의 동양에 대한 인식이 상당 부분 오리엔탈리즘을 따라 구성된다고 지적했다.

동양의 표상은 다른 담론 요소와의 관계에서 구성되는데, 핵심이 바로 서양(옥시덴트)의 표상이다. 오리엔탈리즘이 구성하는 동·서양의 표상에는 권력관계가 반영돼 있다. 근대부터 패권 지역으로 떠오른 서구는 동양이라는 열등한 타자를 창출해서 자신의 우월감을 표현했다. 오리엔탈리즘의 동양은 서구의 우월감을 위해 소외된 타자다.

자민족중심주의는 많은 사회에서 일반적으로 나타나는 현상이지만, 서구의 오리엔탈리즘은 근대 이후 국제 질서를 구성하는 실제적 힘으로 작용했다. 이런 점에서 사이드는 "서양처럼, 동양 역시 사상, 상상, 어휘의 역사와 전통을 가진 하나의 아이디어인데, 이것은 서구에서 그들을 위한 현실적 존재가 되었다."라고 지적했다(Said, 1979: 5). 담론은 아이디어 체계의 하나지만, 사회적 실재를 구성하는 힘이 있다.

지구적 권력관계 차원에서 담론 이론이 응용된 또 하나의 중요한 사례는 탈발전주의다. 이 이론은 오리엔탈리즘이 열등한 동양을 구성하듯, 서구의 발전주의가 비서구를 어떻게 열등한 존재로 구성하는지에 대한 통찰을 제공했다. 여기서 발전주의는 서구의 세계관과 이해관계를 반영한 하나의 담론으로 이해된다.

예컨대 아르투로 에스코바르Arturo Escobar는 발전은 "역사적으로 창출된 하나의 담론"이며 "표상의 레짐"이라고 말한다(Escobar, 1995: 6). 발전주의에서 자주 사용하는 발전과 저발전, 발전된 자와 저발전된 자, 가난 등의 개념은 발전주의를 이루는 담론 요소다.

담론으로서 발전주의의 특징 중 하나는 발전과 저발전 또는 발전된 자와 저발전된 자 사이의 위계 관계다. 발전주의에서 발전의 청사진은 발전된 자만이 제시할 수 있으며, 저발전된 자는 그 청사진을 따라 발전을 실행할 뿐이다. 발전에 대한 지식은 발전된 자가 독점한다.

저발전된 자는 발전해서 발전된 자가 되기를 열망한다. 이런 점에서 발전주의는 게임의 규칙, 즉 "누가 어떤 시각에서, 어떤 권위를 갖고, 어떤 경험적 기준에 따라 말하는지"를 정한다(Escobar, 1995: 41).

발전주의가 지지하는 발전된 자의 지적·도덕적 리더십을 저발전된 자가 동의한다면 그람시가 얘기하는 패권 상황이 된다. 탈발전주의 이론가들은 발전주의가 저발전된 비서구에 대한 발전된 서구의 우월성을 구성함으로써 서구의 지구적 패권을 지지했다고 주장한다.

발전 담론과 지구적 역학 관계

한 사회의 발전은 다양하게 정의된다. 공정하고 평등한 사회, 삶의 질과 행복감이 높은 사회, 사람이 먼저인 사회 등 여러 가치에 초점을 맞출 수 있기 때문이다. 얀 네더빈 피터스는 발전을 "개선의 기준에 따라 집단적 사안에 조직적으로 개입하는 것"이라고 정의했다 (Nederveen Pieterse, 2001: 3). 그런데 그는 "무엇이 '개선'인가, 무엇이 적절한 개입인가 등은 계급·문화·역사적 맥락과 힘의 관계에 따라 달라진다."라며 발전 개념의 다양성을 강조했다. 이렇게 넓은 의미로 볼 때 발전은 인류 역사상 언제나 고민의 대상이었으며, 발전 사상은 언제 어느 사회에나 존재했다고 말할 수 있다.

그런데 20세기에 나타난 경제적 발전주의에서 발전은 다른 어떤 사회적 가치보다도 경제 발전 또는 경제 성장을 우선시한다. 이에 따라 발전의 수준은 국민 소득, 국내 총생산(Gross Domestic Product, GDP) 등과 같은 경제·양적 지표로 측정된다. 경제 성장에 동반되기 쉬운 인간성의 소외, 경제·사회적 양극화, 지나친 경쟁에 따른 행복감의 저하 등은 발전을 판단할 때 큰 고려 요소가 아니다.

이 책에서는 발전주의를 대체로 "20세기 중반 이후 부상한 지구적 패권 담론으로, 산업화(또는 후기 산업화)와 경제 성장 등에 따른 사회의 경제적 발전을 다른 가치보다 우선시하는 태도이자 성향"으로 이해하고자 한다.[23] 발전주의가 지구적 패권을 누리면서 발전에 관한 인류의 상상력은 크게 약해졌다고 볼 수 있다.

발전은 20세기 중반을 지나서 지구적 차원에서 주목받는 개념으로 등장했다. 포스트 발전주의 이론가들은 1949년 1월 20일 미국 대통령 해리 트루먼Harry S. Truman의 취임식 연설을 발전 담론의 지구적 패권의 시작으로 본다(Esteva, 1992; Sachs, 1992). 20세기 중반 이후 발전주의의 지구적 부상을 야기한 역사적 상황은 크게 네 가지로 요약된다.

첫째로 이전 시대에 지구적 패권 담론이었던 문명 담론이 제1차·

제2차 대전을 거치며 정당성의 기반이 크게 약화됐다. 문명 담론은 문명과 야만의 이분법 위에서 서구와 비서구 간의 위계 관계를 구성했는데, 서구 식민주의자들은 야만인 비서구를 문명화시켜야 하는 서구의 사명을 주장하며 식민주의를 정당화했다. 그러나 문명 담론은 인류의 진보를 견인한다고 자임한 이른바 문명국들이 저지른 유례없는 대전들의 참상 앞에서 권위를 잃었다.

둘째로 양차 대전을 거치며 지구적 패권이 유럽에서 미국으로 옮겨 갔다. 담론이 권력관계를 반영한다는 점에서 지구적 차원의 패권 이동은 미국이 중심인 새로운 패권 담론의 출현을 동반한다. 근대 식민주의 시기의 문명 담론은 유럽, 20세기 중반 이후의 발전 담론은 미국의 패권을 각각 반영한다.

셋째로 제2차 대전 이후 많은 식민지들이 정치적으로 독립하며 국제 무대의 공식 일원이 됐다. 이들이 근대적 국가 체제를 수립하면서 야만 상태로 규정할 수 없게 됐을 뿐 아니라, 자신들을 야만으로 규정하는 태도를 그들이 더 이상 용인하지도 않았다. 지구적 역학 관계에서 구 식민지들의 정체성을 규정할 새로운 인식 틀이 필요했다.

마지막은 미국과 소련이 주도한 냉전이다. 발전주의는 카를 마르크스Karl Marx의 공산주의 역사관에 대응해서 미국이 이끄는 자본주의 진영의 국가 발전 청사진을 제시함으로써 자본주의 진영 엘리트들의 전폭적 지지를 받았다.

유럽에서 미국으로의 패권 이동은 근대 이후 유지된 서구 중심의 국제 질서에는 변화를 주지 않았다. 토머스 패터슨Thomas C. Patterson은 "1945년 이후 미국은 반세기 전 사회 진화론자들의 주장들을 활용해서, 자신을 서구 문명의 중심이자 원동력으로 자임하기 시작했다."라고 말했다(Patterson, 1997: 49). 미국이 주도한 발전 담론은 이전 시기 문명 담론의 진화론적 가정을 다분히 내포했으며, 미국이 추구한 국제 질서는 서구의 중심만 미국으로 바꿨을 뿐이라는 지적이다. 이런 점에서 20세기 중반 이전의 식민주의 시기 문명 담론과 그 이후의 발전 담론은 구조적으로 서로 유사한 점이 많다.

지구적인 담론 전환에 따라 세계를 판단하는 기준은 문명에서 발전으로 바뀌었다. 그러나 이전의 야만 사회는 발전 담론의 틀에서 다시 저발전으로 규정되며 열등한 정체성을 그대로 유지한다. 비슷한 맥락에서 이전의 문명 사회는 발전 담론에서 발전으로 규정되며 우월한 정체성을 지킨다. 문명 담론 시기의 비문명국에 대한 문명국의 패권은 발전 담론에서 저발전국에 대한 발전국의 패권으로 옮겨 갔지만, 이들 담론이 문명국 또는 발전국으로 표상한 서구의, 비서구에 대한 우월적 지위와 패권은 바뀌지 않았다.

식민주의 시기의 문명 담론이 강제적이고 일방적인 문명화 사명을 정당화했다면, 발전주의는 저발전국의 자발성에 의존한다는 점에서 후자가 더 효율적 패권 담론이라 말할 수 있다. 푸코의 관점에서 발전의 사명은 통치권이 아니라 생체 권력으로 시행됐는데, 이런 시행은 즉 발전을 향한 "제3세계의 주체들과 국가들의 이해관계와 열망의 동원을 이용한" 방식으로 이해될 것이다(Brigg, 2002: 424).

진화론과 서구중심주의

영어에서 발전은 원래 "사물이나 유기체가 가진 잠재성이 표출돼 그것의 자연스럽고 완전한 형태로 도달하는 과정"을 일컫는다(Esteva, 1992: 8). 생물학적 함의가 강했던 이 개념은 18세기 이후에 유럽 중심의 단선적 진보 사관에 이용되면서 적용 범위를 사회 현상까지 넓힌다. 이 확장을 로버트 니스벳Robert A. Nisbet은 은유metaphor라는 개념으로 설명했다(Nisbet, 1969). 발전이 사회 현상에 적용되면 그 대상은 생물학적 발전 원리를 가진 유기체처럼 인식된다는 의미다.

은유는 복잡한 현상을 '아는 것'으로 착각하게 만들지만, 실제로는 암시적 표현에 따른 이미지의 생성일 뿐 분석적 이해와는 큰 관계가 없다. 예컨대 사회가 성장한다고 할 때, 마치 생물학적으로 예정된 발달 과정이라는 착각을 일으킴으로써 오히려 현상의 객관적 이해를 방해한다.

이런 맥락에서 네더빈 피터스는 일반적 의미에서 발전주의의 속성을 "이미 아는 예정된 형태와 논리, 방향에 따라 사회가 변화한다고 보는 것"이라 말했다(Nederveen Pieterse, 2001: 18). 사회 진화론은 사회 변화에 생물학적 발전 또는 성장 등의 개념을 적용한 은유적 이해의 대표적 사례라고 말할 수 있다.

서구의 다양한 발전 사상의 저변에는 진화론적 사고가 존재한다. 진화론은 세계의 복잡다기複雜多岐함을 몇몇 단계로 단순화하는데, 예컨대 근대 문명 담론에서 나타난 원시, 첫 번째 야만savagery, 두 번째 야만barbarism, 문명 등의 구분을 뜻한다.

진화론적 단계론은 공간적 차이를 시간적 위계로 전환해서 시간적 선후에 따른 사회 간의 위계 관계를 만든다. 근대 진화론에 대해 네더빈 피터스는 "세계의 '공간'은 '시간'의 순서로 변화했으며, 여기서 유럽인들만이 근대의 유일한 동시대인으로 가정됐다."라고 지적했다.(Nederveen Pieterse, 2001: 19)[26]

근대 유럽의 진화론은 진보 사관과 깊이 관련됐다. 이 사관은 야만에서 문명에 이르는 길이 인류의 진보를 상징하며, 모든 사회가 같은 경로를 간다는 점에서 단선·보편적이라고 믿는다. 19세기의 사회 진화론은 진보 사관에 적자생존, 우승열패와 같은 생물학적 논리를 결합해, 유럽 식민주의가 인류 사회의 진보를 이끈다고 정당화했다.

20세기 중반 이후 미국의 패권 아래 부상한 발전주의 또는 발전 담론은 단선적 진화론적 가정을 강하게 내포했다. 이것은 마치 생물이 진화 또는 성장하듯 국가 발전의 경로는 하나뿐이며, 미국이 가장 발전 또는 성장한 상태라고 전제한다. 또 세계 모든 나라는 결국 단일한 발전 경로를 가게 돼 있으며, 나중에는 현재의 미국과 같은 상태로 수렴된다고 가정한다.

예컨대 월트 로스토Walt Rostow, 탤컷 파슨스Talcott Parsons 등 미국인 학자들이 주도한 근대화 이론modernization theory은 전통과 근대의 시간적 선후 관계를 구분하고 미국이 근대성의 최고 단계에 이르렀다고 설정했다. 여기서 전통 또는 저발전 사회는 이른바 따라잡기로 근대 또는 발전의 상태에 도달해야 하고, 이 과정에서 발전국은 저발전국이 가야 할 경로를 이미 경험한 선진자先進者의 위치에서 조언·충고할 수 있는 존재로 표상된다.

네더빈 피터스의 말대로, "경로에서 가장 앞섰다고 자임하는 자들은 변화의 방향에 대해 특권적 지식을 가졌다."라고 주장한다(Nederveen Pieterse, 2001: 18). 이런 점에서 발전주의는 미국이라는 권력 중심에서 나오는 사회 변화의 진실에 대한 주장이라고 말할 수 있다.

유럽의 문명 담론에서 미국 주도의 발전 담론까지 진화론·발전주의적 사고에는 서구중심주의가 짙게 반영됐다(Hettne, 1995; Cowen and Shenton, 1996; Leys, 1996; Rist, 1997; Mehmet, 1999). 서구중심주의의 특징 중 하나는 유럽의 특수한 역사적 경험을 인류 역사의 전형으로 간주한다는 것이다.

이매뉴얼 월러스틴Immanuel Wallerstein은 서구중심주의를 "유럽의 역사와 사회 구조에서 발견되는 유형들이 보편적이며 세계 다른 지역의 모형이라는 가정"이라고 정의했다(Wallerstein, 2004: 93). 강정인은 서구 중심주의가 서구 우월주의, 보편주의, 서구화라는 세 가지 큰 명제로 구성된다고 말한다(강정인, 2003a). 즉 서구는 인류 역사의 진보에서 가장 앞섰고, 서구의 역사적 경험은 모든 사회에 적용 가능한 보편성을 지녔으므로, 비서구 사회는 서구를 모방해서 진보한다는 것이다.

서구중심주의에서 서구는 "다른 사회들을 서열화하고, 긍정적 또는 부정적 감정을 야기하는 진화의 기준을 제시하는" 일련의 긍정적 표상으로 기능한다(Hall, 1996: 186). 서구중심주의는 스스로가 특별하다는 자의식인 서구 예외주의와 그 반대편에 놓은 타자의 열등함을 구성하기 위한 오리엔탈리즘 등을 포괄한다(강정인, 2004). 서구중심주의는 본질적으로 특정 지역의 자기중심주의지만, 지구적으로 널리 받아들여져 당연시되며, 그 가정들을 세계 질서에 반영할 힘이 있다는 점에서 다른 지역중심주의 또는 민족중심주의와 구분된다(Amin, 1989; Blaut, 1993; Shohat and Stam, 1994).

서구중심주의에서 세계는 복잡성과 다양성을 잃고 단순화한다. 실제로는 상호 이질적인 다양한 사회를 포괄하는, 이른바 비서구라는 타자는 "비합리적인, 부패한, 유치한, 비정상적인" 등 부정적 속성의 단일한 존재로 구성된다. 반면에 역시 상호 이질적인 이른바 서구the West라는 자아는 "합리적인, 고결한, 성숙한, 정상적인" 등 긍정적 속성의 동질적 존재로 설정된다.

서구보다 훨씬 방대한 비서구 지역은 그 자체로 속성이 단일하다기보다, 서구 중심적 인식 체계에서 그들과의 관계 때문에 하나의 지역으로 인식된다. 이 인식과 관련해 에릭 홉스봄Eric Hobsbawm은 "중국의 제국과 세네갈, 브라질과 뉴헤브리디스, 모로코와 니카라과 등이 같은 인류의 구성원이라는 것 외에 도대체 무슨 공통점이 있는가?"

라고 묻는다(Hobsbawm, 1987: 16).

서구중심주의는 인식 대상의 정체성을 일방적으로 규정한다. 예컨대 발전 담론에서 어떤 비서구 사회를 저발전으로 규정한다면, 이것은 그 사회의 고유한 정체성을 일방적으로 빼앗는 행위다(Sachs, 1992; Brohman, 1995; Escobar, 1995; Rahnema and Bawtree, 1997; Nederveen Pieterse, 2001). 이런 인식 틀에서 이른바 '발전된 자'의 범주에 포함되지 않는 사회들의 다양한 삶의 방식과 고유한 문화 체계는 주변화한다(Apffel-Marglin and Marglin, 1990, 1996).[27]

이런 점에서 발전 담론은 "'발전된' 국가들이 제3세계를 관리하고, 통제하고, 심지어 창조하는 과정에서 필수적"이며, "서구가 세계를 생각하고 인식하는 방식에 따라 다른 민족들을 지배하고 그들의 운명을 결정하는 과정"과 연관돼 있다(Tucker, 1999: 1). 푸코적 관점에서 서구중심주의적 의미 체계는, 지구적 차원에서 서구 주도의 통치성을 야기한다(Larner and Walters, 2004).[28]

이 책의 구성

이 책은 크게 두 부분으로 구성된다. 한국 사회를 주도하는 서구 중심 발전 세계관의 역사적 기원과 변화를 쉽게 파악할 수 있도록 각 장을 시대 순으로 배열했다.

제1부(1~3장)는 발전 시대 이전의 담론 상황을 고찰한다. 19세기 말부터 1950년대까지 서구 중심 세계관을 제공한 대표적 담론인 개화·문명 담론의 특징과 변화, 그리고 발전 담론과의 관계성, 문명에서 발전으로의 담론 전환의 배경 등을 살펴본다. 현재 한국 사회의 대표

적 서구 중심 담론인 발전 담론이 20세기 중반 이전의 문명 담론과 계보학적으로 맞닿았음을 밝힌다.

제1장에서는 19세기 말부터 20세기 초까지 형성·유입된 개화·문명 담론의 내용과 그 변화를 고찰한다. 1880년대의 한국 사회는 서구의 힘과 그것이 주도하는 국제 질서의 냉혹한 현실을 점차 인식했다. 그러므로 서구가 식민주의적 확장으로 다른 나라를 정복하고 자신의 이익을 위해서라면 국제법도 무시하는, 이기·호전적이며 믿을 수 없는 존재라고 보는 경향이 강했다. 1880년대 개화·문명 담론에서는 한국 또는 동양과 서구 간에 서구 중심적 위계 관계가 뚜렷하지 않았다.

1890~1900년대에는 문명이 곧 서양 문명을 의미하는 경향이 강화됨에 따라 서양과 동양 간 위계가 비교적 명확해졌다. 1920년대 이후에는 한국 사회에서 서구 문명의 보편성이 심각하게 의심받았다. 이른바 문명국들이 저지른 제1차 대전의 유례없는 참상으로 서구와 그 문명의 권위는 크게 약해졌다. 서구 문명은 물질·과학적 측면에 강한 지역 문명의 하나로 지위가 격하되고, 동양 문명은 정신·도덕 문명으로 위상이 재평가됐다.

제2장에서는 일제 강점기 초의 근대 문명 담론이 당시 사회의 지배 담론으로서 어떻게 사회를 규율하고 일제의 지배 체제를 정당화했는지, 일제 기관지 『매일신보』를 분석해서 밝힌다. 『매일신보』는 조선의 문명 수준이 문명국에 미치지 못한다고 문제화하며, 문명 진보의 필요성을 제기했다. 『매일신보』는 조선의 문명화를 이끌 주체이자 문명으로서 일제를 설정하고, 그 지배를 문명 정치로 정당화했다.

그럼에도 일제 강점기 조선 사회에서는 문명과 야만의 정체성을 둘러싼 민족 간 갈등이 적지 않았다. 조선인들은 일본 문명의 수준을 낮춰 보는 편이었으며, 일본인들에게 야만으로 규정당했음을 모욕으로 간주하며 저항했다. 이 장에서는 일제의 조선 지배 초기에 근대 문명 담론이 수행했던 중요한 정치·사회적 구실을 확인한다.

제3장에서는 1950년대 이승만 대통령 연설문과 잡지, 신문 등 대중 매체에 반영된 발전 담론의 위상을 1960년대 이후 발전 시대의 그것과 비교하는 관점에서 고찰한다. 우선 이승만 대통령 연설문에는 발전 담론보다는 문명 담론의 인식 틀이 지배적으로 나타났다. 흥미롭게도 발전 담론을 구성하는 선·후진국 등의 개념이 이승만의 연설 기록에서는 전혀 나타나지 않았다.

또한 1950년대 잡지와 신문 등 대중 매체에 나타난 인식 틀도 발전 시대와는 차이가 있음을 논의한다. 부흥, 재건, 자립 등의 개념으로 나타난 당시의 경제적 목표는, 성장, 발전, 근대화 등을 주요 목표로 한 발전 담론과는 달랐다. 그런데 당시에 서구 학계의 후진국 개발 이론과 국제 정치에서의 후진국 원조가 전 지구적인 현안으로 부상하면서 한국 사회의 대중 담론 공간에서도 이것과 관련한 내용들이 상세히 소개됐다. 이 과정에서 영어의 developed countries와 underdeveloped countries가 각각 선진국과 후진국으로 번역되면서 서구 발전 담론을 반영한 선·후진국 개념이 한국 사회에서 구성되기 시작했다.

제2부(4~6장)에서는 한국 사회에 자리 잡은 발전 세계관의 특징과 기원, 그리고 그 변화를 1960년대부터 현재까지에 초점을 맞춰서 알아본다. 이것을 바탕으로 한국과 세계가 추구할 진정한 발전의 방향과 그 목표인 선진국의 모습을 상상해 본다.

제4장은 한국 사회에서 발전주의와 선진국 담론이 지배 담론으로 부상한 시기가 1960년대 박정희 정부 시기임을 밝힌다. 한국의 발전주의는 미국 주도의 발전주의 부상, 박정희 정부를 중심으로 한 강력

한 발전 레짐의 등장이라는 국내외의 역사적 환경에서 한국의 산업화와 근대화를 이끄는 지배 담론으로 부상했다.

선진국 담론은 국가가 추진할 발전 또는 근대화의 목표를 선진국으로 개념화하는 과정에서 형성된, 대표적인 발전 담론의 하나다. 선진국 담론은 한국의 급격한 사회 변화를 후진국 탈피와 선진국 진입을 위한 과정으로 해석하며 조국 근대화 사업에 정당성을 부여했다. 한국의 국가 정체성은 1960년대 후진국에서 1970년대 중진국을 거쳐 1970년대 중반 이후에는 상위 중진국이 됐다는 인식이 커지면서, 1980년대는 선진국 진입의 시기로 설정됐다.

제5장은 1980년대와 1990년대의 시대적 환경에서 선진국 담론의 변화와 특징을 살펴본다. 1980년대는 신자유주의 이념의 세계적인 부상 속에서 선진국 담론의 인식이 국제주의와 연계된 시기였다. 그에 따라 국제적 기준과 요구에 부합해야 선진국이 될 수 있다는 인식이 부상했다. 한국은 신흥 산업국으로서 국제적 사안에서 선진국과 이해관계가 다르다는 관점도 두드러졌다.

1990년대는 김영삼 정부의 세계화 정책과 함께 선진국의 함의가 더욱 추상·이상화되며, 선진국 담론에 내포된 서구 중심적 보편주의가 더욱 강화됐다. 1990년대 중반 이후로 한국의 여론 주도층은 21세기를 선진국 진입의 시기로 설정하고 국가적인 개혁 정책과 동원 체제 유지에 정당성을 부여했다.

제6장은 한국 발전주의 담론의 구조적 특징을 고찰한다. 한국의 발전주의가 목표, 문제 제기, 위기 조성, 저력 상기, 전략이라는 5개의 주요 요소로 구성됐음을 살펴본다.

한국은 어느 시기에나 선진국을 궁극적인 목표로 추구했지만, 박정희 정부 시기에 공업화가 진행된 선진 공업국의 함의가 강했다면,

김영삼과 이명박 시기에는 국가의 모든 분야가 세계 수준에 이른 1류 국가의 의미가 두드러졌다. 발전주의는 저발전 상태를 문제화하는데, 박정희 집권 초기에는 후진국의 상태를, 이후는 "선진국에 미치지 못하는" 또는 "선진국 문턱"의 상태를 문제화했다.

또한 발전주의는 한국이 선진국 진입과 탈락의 갈림길에 있고, 향후 몇 년이 선진국이 될 마지막 기회라는 식의 논리로 위기의식을 조성한다. 동시에 민족적, 국가적인 저력을 상기시켜서 선진국이라는 목표 달성은 충분히 가능하다는 자신감을 심어준다. 한국의 발전주의는 시기별로 다른 역사적 환경을 반영해서 근대화나 세계화 또는 선진화 등의 전략을 제시했다.

이 책의 맺음말에서는 서구 중심 발전주의와 선진국 담론이 한국 사회에 미친 영향과 문제점을 다양한 방면에서 진단하고, 사회 구성원 각자가 행복한 선진국을 지향하는 새로운 담론과 인식 틀의 창출 방안을 제시한다.

마지막으로 이 책의 문제의식을 동북아시아 지역 차원에서 접근하고자 하는 독자들을 위해 「보론」을 추가했다. 여기서는 한국·중국·일본의 발전 담론과 선진국 담론에 반영된 이 3국의 국가 정체성과 상호 인식을 소개한다.

제1부 /

문명에서 발전으로

1880 ~ 1950년대

제1장 / 한국 서구중심주의의 기원

: 1880~1930년대

크리스토퍼 콜럼버스Christopher Columbus 이후 아메리카 대륙을 정복·약탈하며 재화를 축적한 근대 유럽은 더 많은 부를 얻기 위해 기술을 혁신하고 이것을 이용해 더 많은 식민지를 얻는, 이른바 '정복과 기술 혁신의 선순환'에 힘입어 비유럽 사회와의 물질·군사적 격차를 벌려 나갔다. 19세기에 이르러 유럽의 힘은 자신을 야만으로 얕잡아 보던 한국·중국·일본 등 동북아시아까지 팽창했다.

19세기 말은 유럽의 힘이 갖는 심각성을 한국이 처음 인식하고 그들의 세계관을 받아들이기 시작한 때다. 기본적으로 서구를 야만으로 규정한 이전 시기의 유학 윤리가 바탕이었던 서구관은, 서구가 문명이라는 새로운 인식으로 대체되는 추세였다. 이른바 제국의 시대에 등장한 새로운 세계 질서가 국가의 생존을 위협한다는 사실을 깨달은 한국 사회는, 서구 국가들의 힘의 비결에 호기심을 가졌다.

국가의 부강을 가장 시급한 과제로 인식했던 19세기 말 한국의 개화론자들은 서구를 모형으로 한 국가 변화가 부강을 이루기 위한 최선의 전략이라고 생각했다. 한국은 서구 중심 담론이 지탱한 세계 질서에 편입되는 과정에 속했으며, 서구를 국가 변화 과정에서 중요한 긍정적 준거로 점차 인식했다. 19세기 말 한국 사회에서 부상한 개화·문명 담론은 서구 중심의 세계 질서와 담론 패권이 부상하는 상황을 잘 반영한다. 근대 유럽 사회를 기준으로 문명과 야만을 구분한 서구 문명 담론의 전제들을 수용한 한국 사회의 개화·문명 담론은 개화와 미개화, 또는 문명과 야만을 위계적으로 구분했다.

이것은 한국과 중국을 중심으로 한 전통적 문명 담론과는 성격이 전혀 달랐으며, 근대적 의미의 개화와 문명의 정도로 세상을 구분하는 방식이었다. 예컨대 개화파 지식인 유길준은 개화 담론의 틀에서 세계 나라들을 개화국, 반개화국, 미개화국의 3단계로 분류했다(유길준, 2004[1895]: 394-5).[1]

개화·문명 담론에서 대체로 비서구는 온전한 서구에 비해 불온전한 존재를 표상한다(정용화, 2004; 길진숙, 2004; 김정현, 2005). 미개화국은 불온전한 존재로서 내부에서 야기된 수치심 때문에 개화 또는 문명 지위의 성취를 지속적으로 꿈꾼다(길진숙, 2004).

개화·문명 담론은 서구를 이상적 문명으로 설정함으로써 한국 사회가 열망하는 대상이 서구 사회에서는 이미 존재한다고 가정하는 경향을 보였다. 또 서구에 비해 한국과 동양을 초라한 존재로 인식함으로써, 한국 사회의 자체 오리엔탈리즘의 역사적 시초가 됐다(Befu, 2001; 이옥순, 2002; Mora, 2009).[2]

이 장은 19세기 말 한국 사회에서 구성된 서구의 표상과 한국의 자아 정체성에 초점을 맞춰, 1880~1930년대 개화·문명 담론의 주요 가정과 함의가 어떻게 변화했는지 분석한다. 특히 서구중심주의와 관련해서 한국과 서구 간 담론적 위계 관계가 시기에 따라 바뀐 양상에 주목했다. 이 분석을 위해 근대 초기의 각 시기를 대표하는 신문 6개를 분석했는데, 『한성순보』(1883~1884년), 『한성주보』(1886~1888년), 『독립신문』(1896~1899년), 『대한매일신보』(1904~1910년), 『조선일보』(1920년~), 『동아일보』(1920년~)이다.[3]

아래는 3개의 절로 구성했다. 첫째로 1880년대 서구에 대한 새로운 인식을 야기한 담론 상황은 『한성순보』와 『한성주보』를 분석해서 소개한다. 둘째로 1890년대와 1900년대 개화·문명 담론의 주요 개념에 반영된 한국의 국가 정체성과 서구관은 『독립신문』과 『대한매일신보』를 분석해서 알아본다. 셋째로 1920년대와 1930년대 문명 담론의 위기와 재구성은 『조선일보』와 『동아일보』를 분석해서 고찰한다.

서구가 지닌 힘의 인정

부강, 부국강병, 자강

19세기 동안 식민주의가 확장되면서 서구와 비서구의 정치·경제적 차이는 더욱 커졌다. 1880년대에 이르러 국제 체제에는 두 영역이 존재했는데, 발전된 자와 뒤처진 자, 지배자와 의존하는 자, 부자와 빈자 등이다(Hobsbawm, 1987: 16).

근대 유럽이 주도한 지구적 식민주의의 결과라고 할 수 있는 사회 사이의 정치·경제적 차이를 해석하며 정당화한 지배적 담론은, 문명과 비문명의 위계적 구분이 바탕인 서구 중심 문명 담론이었다. 서구 중심 문명 담론은 역사적으로 식민주의의 결과인 서구의 문명 상태를 그 원인으로 바꿔서 생각하도록 했다. 즉 근대 유럽의 문명 상태는 내재적 우월성의 결과이며, 이 상태를 지구적으로 널리 퍼트리기 위해 식민주의를 감행했다는 것이다.

19세기 말의 조선은 서구 팽창의 심각성이 인식되기 시작한 시기였다. 서구를 야만으로 멸시·배척하던 전통적 시각은 국제 정세가 급변하면서 권위를 유지하기 어렵게 됐다. 고종高宗에게 올린 많은 상소에 나타나듯 유학자들은 극렬히 저항했지만 개화사상은 한국의 지식인들 사이에 널리 유포됐다.

서구 식민주의가 주도하는 호전·경쟁적인 국제 질서에서 한국 사회는 국가의 부강과 주권 유지를 위해 서구를 학습할 필요성을 인식하기 시작했다. 개화론자들은 서구를 물질적 부와 물리적 힘의 세계로 인식하고 경제·기계·기술·군사 등의 영역에서 그들이 이룬 놀랄만한 성취에 큰 관심을 가졌다. 이들은 서구 체제의 장점을 한국 사회가 배워서 나라가 부강해지기를 기대했다.[4]

국가의 부강에 대한 초기 개화론자들의 열망은 『한성순보』와 『한성주보』에 잘 드러난다. 한국 사회의 개혁에 관한 이 신문들의 주요 가치는 부강, 부국강병, 자강 등의 개념에 집약됐다. 『한성순보』의 한 기사는 다음과 같이 썼다.

> 요즈음 서양 제국에서는 모두 회사를 설립하여 상인들을 부르는데, 실로 부강의 기초라 하겠다. …… 지금 서양 제국에는 바다에 화륜선이 달리고, 육지에는 화차가 달리며, 전선을 설치하고 가로등을 켜 그 조화를 무엇이라 이름 지을 수가 없다. 그 대요는 사해에 출병시켜 만국과 통상을 하여 천하에 부강을 떨치고 이웃 나라에 위엄을 보이는 것이 고금 이래로 없던 일이다. 이런 일은 모두 회사가 설립된 이후부터 일어났다(『한성순보』, 1883년 11월 20일, 정진석, 1983: 38).

이 기사는 서구 국가들이 부강한 원인에 큰 관심을 보인다. 그중에서도 회사의 중요성을 제기하고, 나아가 상업적 가치와 물질적 발전의 중요성을 평가했다. 물질보다 정신·윤리적 가치를 추구했던 전통적 유학 사상에서 크게 벗어난 관점이다.

이 기사에서는 부강이 핵심 용어로 등장한다. 증기선·화물차·전기선 등 공학적 기술로 제작한 문물을 부강의 척도로 간주했다. 서구를 부강의 주체로 여기고 그 힘의 비결은 회사의 설립에서 찾았는데, 이 점에서 서구와 한국의 큰 격차를 인식한 것이다.

당시 신문 기사에 자주 등장한 서구의 또 다른 특징은 물리적 힘이다. 서구가 세계를 지배하는 군사력을 가졌다고 여겼는데, 그 근원은 기계·기술·산업의 발달이라고 판단했다. 이런 점에서 물질적 부와 군사력, 즉 부강은 서로 밀접하게 연관됐다고 생각했다. 『한성주보』의 아래 기사는 영국의 힘에 대한 당시의 인식을 잘 보여 준다.

> 영국 본토는 섬나라에 불과한데도 일찍이 항해술이 발달하여 먼저 기계의 이점을 이용, 5대주를 누비며 웅지를 펴 날로 영토가 늘어 가고 있다. …… 영국에서는 병비를 제일 급선무로 여긴다. 반드시 많은 군함을 만들고 병제를 정비하여 속국을 진압하고 이웃 나라를 제압하려는 야망을 갖고 항상 군사의 정원을 갖추어 둔다. …… 사람들이 공업을 숭상해 편리한 기계를 많이 만들어 부국강병이 세계 제일이다(『한성주보』, 1883년 12월 20일, 정진석, 1983: 93-5).

부의 축적이 군사력에 기인한다고 인식된 만큼 많은 부를 지닌 서구는 당시에 이상적인 세계와 거리가 멀었다. 한국의 신문들은 서구가 새로운 세계 질서를 주도한다고 인식하면서도, 그 군사·경쟁·지배적 특성 때문에 바람직하기보다는 오히려 개탄스러운 상황으로 인식하는 경우가 많았다.

『한성순보』는 "이제 천하의 각국들이 한결같이 군비에만 뜻을 두어 서로 우세하려고 힘써 다툰다."라고 말한다(『한성순보』, 1883년 12월 29일,

정진석, 1983: 115). 서구의 지배와 관련해서는 세계 6대주의 많은 나라 중 "유럽의 열국만이 독보적으로 부강을 독점하고 있는 바, 나머지 5주의 여러 나라들이 그들의 능이(凌夷, 성하다가 쇠퇴함)를 면치 못할 형세에 놓여 있다."라고 우려했다(『한성주보』, 1886년 3월 8일, 정진석, 1983: 748).

또한 서구의 본질은 가식적이며 그 자신의 이익만을 좇아 행동한다고 여기는 경향도 나타났다. 서양인에 대해서는 신뢰보다는 불신이 더 크게 드러났다. 『한성순보』는 "'우리 종족이 아니므로 그 마음은 반드시 다르다.'라고 한 옛 사람이 진정 나를 속이지 않았도다."라고 말한다(『한성순보』, 1884년 7월 22일, 정진석, 1983: 541). 비슷한 맥락에서 『한성주보』는 "외국인과 상대할 때는 심히 조심하여야 한다."라고 언급했다(『한성주보』, 1886년 10월 4일, 정진석, 1983: 842).

원시, 야만, 문명

나아가 서구는 정글의 법칙과 힘의 논리를 세계에 유포하는 주범으로 인식됐다. 이것과 관련해 『한성주보』는 다음과 같이 썼다.

> 번거롭게 서로 왕래하는 자들은 오직 이를 노리는 것뿐이니 약육강식할 이치가 없다 할 수 있겠는가. 시험 삼아 프랑스를 보더라도 처음에는 안남(월남)을 보호국으로 삼았고, 영국은 면전(緬甸, 미얀마)를 속지로 했다. 프랑스와 영국은 일찍이 조약과 공법을 외교의 금과옥조로 삼지 않은 적이 없었는데, 끝내는 인의를 내세우면서 병합을 일삼은 일이 있었으니……(『한성주보』, 1886년 10월 4일, 정진석, 1983: 842).[5]

이 기사는 국제 조약과 관련해 세계 질서에 대한 불신을 표출한다. 당시 신문은 자국이 국제법과 조약에 근거한 불평등을 당하는 상황에서, 서구 국가들이 주도한 국제법과 조약의 오용을 비판했다.[6] 예컨대 『한성주보』는 "저들 각국은 일단 자신들에게 이익이 있을 것을 보기만 하면 공법을 저버리고도 두려워하지 않고 조약을 파기하고도 부끄러워하지 않음"을 개탄했다(『한성주보』, 1886년 3월 8일, 정진석, 1983: 748).

이런 점에서 한국 사회는 당시 서구의 식민주의적 팽창 앞에서 자신이 그다지 원하지 않는 세계 질서에 참여해야만 하는 역설적 상황을 맞았다. 힘이 지배하는 세상에 대한 인식 속에서, 한국이 생존하기 위한 가장 시급한 전략은 부강해지는 것이라는 주장이 힘을 얻었다.

서구의 식민주의적 팽창은 사회 진화론과 같은 서구의 지식들로 정당화됐다. 허버트 스펜서Herbert Spencer가 내세운 사회 진화론의 주요 주장은 "최선의 사회 조직은 사람들 간의 무제한적 경쟁에서 나타나는데, 여기서 가장 적절한 자가 생존함으로써 사회 전체의 수준을 끌어올린다."라는 것이다(Turner, 2003: 77).[7] 사회 진화론은 찰스 다윈 Charles Darwin이 주장한 자연 도태의 논리를 빌려서, 인간 사회에서 벌어지는 경쟁과 불평등을 사회 진화의 원동력으로 정당화한다. 이런 논리 속에서 강자의 약자 정복은 사회 발전과 인류의 진보에 필수적인 과정으로 가정된다.

사회 진화의 과정은 곧잘 원시, 야만, 문명 등 여러 단계를 거친다고 묘사되는데, 이런 점에서 사회 진화론은 단계 이론stage theory과 상통하는 바가 많다(Nederveen Pieterse, 2001).[8] 사회 진화론은 당시 한국 사회의 개화파 지식인들 사이에서 경쟁적 세계를 이해하는 틀로 상당 부분 수용됐다(Tikhonov, 2010).[9]

그러나 서구가 지배하는 경쟁적 세계의 심각성을 인정하면서도, 『한성순보』나 『한성주보』에 반영된 여론은 사회 진화론의 사상을 완전히 수용하지는 않았다. 오히려 이 신문들은 사회 진화론이 폭력적인 국제 질서와 연관됐다는 인식 아래, 유보적인 태도를 보였다.

당시 신문들은 서구의 부와 군사력을 인정하면서도 서구 중심 담론이 주장하는 서구의 우월성을 받아들이지는 않았다. 오히려 한국의 역사와 문명성에 상당한 자부심을 보이면서, 서구의 갑작스런 부상을 의아해 했다.

『한성순보』는 영국의 부상에 대해 "영국은 역사가 짧아서 황폐하던 시대가 엊그제 같은데도 이처럼 발전하였으니, 무엇이 그렇게 했는지 마땅히 연구해 볼 일이다."라고 말한다(『한성순보』, 1883년 12월 20일, 정진석, 1983: 97). 중국 잡지를 인용한 기사에서는 "원시 시대에 있어 국가가 곤궁하기로는 태서(泰西, 서양)만큼 곤궁한 나라가 없었고, 운회(運會, 운수와 기회)가 비색(否塞, 운수가 꽉 막힘)하기로도 태서만큼 비색한 나라는 없었다."라고 언급했다(『한성순보』, 1884년 1월 8일, 정진석, 1983: 137).

이처럼 당시 신문들은 서구의 부상을 오랫동안 지속된 현상이라기보다는, 최근의 우연한 현상으로 인식하는 경향이 강했다. 한국(또는 동양)과 서양 간 힘의 역전은 일시적이며, 한국과 동양이 우위에 서는 본래의 관계로 얼마든지 돌아갈 수 있다는 것이다. 이 인식과 관련해 『한성주보』는 한국의 풍부한 자연 자원과 역사 유산을 강조하며 다음과 같이 말했다.

우리나라는 3면이 바다로 막혀 있고 토지가 비옥하고 인구 역시 번성하며 산천과 강해江海에는 자원이 풍부하며 게다가 운수運輸마저 편리함에랴. 이와 같은 좋은 조건을 가지고 부강책을 힘쓴다면 거의 6주洲를 누비고 만국을 앞지를 수 있을 것이다(『한성주보』, 1886년 8월 23일, 정진석, 1983: 794).

위의 논의들을 종합할 때, 1880년대에는 한국(또는 동양)과 서구 사이에서 서구 중심의 담론적 위계 관계는 뚜렷하지 않았다. 서구의 힘을 인정하고 상업과 기술의 문명국으로 인식했지만, 그들이 주도하는 새로운 세계 질서의 일방성과 폭력성도 충분히 인지했다.

서양과 서양인에 대해서는 신뢰보다 불신이 더 컸다. 또한 한국은 비록 서구의 힘에 못 미치지만 여전히 문화·자연적 자원이 풍부한 전통적 문명국의 하나로 인식했다. 동·서양의 역전된 힘의 관계는 머지않아 동양 우위의 관계로 되돌아갈 것이라는 생각도 나타났다.

결국 1880년대『한성순보』와『한성주보』가 서구를 배울 필요성을 제기한 가장 큰 이유는 서구를 이상적 세계로 보아서가 아니라, 호전적인 국제 환경에서 생존하기 위해 가장 시급한 전략이라고 인식해서였다. 이런 점에서 이 시기의 개화·문명 담론에 나타난 인식은 서구에 대한 제한적 수용이었으며, 서구 중심성은 그다지 크지 않았다.

개화·문명 담론에 나타난 서구중심주의

문명개화국, 상등국, 1등국

19세기 서구의 확장을 향한 한국과 다른 동아시아 국가들의 대응은 대체로 세 시기로 구분할 수 있는데, 각각 적대감의 시기, 제한적 수용의 시기, 전적인 수용의 시기다(김정현, 2005). 전통적 유학자들의 서구에 대한 태도의 바탕이 적대감이었다면, 위에서 논의한『한성순보』와『한성주보』는 매우 조심스러운 가운데 부강이라는 현실적 목적을 위해 서구의 힘을 인정했다는 점에서 제한적 수용에 가까웠다고 할 수 있다.

그런데 『독립신문』에 오면 서구중심주의와 세계 질서의 수용에서 무비판적인 경향이 두드러진다. 한국의 국가 정체성과 관련해 『독립신문』은 서구적인 문명인의 관점에서 한국을 관찰하고 정체성을 규정하려는 태도를 보이기도 했다(정선태, 2004). 이런 점에서 『독립신문』은 서구를 전적으로 수용하는 한국 사회의 태도에 기여한 언론이라 할 만하다. 이 신문에서는 문명이 사실상 서양의 근대 문명을 의미한다(길진숙, 2004: 73).

갑오개혁(1894~1896년) 이후 서구를 전범으로 삼은 개화의 방안들이 활발히 논의됐는데, 『독립신문』, 『매일신문』과 같은 대중 신문들은 개화, 문명 등의 개념을 대중 공간에 유포한 주요 매체였다.[10] 당시에 개화, 문명, 진보 등이 서구를 배울 필요성을 상징한 대표적인 개념들이었는데, 이 가운데 『독립신문』에서 "개화"가 가장 자주 나타났다. 당시 개화라는 개념은 대중적으로 쓰여서 어떤 사람은 "나는 서울에서 몇십 년을 살았으되 개화란 말은 날마다 귀에 싫게 들었으나 개화가 무엇인지 재미를 몰랐더니"라고 말하기도 했다("독립신문』, 1899년 11월 2일).

『독립신문』에서 동양에 대한 서양 우위의 위계는 뚜렷했고, 개화 개념은 이것을 정당화하는 중요한 기준이었다.[11] 한 사설에서는 세상을 개화의 정도에 따라 개화, 반개화, 미개화, 야만이라는 위계적인 네 범주로 나눴다("독립신문』, 1899년 9월 11일). 한국을 문명국으로 인식했던 이전 시기와 달리, 『독립신문』은 한국을 대체로 반개화국으로 규정했다. 이 신문은 서구 국가들만 개화의 범주에 넣었고, 이것을 근거로 서구가 전범이 되는 한국 사회의 급격한 변화와 개혁을 주장했다.[12]

『독립신문』에서 서구는 문명의 최고 단계를 의미하는 다양한 용어로 규정됐는데, 문명국, 문명개화국, 상등국, 1등국 등이 그것이다. 이처럼 당시 개화사상은 서구 중심인 문명 사관의 틀에서 인류의 역사를 서구가 주도하는 문명 진보의 관점으로 이해하는 경향이 있었다(이원영, 1996).

이런 서구 중심적인 인식 경향 속에서 그들의 지식과 사상들을 무비판적으로 수용하는 태도도 두드러졌다. 서구의 우월성을 주장하는 식민·인종주의적 사상들이 과학이라는 이름으로 한국 사회에 유포됐다.[13] 서구의 식습관을 『독립신문』의 한 사설은 다음과 같이 소개했다.

또 서양의 화학 박사들이 여러 곡식을 분석해 본즉 사람의 몸에 가장 유익한 것은 밀가루요, 그 다음은 옥수수요, 쌀은 영양분이 적은 물건이라 하니, 밀가루를 먹는 서양 사람의 건장한 것과 쌀을 먹는 동양 사람의 나약한 것은 보아도 두 가지에 우열은 가히 알겠도다(『독립신문』, 1898년 8월 25일).

다른 사설은 개화에 앞선 서양과 일본의 관습이 중국의 그것에 비해 우월하다는 점을 다음과 같이 주장했다.

대한 사람들이 항상 말하되 서양 부녀의 허리를 가늘게 하는 것과 일본 여인의 이를 옷칠하는 것과 청국 여자의 발을 결박하는 풍속이 가장 이상하다고 하나니, 민생 산업에 이해利害를 말할진대 칠치(漆齒, 이를 옷칠함)와 세요(細腰, 허리를 가늘게 함)는 사무에 조금도 해로운 것이 없되 전족(纏足, 발을 결박함)하는 풍속은 사무에 방해가 될 뿐 아니라 위생에 큰 손해가 될지라(『독립신문』, 1899년 10월 14일).

이 기사는 서양 여인들의 허리를 가늘게 만드는 풍습과 일본 여인들의 치아에 옷칠하는 풍습, 중국 여인들의 발을 결박하는 풍습을 비교한다. 기사는 서양과 일본의 풍습은 해롭지 않지만, 중국의 것은 사무에 방해되고 위생에도 손해라고 말한다. 이 사례는 서구와 일본에 대한 중국의 문화 패권이 쇠퇴하던 상황을 잘 반영했다.

서구 중심 문명 담론의 부상 속에 동양의 다양한 관습은 서구와 비교할 때 구식이고 비합리적이라는 인식이 강했다. 이런 인식적 위계에서 비합리적 주체에 대한 합리적 주체의 간섭은 정당화된다. 이 정당화와 관련해서 위 기사는 "현재 서양의 부인들이 전족회를 만들어서 청나라 여성의 발을 묶는 악풍을 바꾸려고 하니 실로 아름다운 일이라."고 덧붙였다(『독립신문』, 1899년 10월 14일).

다른 기사는 영국의 인도 식민화와 관련해 식민주의적 관점을 분명히 드러냈다.

> 영국이 처음으로 인도를 점령한 후에 그곳 백성들의 무식한 것을 크게 개탄해서 작정하기를 해마다 은을 4만 냥씩 지출해서 새 학문으로 교육하는 비용으로 써서 …… 인도에 새 학문이 크게 흥왕한 것을 가히 치하할 만하고……(『독립신문』, 1899년 9월 20일).[14]

한편 『독립신문』의 일부 논설은 서구의 확장과 그들이 주도하는 새로운 세계 질서에 대해 근심과 불안감을 드러냈다. 한 사설은 "대개 서양 사람들의 목적은 다른 종교는 다 쓸어 없애며 다른 인종의 사람들은 모두 제압해서 세계가 자신들을 높이 보며 널리 알려, 오직 자기들만 홀로 높고자 하는지라."라고 말한다(『독립신문』, 1899년 11월 9일).

그럼에도 『독립신문』에 나타난 서구에 대한 불신과 우려는, 그들이 인류 진보의 최선에 있다는 서구 중심적 가정을 반박할 만큼 강하지 못했다. 이런 점에서 1890년대는 한국 사회에서 서구 중심적 개화·문명 사상이 널리 유포된 시기였으며, 『독립신문』은 이 움직임에 크게 기여한 신문이라 할 수 있다.

서구 문명의 보편성

1900년대에 식민지를 향한 서구 국가들의 경쟁은 격화했다. 세계의 정치·경제 질서에서 식민주의적 서구와 식민화된 비서구 간의 격차는 여전히 심각했다. 제1차 대전을 암시하는 식민주의적 경쟁의 격화 속에 제국주의라는 용어는 서구 사회에서 사람들의 입에 흔히 오르내릴 정도로 대중적이었다(Hobsbawm, 1987: 60).

아시아에서는 일본만이 식민지 경쟁에서 서구와 맞설 수 있었다. 일본은 중국(1894년), 러시아(1904년)와 벌인 일련의 전쟁에서 승리함으로써 문명한 서구 국가들과 비슷한 처우를 확보했다.[15] 1900년대에 들어 한국을 식민화하려는 일본의 의도가 노골화됐는데, 결국 1905년의 을사조약으로 한국은 외교권을 박탈당하기에 이르렀다.

1910년에 한국은 국제 사회가 인정하는 일본의 공식적 식민지로 전락한다. 당시 일본 제국주의의 한국 강점은 영국·미국 등 서구의 문명 국가들이 주도·집행하는 국제법의 담론 아래 진행됐다. 이 점에서 알렉시스 더든Alexis Dudden은 당시 한국이 문명 세계의 계몽적 착취enlightened exploitation 담론에 희생돼 적법하지 않은 존재로 규정됐다고 지적했다(Dudden, 2005).

『대한매일신보』는 한국을 둘러싼 비정한 국제 환경을 잘 인식했으며, 이런 인식에 따라 서구를 배워 힘을 키우자는 논리를 적극적으로 주창한다.[16] 이 신문은 한국의 과거 영예를 현재의 비참한 상황과 비교하며 다음과 같이 말했다.

오호라 한반도여. 너는 무슨 연고로 이 같은 비참한 운수를 홀로 당하였는가. 너는 저 영국과 같이 영지가 세계에 펼쳐지지도 못하고 독일과 같이 찬란혁혁한 학술의 광채를 나타내지도 못하며 미국처럼 굉장하고 웅위한 부유함을 자랑하지도 못하여 너의 면목이 참담하고 ……너도 옛날 시대에는 영웅도 낳고 부강도 하였으며 문명도 하여서 중국과 인도가 함께 그 광채를 나타낼 때 너도 같이 일어났으며 일본 같은나라는 갓 생겨서 나라 이름도 없었을 때에 너는 이미 문화의 발달함이 나타났으니, 오호라 너는 중국과 인도 같은 나라와는 형제라 할 만하고 일본에는 어른이 아닌가. 어찌 이제를 당하여 옛적의 영광은 모두 없어지고 그 비참한 운수를 만남이 이에 이르렀는가(『대한매일신보』, 1909년 3월 27일).

한국이 처한 상황은 지구적으로 영역을 확장하는 서구와 비교할 때 더욱 비참하게 여겨졌다. 서구와 비교하는 관점에서 한국 사회의 많은 현상과 제도들은 곧잘 가혹한 자기비판과 '자체 오리엔탈리즘'의 대상이 됐다. 『대한매일신보』의 한 기사는 "과거와 지금을 바라보고 동양과 서양을 살펴보건대 소임을 못함이 오늘날 한국 관리와 같이 심한 자가 없고 개명치 못함이 오늘날 한국 인민과 같이 심각한 자가 없도다."라고 말한다(『대한매일신보』, 1908년 10월 6일).

이런 태도에는 당시 한국 사회가 자신의 처지에 느낀 좌절감과 분노가 투영됐다고 할 수 있다. 그럴수록 서구의 표상은 더욱 이상화됐다. "서양 제국을 보라. 인륜人倫을 희망하는 마음이 무궁하며 인류의 진보됨이 또한 무궁하고"라는 신문 기사도 이런 맥락에서 이해된다(『대한매일신보』, 1908년 8월 13일).

당시 한국 사회는 희망을 개화에서 찾았다. 개화론자들은 서구를 배워 개화하는 것이 한국 사회의 개탄스러운 현실을 벗어날 유일한 방법이라고 주장했다. 이것과 관련해 한 기사는 "시방 우리 나라의 이렇듯 불쌍한 경우는 백성의 힘이 부족한 것이 아니라 다만 개화를 늦게 생각한 까닭뿐이오."라고 적었다(『대한매일신보』, 1907년 8월 21일).

당시 개화는 한국 사회에서 널리 사용된 개념이었다. 그러나 그 사용 빈도는 문명 개념과 반비례하는 경향을 보였다.[17] 1920년대 잡지 『개벽』에 따르면 개화라는 용어가 대중화한 것은 1894년 이후이고, 문명은 1904년 이후에 대중화됐다는 분석이 있다(정용화, 2006: 177).

이렇게 보면 1900년대는 서구를 따른 사회 개혁의 필요성을 주창하는 주요 개념이 개화에서 문명으로 전환하는 시기라 할 수 있다. 서구를 이상화하는 경향이 두드러진 가운데 문명 개념은 서구 문명과 거의 동일한 의미로 쓰였으며, 서구 문명의 보편성은 이 시기에 거의 의문시되지 않았다.[18]

당시의 한국 사회는 일본이 부강해진 비결을 주로 성공적인 서구 수용에서 찾았다. 『대한매일신보』는 일본이 개화 또는 문명의 지위에 있음을 인식했지만, 한국 사회의 역사·문화적 차원의 우월감은 놓지 않았다. 이 신문은 한국의 가능성에 대한 믿음 위에서, 일본의 앞선 상황은 한시적일 뿐이며 서구를 얼마나 빨리 배웠느냐의 문제에 불과하다고 인식했다.

한국이 일본에 대해 지닌 우월감의 중요한 사회적 구실 가운데 하나는 일본 식민주의 통치에 대한 저항의 촉진이었다. 일본은 문명 담론(예컨대 한국에 대한 문명화 사명 등)으로 한국에 대한 식민화를 정당화하려 했지만, 한국은 개화·문명에 대한 다른 해석(예컨대 과거의 찬란한 문명 등)으로 대응했다.[19]

이렇듯 당시 한국 사회에서 문명 담론은 우월한 문명과 열등한 비문명 사이의 단순한 이분법적 구분을 넘어서는 복잡한 성격을 띠었다. 이와 관련해 신문의 한 기사는 한국이 일본에 지배당하지 않을 이유를 다음과 같이 적었다.

> 옛적에는 이왕에 일본은 한국의 개화를 배워 간 나라이라. 신도神道는 신라의 선사에서 수습하여 만들어 낸 것이요, 유교와 불교는 백제에서 수입해 간 것이요, 기타 공업과 미술도 모두 한국에서 배워 간 것인즉, 지금 일본의 무력이 아무리 혁혁하여도 한인의 눈에는 일본을 멸시하야 대적할 마음은 있으되 굴복할 뜻은 조금도 없나니 합병되는 것을 참지 않을 것이며……(『대한매일신보』, 1910년 1월 7일).

문명 담론의 위기와 재구성

서구 중심 문명 담론의 의심

1900년대 들어 한국 사회의 문명 담론에 나타난 눈에 띄는 변화는 정신문명과 물질문명을 구분하는 경향이 나타났다는 점이다(노대환, 2010b). 근대 지식인들 사이에서 서구의 장점을 물질문명으로 인정하는 한편, 서구가 약한 정신적 측면의 중요성을 강조하는 양상이 함께 드러났다. 문명 개념의 이런 분화는 서구 문명을 문명 그 자체로 인식했던 경향에서 벗어나, 그 이외의 문명을 인정함을 뜻했다. 이런 인식은 1920년대에 들어서 더 뚜렷해졌다.

제1차 대전 직후인 1920년대 초반의 한국 사회에서는 서구 문명의 권위가 크게 하락하는 흐름이 뚜렷했다. 서구 문명이 선도하는 인류 역사의 단선적 진보에 대한 믿음은 이른바 문명국이 저지른 전쟁의 참상 속에서 크게 흔들렸다. 네더빈 피터스의 언급대로, 전쟁 이후 서구 사회 내부에서도 "흥하고, 쇠퇴하고, 추락하는 이미지의 비관적인 원형적 역사 이론이 팽배했다"(Nederveen Pieterse, 2001: 20).

우선 한국 사회는 서구 문명의 보편·타당성을 의문시했다. 이 시기 한국의 신문들은 서구와 그 문명을 이상화하는 이전의 경향에서 탈피해서 서구를 불확실과 혼란의 세계로 묘사하기도 했다.[20] 「대전 후의 구주 문명의 신경향」이라는 제목의 『조선일보』 기사(1921년 4월 30일)는 "최근의 구미는 변화하고 혼란스러운 세계다. 이 변화와 혼란은 대전 후 구미 제국의 특이한 현상이다."라고 언급했다.

한국의 신문들은 문명에 대한 상대적 관점을 제기하고 서구를 포함한 다양한 지역의 문명이 지닌 가치를 인식하기 시작했다. 신문들은 "문명이란 무엇인가", "야만이란 무엇인가"와 같은 문명 개념의 본질에 대한 질문을 던지기도 했다. 이런 질문에 대해 물질적 부와 강한 군사력을 바탕으로 삼아 세상을 지배하는 것이 문명의 본질은 아니라는 인식이 나타났다. 이 인식과 관련해서 『조선일보』의 한 칼럼(1921년 6월 20일)은 다음과 같이 주장했다.

고금의 문야(文野, 문명과 야만)가 정도는 다르나 표준은 같을지니 강력만 믿고 인도를 무시하는 민족은 야만일 것이요, 평화를 사랑하고 정의를 존중하는 민족은 문명인 것이 확실하다. 그중에도 조선은 지금까지 스스로 평화적인 민족이오, 세계 최고의 문명자가 될지니라. 만일 군사로 강포를 발휘하야 세계만방에 웅비하는 자가 문명인이라 하면 이 세계가 문명인이란 큰 공포에 불안이 심해서 차라리 야만이 되기를 바랄 것이다.

이 문명의 기준을 적용하면 서구 문명의 위상은 한없이 초라해진다. 이것과 같은 맥락에서 『조선일보』의 한 기사는 서구가 주도하는 힘의 추구를 강하게 비판했다.

저 서구 학자가 창도(唱道, 힘써 주장함)하는 바와 같이 심리, 정치, 제도, 경제 등이 문명의 요건이요, 자기네가 문명 민족이라 과장하면 이것은 지방적 자존과 인종적 자만의 편견이다. 왜 그런가 하면 그들의 심리를 보면 개인으로나 민족으로나 침략, 억탈, 압박, 간음, 절도, 사기 외에 무슨 고상한 심리가 있는가. 물질이 극도로 발달한 것은 인류의 생활에 일조가 되었으나 그것들은 발명·발견된 것뿐이다. 예의가 없으면 염치가 없고, 있다 하더라도 허식이며 사술이니 만일 그를 문명인이라 한다면 도둑을 군자라고 하는 것과 어떤 차이가 있으리요(『조선일보』, 1921년 6월 20일).

이 칼럼은 한국과 같은 평화를 사랑하는 문명이야말로 진정한 문명이라고 결론짓는다.

또한 서구는 공간적으로 세계가 아니라 (혼란과 전환 속에 있는) 세계 속의 한 지역으로 지위가 재설정됐다. 이 변화와 관련해 『동아일보』는 영국의 제국 의회가 세계 평화를 위한 기구라고 주장하는 영국 언론을 다음과 같이 반박했다.

세계 대전 후의 제1회 대영 제국 회의가 런던에서 개최되었는데 ……영국의 여러 신문이 저 의회를 가리켜 "세계 평화의 기관"이라 하고 국제연맹에 비견하는 흥미 깊은 관점에 대하야 소감을 토로하고자 하노니, 이 제국 회의는 영 제국의 회의에 불과한지라 영 제국의 국가적 이익, 곧 국방, 외교, 본국과 식민지와의 관계를 토의하는데 불과하거늘 이를 세계적 평화의 기관이라 칭함은 무슨 의미인고(『동아일보』, 1921년 6월 27일).

탈서구 중심 문명 담론의 부상

1920년대 문명 개념은 서구 문명의 대명사가 아니라, 자연 상태와 구별되는 한 사회의 인위적 성취 정도를 의미하는 경향이 강했다(『동아일보』, 1925년 9월 15일). 그러므로 지역·성격별로 다양한 종류의 문명이 인식됐는데, 예컨대 정신문명, 물질문명, 과학 문명, 평화 문명, 도덕 문명, 침략 문명, 동양 문명, 서양 문명 등이 그것이다.

문명이라는 개념은 더 이상 서구의 전유물이 아니었다. 서구 문명은 다양한 문명 가운데 하나로서 물질적으로는 발전했지만 정신·도덕적 측면에서 많이 부족하다고 여겨졌다.

당시 문명 담론에서는 동·서양 간의 서구 중심적 위계 관계가 크게 흔들렸다. 동양을 포함한 타자를 주변화한 대가로 이루어진 서구 문명에 대한 이상화도 나타나지 않았다. 오히려 서구 문명은 고유의 특징을 가진 지역 문명의 하나로 인식될 뿐이었고, 동양 문명 역시 마찬가지였다.

이런 맥락에서 『조선일보』의 한 기사(1921년 7월 26일)는 동양 문명을 도덕 문명으로, 서양 문명을 과학 문명으로 지칭하며 문명에 대한 상대주의적 관점을 뚜렷이 드러냈다.

동·서양의 형세로 인류 문명의 가치를 논하고자 하면 저들이 우리를 볼 때에 우리가 비록 물질적 발전이 없더라도 인도人道까지 흔적도 없이 사라졌다고 말하지 못할 것이요, 우리가 저들을 볼 때에도 역시 그와 같이 저들은 인도적 주의가 박약한 까닭에 과학 문명이 발달했다고 생각하지 않을 수 없다(『조선일보』, 1921년 7월 26일).

비슷한 맥락에서 이 기사는 두 문명의 장점을 융합할 필요성을 제기했다.

그러므로 동양의 문명은 언제까지라도 도와 덕이 그 중심을 유지하게 된 이상에, 서양의 과학 문명을 조화시켜야 그 항구적 평화를 향유하리라고 말하는 동시에, 저들 역시 이런 조화의 의의를 무심하게 내버려두지 못하리라(『조선일보』, 1921년 7월 26일).

신문들은 문명을 평화, 인류애 등 인류 보편의 가치 차원에서 규정하는 경향을 보였다. 어떤 지역의 문명은 인류의 보편적 가치에 얼마나 기여하는가에 따라 평가되기도 했다. 진정한 문명은 인류 전체의 노력의 결과물로서, 인류의 행동을 야만성에서 인간다움으로 고양하는 구실을 한다고 여겨졌다(『동아일보』, 1925년 9월 15일).

신문들이 평화, 인류애, 도덕 등의 기준으로 서구 중심적인 문명 개념을 반박한 데는 한국 사회가 이른바 문명국들이 주도한 식민화에 희생됐다는 인식이 영향을 미쳤다. 이런 점에서 정신·도덕적인 면의 강조에 따른 문명과 야만의 재개념화는 일제의 한국 강점에 대한 저항 의식과 밀접하게 관련된다.

신문들은 힘의 논리를 촉진하는 문명을 의사擬似 문명 또는 야만으로 규정하는 한편, 평화를 사랑하는 문명을 진정한 문명으로 규정했다. 문명과 야만 개념에 대한 이런 개념화는 일제 강점에 대한 저항에 정당성을 제공함으로써 저항 의식을 추동했다.

『조선일보』는 당시 이상재의 연설을 「침략 문명에 유린된 조선 청년아 궐기하라」라는 제목 아래 다음과 같이 보도했다.

본보 사장 이상재 씨가 유유히 등단하여 '청년의 의무'란 연제로 현대의 소위 살벌 과학과 침략 문명에 유린된 조선 청년은 궐기하라, 그리고 전 세계를 참으로 구원하기 위하여 조선 청년은 금전과 변태 과학에 침윤浸潤된 세계 어느 나라의 청년보다 먼저 일어나 진실한 사랑의 위대한 힘으로 죄악의 세계를 온전히 정복하라는 연설로……(『조선일보』, 1925년 11월 13일).

나아가 당시 한국 사회의 탈서구 중심적 문명 담론은 식민 통치를 비판하고 그 부당성을 밝히는 근거가 됐다. 일본의 강압 통치는 종종 야만의 범주로 분류됐으며, 신문들은 일본의 통치가 자신이 문명국이라는 그들의 주장에 어울리지 않는다고 지적했다. 예컨대『조선일보』의 한 기사는 일본 경찰을 다음과 같이 비판했다.

그러나 우리는 소위 경찰 당국의 방침과 도처에서 경관들이 내두르는 위세를 살펴볼 때 무슨 계엄 지대나 혁명 시기에 있는 듯한 공포와 전율을 느끼지 아니할 수 없다. 국경에서 날로 들려오지만 발표할 자유도 없는 경비 경관의 살상 능욕 등 모든 폭행과 또는 각지에서 매일 야기되는 경관의 악행 비도는 언제나 우리에게 전율할 공포를 주지 않는 것이 하나도 없다. …… 그러고도 무엇으로 일본 자체의 문명을 말하며 일본 자체의 만매(謾罵, 함부로 꾸짖음)함을 가리랴 하느냐. 우리는 일본인이 보기에는 다만 미개인으로, 문명임을 자처하는 일본인에게 도리어 그와 같은 제도가 남아 있음을 한탄하여 호소할 뿐이다(『조선일

일본 경찰의 고문과 관련해 『조선일보』는 문명국의 사법 체계에는 고문이 있을 수 없다고 비판했다(『조선일보』, 1923년 3월 9일). 그런가 하면 「경찰을 문명화하라」는 제목의 『조선일보』 기사는 일본의 강압적인 법 집행 관행에 대해 다음과 같이 주장했다.

우리가 문명한 사회를 간절히 원하고 합리적 제도를 열망함은 우리의 생명과 재산과 자유와 명예가 완전이 보장돼 우리의 생활을 안심하고 영위할 수 있어서이다. 만일 우리의 생명과 재산을 위협하고 자유와 명예를 모욕하는 것이 소위 문명 사회에서 감행되고, 소위 법치적 국가에서 빈번히 발생한다면 우리는 차라리 원시 시대에 돌아가기를 원할 것이요, 도리어 몽매 미개인 그 사회에 살기를 바랄 것이다. 따라서 우리는 그 문명 제도를 저주치 아니할 수 없으며, 그 법치주의를 비난치 아니할 수 없으며, 그 사회와 국가 스스로 자신을 모욕하고 부인하는 나쁜 경향이 아닌지 우리는 의심치 않을 수 없다(『조선일보』, 1924년 7월 12일).

한편 이 시기에 탈서구 중심 문명 담론이 부상했지만 과학의 권위는 크게 떨어지지 않은 점이 흥미롭다. 특히 한국의 신문에서 인종주의적 편견이 서구 중심적인 문명·야만의 구분과 연계돼, 서구에서 생산한 과학적 지식으로 지지되기도 했다. 예컨대 『동아일보』는 미국 유전학자의 연구를 인용해 사람들이 문명화될수록 코가 높다고 보도했다(『동아일보』, 1926년 7월 16일).

다른 기사들도 유사한 종류의 인종주의적 연구 결과를 문명 개념과 연관 지어 보도했다. "문명화한 사람은 진화의 결과 사랑니가 없다."(영국 학자의 연구), "문명화한 사람은 둥근 유형의 얼굴을 갖고 있다."(미국 치의학자의 연구), "문명화한 사람은 말을 빠르게 한다."(영국 속기사의 연구) 등이 대표적인 예다(『동아일보』, 1929년 6월 26일, 1939년 2월 11일, 1936년 8월 8일).

＊

이 장에서는 19세기 말부터 20세기 초까지 한국 사회에서 유행한 개화 문명 담론의 내용과 그 변화를 고찰하고, 이 담론들이 단순히 서구 중심의 이분법적 위계 관계를 의미하지는 않았다는 사실을 밝혔다.

1880년대의 한국 사회는 서구의 힘과 그들이 주도하는 국제 질서의 냉혹한 현실을 인식하기 시작했다. 이 시기의 대표적 신문인 『한성순보』와 『한성주보』는 서구를 멸시하는 전통적 관점에서 벗어나, 국가의 부강을 위해 서구 사회의 장점을 본받을 필요가 있다고 주장했다. 서구가 회사를 설립하고, 상업을 발전시키고, 군대를 키운 것을 그들이 부강해진 비결로 인식했다.

그러나 이 신문들에 나타난 서구관은 서구 중심적이지만은 않았다. 서구는 식민주의적 확장으로 다른 나라를 정복하고 자신의 이익을 위해 국제법도 무시하는 이기적이고, 호전적이며, 믿을 수 없는 존재로 인식하는 경향이 강했다. 서구의 부상은 일시적인 현상으로서, 그보다 더 풍부한 역사·문화·자연적 조건을 가진 한국과 동양 사회가 적절히 노력하면 쉽게 바뀔 수 있다고 인식하는 경향도 나타났다.

동양과 서양의 비교에서, 서구의 우월성은 주로 물질적 측면이 강조된 반면에 한국과 동양은 여전히 풍부한 전통과 문화유산을 가진 존재로 평가됐다.[21] 이런 까닭에 한국의 1880년대 신문에 나타난 개화·문명 담론에는 한국 또는 동양과 서구 간의 서구 중심적 위계 관계가 뚜렷하지는 않았다.

1890년대『독립신문』에 오면, 서양과 동양 간의 위계가 비교적 명확해진다. 이 시기의 서구는 개화·문명의 전형적인 세계로 표상화된 반면, 한국과 중국을 포함한 동양 사회는 반개화·반문명의 지위로 격하된다. 문명은 곧 서양 문명을 의미하는 경향이 강해졌다.

한국을 식민화하려는 일본 제국주의의 의도가 노골화되는 가운데, 1900년대의『대한매일신보』는 국가 주권을 유지할 강한 국가를 만드는 유일한 길은 서구를 배우는 것이라고 인식했다. 한국의 비참한 상황은 서구의 상황과 비교되며 자학적 인식도 드러났다. 이 과정에서 서구를 배울 필요성을 반영한 대중적인 개념은, 1890년대의 개화에서 1900년대에는 문명으로 점차 전환됐다.

1920~1930년대는 한국 사회에서 서구 문명의 보편성이 심각하게 의심받은 시기다. 이른바 문명국들이 자행한 제1차 대전의 유례없는 참상 위에서 서구와 서구 문명의 권위는 크게 약화했다.『조선일보』와『동아일보』에서 문명 개념은 상대주의적 관점에서 재고됐으며, 여러 문명들의 가치가 인식됐다.

지역·성격별로 다양한 문명의 존재가 인정되는 가운데 서구 문명은 물질적 차원에서 장점을 가진 하나의 지역 문명으로 그 지위가 격하됐다. 이에 비해 동양 문명은 정신·도덕적 문명으로 재평가됐다.

당시 한국 사회에서 非서구 중심인 문명 담론의 부상은 일제 강점기라는 시대 환경을 잘 반영했다. 힘의 논리를 부추기는 의사 문명에 대비해 한국처럼 평화를 사랑하는 문명이 진정한 문명으로 인식되면서, 한국은 힘을 앞세운 일본에 대해 문명적 우월감을 유지할 수 있었다. 이것은 식민 통치를 비판하고 저항 의식을 부추기는 구실을 했다. 당시 한국 사회의 문명 담론은 우월한 문명과 열등한 비문명이라는 서구 중심적 이분법에 나타나지 않는 미묘한 특징을 내포했다.

한국 서구중심주의의 계보 면에서 볼 때, 문명 담론은 19세기 말에 서구를 문명의 정점으로 규정하며 서구중심주의와 가치관을 한국에 처음 전파했다. 하지만 이 담론은 제1차 대전 이후 권위가 크게 훼손되면서 20세기 중반 이후부터 미국 주도로 부상한 발전 담론에 기존의 담론 패권을 점차 빼앗긴다. 그 결과로 문명의 서구는 선진국의 서구로 지위가 새롭게 규정되면서, 한국의 이 계보는 문명 담론에서 발전 담론, 특히 선진국 담론으로 이어진다.

제2장 / 근대 문명 담론과 일제의 한국 지배
: 일제 강점기

일본은 조선의 식민지화를 어떤 명분으로 정당화했을까? 또 조선 사회는 어떤 반응을 보였을까? 이 장에서는 당시 지구적 지배 담론이었던 문명 담론의 정치·사회적 구실에 초점을 맞춰 이 물음에 답하고자 한다. 결론부터 말하면, 일제는 조선 강점을 문명화라는 명분으로 정당화했다. 조선이 서구 문명을 배울 필요성을 인식하기 시작할 무렵인 1880년대의 일본에서는, 조선에 대한 문명 지도론이 본격화했다.

일본의 대표적 근대 지식인 후쿠자와 유키치福澤諭吉는 "일본은 강대하고 조선은 소약하다. 일본은 이미 문명으로 나아갔고 조선은 아직 미개하다."라며 조선 식민지화를 지지했다(함동주, 2004: 382). 1896년에 도쿠토미 소호德富蘇峰는 "우리는 문명의 빛을 우리 영토 밖에 비추고 우리 이웃들에게 문명의 혜택을 전파할 사명이 있다. 우리는 후진 국가들이 스스로 자신들을 통치할 능력을 갖출 때까지 지도할 사명이 있다."라고 주장했다(de Bary, Gluck, and Tiedemann, 2006: 133).

일본은 조선 지배권과 연관된 청일 전쟁에 이어 러일 전쟁까지 승리하면서 서양 문명에 버금가는 문명의 최고 단계에 이르렀다는 자신감을 갖게 됐다. 수준 높은 문명이라는 자신감은 수준이 낮다고 간주되는 사회에 대한 일방적인 행위를 정당화한다. 문명화가 인류 진보

를 위한 역사적 사명으로 인식될수록 문명의 행위는 정당하다고 인식
될 것이다.

19세기 중엽부터는 홉스봄이 얘기한 이른바 '제국의 시대'였다
(Hobsbawm, 1987). 이 시기에 일어난 서구 열강과 일본의 식민지 확장은
문명 담론과 불가분의 관계였다. 푸코의 지식과 권력관계(Foucault, 1972,
1980)를 참고하면, 식민주의 시기의 지배와 피지배 간 역학 관계는 이
것을 정당화하는 지식 체계 또는 담론 체계 없이는 불가능하며, 그 대
표가 문명 담론이다.

근대 유럽의 식민주의 확장을 지지했던 문명 담론은 인류 역사가
야만에서 문명으로 진보하며(또는 진보해야 하며) 이것을 최선두에서
이끄는 주체는 서구 문명이라고 주장했다. 서구 지식인들은 이 문명
화 사명이 백인의 책무White man's burden라 내세우며 식민주의를 정당
화했다(Patterson, 1997).[1] 이런 점에서 근대 문명 담론에는 지배·피지배
관계가 내포된다.

유럽은 1492년 이후로 아메리카 대륙에서 막대한 양의 금과 은,
노동력, 플랜테이션plantation 농산물 등을 들여와 부를 축적하며 자본
주의 산업화를 이루어서, 그 경제·군사력을 토대로 문명 담론의 지구
적 패권을 구성했다(Blaut, 1993). 서구 문명의 확장은 식민주의가 토대인
이 서구 중심적 세계관으로 지지되는 물리적 힘의 확장이다. 조선 후
기의 전통적 문명관은 서구 문명의 확장 앞에서 점차 정당성을 상실
했고, 국가 주권이 위협받는 상황에서 조선은 부강을 목표로 서구 문
명을 좇는 국가 변화를 추구한다. 서구의 회사 설립, 상업 활동 등을
부강의 원천으로 보고 이것을 배우려는 경향 속에서 조선의 전통을
구습으로 인식하는 경향이 나타났다.

근대 문명 담론의 패권 아래서 세상은 서구를 중심으로 위계화된

다. 19세기 중반 이후 일본의 문명개화론은 세계를 문명국, 반半문명
국, 야만국으로 구분하고, 유럽·미국 등 서구는 문명국, 터키·중국·
일본 등은 반문명국, 아프리카와 호주 등은 야만으로 인식했다(de Bary,
Gluck, and Tiedemann, 2006; 박양신, 2008). 메이지 유신이라는 '위로부터의 혁
명'의 성과에 대한 자신감을 바탕으로 1880년대에 이르면 "일본이 반
개국이라는 시각은 일본이 동양의 '신문명국,' '동양의 영국'이라는 평
가"로 대치돼서 문명론의 시선이 외부로 향한다(함동주, 2004: 376).

앞 장에서 살펴보았듯이 조선의 개화파에서도 서구 중심적 문명
담론의 인식 경향은 뚜렷했다. 19세기 말 유길준은 여러 나라를 개화
국, 반개화국, 미개화국이라는 세 등급으로 나누고, 서구를 개화국으
로, 한국과 중국 등을 반개화국으로 규정했다(유길준, 2004[1895]: 394-5).
개화 지식인들은 유학을 허학虛學으로 배척하는 등 전통적 학문·사상
체계의 극복과 서구 근대 문명의 수용에 토대를 둔 사회 변화를 추구
했다(김수자, 2011).

이 장에서는 20세기 초 일본과 조선 사회의 지배적인 담론이었던
문명 담론이 어떻게 일제의 지배 체제를 정당화하고 사회를 규율했
는지 밝히고자 한다. 이 목적을 위해 일제 강점기 총독부 기관지였던
『매일신보』에 나오는 문명 개념과 그 반의어인 야만 개념의 의미 분석
을 토대로, 당시 이 신문에 반영된 문명 담론의 기본 전제와 성격, 그
정치·사회적 구실을 분석한다.[2] 여기서는 조선의 문명 수준에 대한 문
제화, 일본에 대한 문명 규정과 문명 정치의 정당화, 문명과 야만 정
체성을 둘러싼 일본인과 조선인의 갈등을 중심으로 삼아서 논하고자
한다.

조선 문명의 문제화

국제 관계에서 조선이 지녔던 자신감의 근원 중 하나는 유학적 도덕 문명의 중심이라는 문명적 자긍심이었다. 조선 중기 이후 명·청의 권력관계가 바뀌는 중에 조선이 유지한 대명 의리론이나 북벌론 등은 성리학적 화이관華夷觀에 바탕을 두었다.

전통적 조·중 관계는 강대국을 맹목적으로 섬기는 사대주의와 구별된다. 조선이 명을 숭상한 것은 "명이 성리학이라는 시대의 대표 이념을 온전히 담지하고 있어야 한다는 조건 하에서 가능"했으며, '중화'(문명)와 '이적'(야만)을 구분하는 기준은 기본적으로 유학적 예의의 실현 여부였다(전재성, 2016: 41).

19세기에 서구 열강의 힘이 아시아로 팽창할 무렵, 조선의 문명적 자부심은 서구와의 교류를 크게 방해하는 요인이었다. 조선의 유학적 문명 담론의 틀에서 물리적 힘을 앞세워 확장하는 서구 문명은 야만에 가까웠다.

병인양요(1866년)와 신미양요(1871년)를 겪고 흥선대원군이 전국 각지에 세운 척화비는 서양 세력을 오랑캐로 규정하고 이들과의 화친과 교류를 거부했다. 외세의 침략에 국가 주권이 위협받는 상황에서 조선의 문명적 자부심은 그에 맞서는 인식의 근원이었다.

문명의 쇠락과 개선 필요성

지배·종속 관계의 안정적 유지 또는 패권의 창출을 위해서는 지배자의 지적·도덕적 리더십이 인정돼야 한다(Gramsci, 1971). 그러려면 피지배자는 지배자에 비해 열등하다고 인식돼야 하고, 이런 인식 틀을 제공하는 담론이 패권적 지위에 있어야 한다.

조선에 대한 효과적 지배를 위해 조선이 지닌 자부심의 근원인 전통적 문명 담론의 틀을 깨는 것이 일제의 급선무였다 할 것이다. 이런 점에서 『매일신보』는 근대 문명 담론의 틀로 조선의 문명 수준을 문제화problematization했다. 조선의 문명은 문제가 있으며 개선이 필요하다는 점을 부각시켜서 조선의 현 상태를 부정한 것이다.

이 문제화와 관련해 「문명과 효열」이라는 제목의 기사는 다음과 같이 보도했다.

朝鮮은 數千年來로 禮義가 成俗하고 廉恥가 成性ᄒ야 倫理가 闡明홈이 孝子烈婦가 世世輩出ᄒ야 …… 此로 由ᄒ야 觀ᄒ면 朝鮮의 文明은 可히 極度에 達ᄒ얏다 홀지라, 然ᄒᄂ 數十年來로 文明古物이 腐敗를 不免ᄒ야 風化가 漸薄ᄒ고 人文이 漸卑ᄒ야, 反히 野昧에 近ᄒ얏슴으로 …… 是以로 我 天皇陛下ᄭ옵셔 朝鮮을 統治ᄒ시ᄂ 同時에 我民族의 精神的 文明을 獎勵코져ᄒᄉ 一般人民으로ᄒ야곰 禮義를 是守ᄒ며, 廉恥를 能知케ᄒ심이니 我民族이 此 聖恩下에 立ᄒ야 精神的 文明을 是尙ᄒ야 數千年 傳來ᄒ던 風化人文을 回復홀지어다.

조선은 수천 년 동안 예의가 풍속을 이루고 염치가 성품을 이루어 윤리가 분명한 까닭에 효자와 열부가 대를 이어 나왔다. …… 이렇게 보면 조선의 문명은 극히 높은 수준에 이르렀다 할 것이다. 그러나 지난 수십 년 동안 예스러운 문명이 부패하여 풍속이 점차 보잘 것 없어지고, 인문은 점차 쇠퇴하여 종래와는 반대로 거칠고 어리석은 상태에 가까워졌으므로 …… 그런 까닭에 우리 천황 폐하께서 조선을 통치하시는 동시에 우리 민족의 정신적 문명을 장려코자 하시는데 인민들로 하여금 예의를 지키며 염치를 알게 하심이니, 우리 민족이 이 성은 아래서 정신적 문명을 드높여 수천 년 간 이어진 풍속과 인문을 회복해야 할 것이다(『매일신보』, 1912년 3월 19일).

이 기사는 우선 조선의 과거 문명이 화려했다는 점을 인정함으로써 조선인들의 문명적 자긍심을 일부 반영했다. 그러나 이 기사는 조선의 문명이 "지난 수십 년 동안" 쇠퇴해 "촌스럽고 어리석은" 상황에 가까워졌다고 강조한다. 현 상태를 문제화함으로써 자연스럽게 변화의 필요성을 암시한 것이다.

이 기사는 조선의 변화를 주도할 주체로서 조선인이 아닌 일제의 "천황 폐하"를 들었다. 식민지가 문제적 상황에 처했는데 스스로 해결할 역량이 없다는 인식은 식민주의 담론의 큰 특징 중 하나다. 이 기사는 천황 폐하의 통치가 조선의 정신적 문명을 장려코자 함이라며, 조선 민족에게 그 성은을 입어서 과거의 정신적 문명 수준을 회복하자고 주장한다.

19세기 말 이후로 외세의 위협 앞에서 한국의 문명 상태를 개선할 필요성은 근대 지식인들이 공통적으로 절감한 문제였다. 이 문제를 해결하기 위한 다양한 방법론 가운데 반민족적인 것을 구분하는 기준은, 스스로의 역량과 외세 의존의 불가피성에 대한 판단이다.

예컨대 구한말의 윤치호 같은 경우 "요행히 독립된 상태만 유지"하는 우연한 독립 상태를 부정하고, "남이 베풀어준 문명화일지언정 그것으로 확보할 이득을 옹호"하는 문명화의 모순된 긍정을 택함으로써 문명국 지배하의 개화론을 주창했다(유불란, 2013: 85). 위의 기사는 비슷한 맥락에서 조선의 역량을 과소평가하고, 일본의 개입을 도움의 성격으로 해석해서 일제의 지배 의도를 지지하고 있다.

조선의 문명 상황과 관련해 『매일신보』의 한 기사는 "일본이 조선을 병합한 당시는 조선인은 확실히 아프리카 토인 다음으로 세상에서 가장 빈궁한 인종(日本이 朝鮮을 倂合ᄒᆞᆫ 當時ᄂᆞᆫ 朝鮮人은 確實히 亞弗利加 土人을 除ᄒᆞᆫ 外世界中의 最히 貧窮ᄒᆞᆫ 人種)"이었다는 미국 잡지의 기사를 소개했다(『매일신보』, 1918년 5월 25일). 일제 강점 당시의 조선이 "아프리카 토인" 다음으로 "빈궁"했다는 사실을 전제함으로써 조선의 상태를 문제화한 것이다.

이어서 이 기사는 이후로 조선에 자동차가 증가하는 등 변화가 나타났다고 소개하며, "문명이 한층 조선을 자극해 흔듦(文明이 一層 朝鮮을 刺激ᄒᆞᆷ)"이라고 표현했다. 빈궁한 상태인 조선에 자극을 줘서 움직이게 한 것이 일제라는 점을 분명히 했다.

이 기사의 담론에서는 조선, 아프리카 토인, 빈궁 등이 한 편이고, 그 반대편에 일본, 자동차, 문명 등이 위치한다. 전자에는 부정적 가치, 후자에는 긍정적 가치가 투영됐으며, 문명의 개입에 따라 전자는 후자의 상태로 변화할 수 있음을 암시한다.

가난에 대한 문제화와 경제 수준을 기준으로 한 세계 질서의 위계화는 20세기 중반 이후에 미국 주도의 발전 담론 부상과 함께 다시 두드러지는데, 위의 기사는 문명 담론의 틀에서 빈궁을 문명과 대비하는 방식으로 문제화했다. 당시 문명 담론에서 문명국이 대체로 물질적 부와 군사적 강함, 즉 부강을 이룬 국가로 표상화한 것과 맥락을 같이 한다. 이에 비춰 부의 정도는 당시 문명 담론에서도 중요한 가치였으며, 문명을 판단하는 중요한 기준 중 하나였다고 말할 수 있다.

문명에 열등한 조선

조선의 문명 상황에 대해 『매일신보』의 한 기사는 미국에서 20여 년을 생활했다는 한 조선인의 의견을 실었다. 이 기사의 필자 김용주는

'문명국' 미국에서 살았던 자격으로, 그 나라의 시선에서 조선을 평가했다.

그는 조선의 문명 정도가 예상보다 훨씬 못하다고 비판했다. 그러면서 "조선이 어찌 지금까지 태고 천황의 시대를 벗어나지 못하였는가."라고 탄식한다. 이 필자는 조선을 야만국으로 규정하며, 미국에 비해 문명의 우열이 하늘과 땅의 차이만큼 크다고 말한다. 이어서 미국 생활 당시에 미국인들이 동양인을 멸시하면 의아하게 생각했는데 이제 보니 그만한 이유가 있었다고 인정한다.

또 이 기사에서는 필자가 조선인들의 자국 인식과 현실 인식을 다음과 같이 비판하는 점이 흥미롭다.

我朝鮮人은 言必稱 朝鮮을 東方禮儀之國이라하야 此로써 世界에 唯我獨寶라는 誇大的 妄想을 抱懷흔者가 滔滔皆然하지마는 大體 '禮儀之國'이라는 것이 何者를 指한 것임니가. 西洋文明列國은 엇지 禮義가 無하며 倫理가 무흔줄 知하나잇가. 그리고 又 朝鮮이 往日에 在하야는 深刻한 道德의 支配를 受하야 禮도 知하며 義도 行하얏지마는 余가 朝鮮에 歸하야 見흔바와 聞흔바에 依하면 父子가 爭訟하며 骨肉이 相殘하는 事가 比比有之한則 此가 所謂 東方禮儀之國의 遺民이라고 稱흘수 잇스리잇가. …… 文明列國은 我朝鮮을 指하야 未開의 國이니 野蠻의 民族이니 하야 人의 列에 置하기를 羞恥로 역이는대 吾人이 獨히 尊大흔 體 高尙흔 體 흔들 世人이 엇지 此를 認容할것이릿가……

우리 조선인은 말할 때마다 조선을 동방예의지국이라 하고 이로써 세계에서 독보적이라는 과대망상을 품은 자들이 모두 도도하지만, 대체 '예의지국'이라는 것이 무엇을 가리키는 것입니까. 서양 문명의 열국은 어찌 예의가 없고 윤리가 없는 줄 압니까. 그리고 또 조선이 과거에는 깊은 도덕의 지배를 받아 예의를 알고 행했지마는 내가 조선에 돌아와 보고 들은 바로는 아버지와 아들이 소송해 다투고 형제가 서로 싸우는 일이 빈번한데 이것이 소위 동방예의지국의 남은 백성이라 할 수 있습니까. …… 문명 열국은 우리 조선을 가리켜 미개의 나라니 야만의 민족이니 하여 사람의 대열에 놓기를 수치로 여기는데 우리가 홀로 존대한 체, 고상한 체 한들 세상 사람들이 어찌 이를 인정할 것입니까……

(『매일신보』, 1922년 1월 8일).

이 내용에서 우선 일제 강점기의 근대적 변화에도 조선인들 사이에 스스로를 동방예의지국 등으로 높이려는 경향이 두드러졌음을 알수 있다. 이른바 신문명이 유입됐지만 전통 문명의 정체성을 내세워 민족적 자존심을 유지하려는 경향이 작지 않았던 것이다. 그러나 이에 대해 위 기사의 필자는 부자 간 쟁송, 골육상잔 등의 예를 들어 조선의 예의나 도덕의 수준이 서양의 여러 나라에 비해 결코 높지 않다고 주장했다. 이어서 문명 열국이 조선을 미개국, 야만국 등으로 규정하고 자신들과 같은 반열에 놓는 것을 수치로 여기는 상황에서 조선혼자 고상한 척해도 의미가 없다고 안타까워한다.[3]

위 기사에서 시사하듯이 이른바 문명 열국은 조선의 문명 수준을 문제 삼아 국제 무대의 주요 행위자로 인정하지 않으려 했고, 이에 대해 조선은 과거의 문명성에 대한 인식에 기대서 국가적 자존심을 지키려 했다. 이것은 서구 열강과 일본이 주도한 근대 문명 담론의 확장에 대한 조선의 전통적인 문명 담론의 대항이라 할 수 있다.

그러나 당시에 물리력을 내세운 문명 열국의 인식 틀은 조선의 그것보다 더 타당하고 보편적이라고 인식됐다. 세계 질서에 대한 상상과 재편을 주도한 인식 틀은 바로 문명 열국의 문명관이었으며, 국제 질서의 참가 자격은 이른바 문명국에만 주어졌다.[4]

조선 문명의 열등성을 강조함으로써 일본과의 위계를 구성하려는 시도는 『매일신보』 전반에 걸쳐 나타난다. 한 기사는 "조선인은 그 지적 능력이 일본인에 미치지 못하고(朝鮮人은 其 知力이 內地人에 不及하고)"라며 조선인의 지적 능력이 일본인에 미치지 못한다고 규정했다(『매일신보』, 1914년 7월 2일). 이어 조선이 "문명 열방의 겉모습만 따라함이 즉 사치의 폐해라고 한다(文明列邦의 皮相만 模習홈이 卽 奢侈의 弊害라 호노라)."라며 조선의 문명 상태가 아직 문명 열방에 미치지 못할 뿐 아니라 그것을 피상적으로 모방하려는 태도에서 사치 등의 폐해가 나타났다고 비판한다.

비슷한 맥락에서 다른 기사는 "일본 민족은 문명 정도가 조선 민족보다 한걸음 나아갔으므로(日本族은 文明程度가 朝鮮族보다 一步를 進홈으로)"라며 문명화의 정도를 기준으로 일본과 조선의 우열 관계를 분명히 설정했다(『매일신보』, 1919년 12월 6일).

문명국과 야만국 사이

근대 문명 담론의 지구적 패권 아래서 문명 수준은 각국의 국제적 위상을 정하는 주요 척도였지만, 정작 이것을 판단하는 근거는 상당히 자의적이었다. 한 사회가 문명화된 정도는 이것을 규정하는 주체들의 가치관과 이해관계, 시대의 변화에 따라 바뀔 수 있다. 예컨대 인류 진보의 견인차로 여겨졌던 서구 문명국들이 자행한 제1차 대전의 유례없는 파괴력을 목도한 세계는, 서구 국가들을 최고의 문명국으로 규정하기를 주저하게 된다. 그 결과로 서구 문명은 윤리·도덕 수준에서 동양 문명에 미치지 못한다는 인식이 널리 퍼졌다.

영국의 한 신문사 사장 일행이 조선을 방문한 소감에 대한 기사는 조선의 문명화된 정도와 관련해서 위의 김용주가 쓴 기사와 전혀 다른 인상을 전한다. 이 기사는 「조선 구경, 모든 시설이 모두 문명국과 같다(朝鮮求景, 모든 시설이 모다 문명국의 그 시설)」이라는 제목 아래 다음과 같이 소개한다.

우리들은 됴선에 드러오며 첫지 본것을 헤아리면 이왕에 들엇던 말과는 짠판인 인상이 싱기엿소이다. 그 놀나온 저력과 문화던지 다른 문명국에 넉넉히 지지 안겟다는 감상이 져절로 싱기엿소. 우리는 일본에 오기신지 됴선에 털도가 잇슬 것은 전혀 예상도 하지 안이하얏쇼이다. "됴선사름은 일본의 관리에게 직물을 전브 쎅앗기여 여디업는 학대를 밧는즁임으로 참아볼슈업시 되어 황량흔 산과 들에셔 민죡의 말로비애를 늣기고 잇다." 이것이 우리들의 귀에 들니엿던바 이졔 이와 갓흔 훌륭흔 털도신지 잇슬줄은 실로 생각밧기엿스며 지금 만텰 대표의 상뎐(上田)씨로브터 드른즉 "일본은 일본닉디로브터 믹년 이쳔여만의 보죠를 줄 쑨 아니라 일기 회스인 만텰에셔만 믹년 십여만의 거익을 던지어 됴선디방의 긔발에 진력흔다." 하는 바……

우리들이 조선에 들어오며 첫째로 본 것을 생각하면 과거에 들었던 말과는 딴판인 인상이 생겼습니다. 그 놀라운 저력과 문화 등이 다른 문명국에 대해 충분히 지지 않겠다는 감상이 저절로 생겼습니다. 우리는 일본(일본의 식민지였던 조선을 의미)에 오기까지 조선에 철도가 있다고는 전혀 예상하지 않았습니다. "조선 사람은 일본의 관리에게 재물을 전부 빼앗기며 심한 학대를 받는 중이어서 차마 볼 수 없게 되어 황량한 산과 들에서 민족의 마지막 비애를 느끼고 있다."라고 우리들은 들었는데, 이제 이렇게 훌륭한 철도까지 있을 줄은 실로 생각하지 못했으며, 지금 만철滿鐵 대표인 우에다上田씨에게 들은즉 "일본 본토에서 매년 2,000여만의 보조금을 줄 뿐 아니라 일개 회사인 만철에서만 매년 10여만의 거액을 들여 조선 지방의 개발에 모든 힘을 쏟는다."라고 하는 바……(『매일신보』, 1921년 11월 12일).

이 기사에서 영국인 일행은 조선에 대한 인상을 문명국의 시선에서 전한다. 이들은 조선을 문명국에 비견함으로써 방문객으로서 예의를 지키는 한편, 자신들의 문명적인 우월함을 은근히 과시한다.

영국인 일행이 조선의 문명화 정도가 문명국에 견줄 만하다고 판단한 근거는 철도의 존재였다. 근대적 신기술이 주도하는 기계·물질 문명의 도입 여부는 사회가 문명화된 정도를 판단하는 중요한 기준이었다.

영국인 일행은 "조선 지방의 개발에 진력"하는 주체를 일본으로 인식했다. 이들은 일본의 지배하에서 조선인들이 "민족의 마지막 비애"를 느낄 것이라는 생각은 근거가 없었다며, 일본 지배의 시혜적 성격을 강조했다. 식민주의 시기에 문명화를 명분으로 이루어진 식민화의 정당성에 대한 인식은 서구와 일본 지식인들 사이에서 상당 부분 공유됐다.[5]

이처럼 조선의 문명 수준에 대한 다양한 견해가 있었지만, 당시 가장 두드러진 조선의 정체성은 문명국과 야만국 사이의 중간자적 정체성이었다.[6] 이 정체성과 관련해 「문명은 우리의 점유물이다(文明은 우리의 占有物이다)」라는 제목의 한 기사는 조선인 윤갑병의 연설을 다음과 같이 보도했다.

世界 十六億의 人類中 三階級의 最高文明한 民族으로 其次의 半開한 民族과 又는 野蠻族이 잇스니 以上 三階級中에 우리 朝鮮人은 公平無私이 말하면 何階級에 處한 民族이라 할가요. 決코 野蠻族은 안인거슬 自認하는 同時에 文明族에도 未及이라 하면 半開한 民族인거슨 疑할 바업시 文明의 前道는 곳 우리 民族 占有物인거슬 確認하고 大踏步로써 停滯치말고 文明進步의 餘地로 나갈 우리가 안인가요……

세계 16억 명 인류의 세 계급 가운데 가장 문명을 이룬 민족 다음으로 반쯤 개화한 민족과 야만족이 있으니, 공평하게 사심 없이 말하면 이 세 계급 중에서 우리 조선인은 어떤 계급에 처한 민족이라고 할까요. 결코 야만족은 아니라고 스스로 인정하는 동시에 문명 민족에도 미치지 못한다 하면 반개한 민족임은 의심할 바 없는데, 문명의 앞길은 곧 우리 민족의 점유물인 것을 확인하고 제자리걸음으로 멈추지 않으며 문명 진보의 여지로 나아갈 우리가 아닌가요……(『매일신보』, 1925년 10월 26일).

이 내용은 세계 인류를 "문명, 반개, 야만"이라는 세 계급으로 나누어 당시 문명 담론의 일반적 구분법을 따랐다. 이 중 조선은 야만도 아니면서 문명 민족에는 미치지 못하는 반개로 규정하고, 멈추지 말고 문명 진보의 길로 나아갈 것을 강조했다.

비슷한 맥락에서 「한때 겨우 편안하지 말라(苟安치 말라)」는 제목의 논설은 조선이 서양 문명과 접촉한 지 거의 1세기가 되어가지만, 그 문명 수준은 아직 "현대 문명의 요람에 누워 있는 상태"라며, 교육, 산업 등 각 분야에서 진보하기 위해서는 "한때 겨우 편안함"을 추구하지 말고, "분투로 개척"할 것을 주문했다(『매일신보』, 1928년 1월 7일).

'조선은 안 된다'

일제가 이식을 시도한 근대 또는 문명이 조선 사회에서 원형 그대로 나타날 수는 없었다. 이 사회의 자생적 근대화는 "바깥에서 이식된 보다 강력한 근대성으로 인해 중단되거나 왜곡"됐다(김동노, 2004: 20). 이런 사실은 부자연스러운 근대성의 표출을 야기한 원인이다. 식민지 조선으로 수입돼 잡종화한 근대에 대한 소비는 문명인 흉내 내기의 성격을 띠어 식민지 정체성을 보여 주었다(이경훈, 2004; 신명직, 2004).

『매일신보』의 일부 조선인 필자들은 근대 문명의 외래적 도입과 함께 나타난 조선 사회의 새로운 사회 풍조에 비판적 의견을 나타냈다. 한 조선인 여성 필자는 신문명 도입과 함께 부녀자 사회에서 나타난 풍조에 대해 "까마귀 털에 공작의 깃을 꽂은 것(가마귀털에 공작의 깃을 소진 것)"과 같다며 "헛된 풍조에 물들지 말고 실질적 문명에 전진하기를(헛된 풍됴에 물들지 말고 실디덕 문명에 전진키를)" 당부했다(『매일신보』, 1920년 7월 21일). 다른 기사는 「현대 문화생활과 세인의 오해(現代文化生活과 世人의 誤解)」라는 제목 아래, "최근 들어 소위 '문화생활'이라는 신조어가 널리 선전(最近 以來로 所謂 '文化生活'이라는 新造語가 汎히 宣傳)"되고 있다며 문화생활의 허상만 좇는 세태를 비판한 뒤, "비실질적인 것은 비문명적"이라고 지적한다(『매일신보』, 1922년 11월 7일).

요약하면 『매일신보』에 나타나는 조선의 문명 수준은 대체로 온전한 문명국에 미치지 못하는 상태라 할 수 있다. 현 상태에 대한 문제화는 이 문제적 상태를 해소하기 위한 사회 변화를 옹호하는 근거가 된다.

이제 사회 변화의 추진 주체와 방법을 질문할 순서다. 이것과 관련해 일제는 『매일신보』를 이용해서 "조선인의 무지와 잘못, 부족한 점을 집중적으로 부각하여 '조선은 안 된다'는 의식을 스스로 갖게끔 조작"했다(조성윤, 2005: 16). 일제 찬성론자들은 조선 스스로 변화할 역량과 잠재력을 부정하고, 문명이 앞선 외세의 힘을 빌려야 한다고 보는 반면, 반대론자들은 조선의 역량과 잠재력을 믿는 경향이 강했을 것이다. 이 문제에 대해 『매일신보』가 구체적으로 어떤 인식 틀을 보였는지 이어서 논하겠다.

일본 문명의 우월성과 지배의 정당성

19세기 말~20세기 초 무렵 조선의 신문·잡지 등이 일본 문명에 내린 평가는 대체로 인색했다. 일본 문명은 물질·과학 면에서 발달했지만 결국 서구 문명에는 미치지 못하며, 전통·윤리 면에서는 조선에 미치지 못한다는 인식이 두드러졌다. 또한 물질·과학에서 일본이 조선보다 앞선 것은 서구 문명을 조금 일찍 받아들여 나타난 일시적 현상일 뿐이라는 인식 경향도 있었다.

제1차 대전 이후에는 일본을 서구 문명과 같이 침략성을 내포한 문명으로서 평화 문명인 조선과 대비하는 경향도 나타났다. 일본의 문명적 우수성을 인정하지 않는 태도는 곧 일본의 문명화 사명을 인정하지 않는 태도와 연관된다.

조선인들의 일본에 대한 인색한 평가는 『매일신보』에서도 엿볼 수 있다. 이것과 관련해 『매일신보』의 한 일본인 필자는 일제 지배에 대한 조선의 저항 의식을 사대주의 사상 때문이라고 비판하는 점이 흥미롭다.

如何間 大에 事ᄒ다는 思想이 오리동안 國民의 思想이얏슴을 此를 如

何히 하던지 하야업시이지 아니하면 朝鮮民族의 廓淸이란 것은 決코 不可能하다. 此가 第一로 朝鮮人側에게 心으로 事大라 하는 精神을 棄하지 안이하면 不可하다고 言하랴 하는 바이다. …… 支那와 日本과을 比較홀진대 日本이 小하고 支那가 大하다는 것은 誰이던지 싱각하든 터이다. …… 余는 日本이란 國에 對하는 朝鮮側의 思想이 事大思想의 類로 싱각홀슈 업슬는지 卽 日本國은 小國이라는 싱각으로 그 小國에 事흔다는 思想이 無홀가. …… 若 大國일 것 갓흐면 支那의 半屬國으로도 少許도 朝鮮人된 面目을 傷흔다고 思하지 아니흔다. 日本民族이 發展홀 것 갓흐면 厭惡의 感이 生하야 獨立하야보겟다는 思想이 起한다. 즉 日本이란 것이 小하다는 思想이 아즉도 浸潤되야 잇지 아니홀가. 그럼으로 日本보다 더 大흔 國이 有하면 그것에 依付하야보겟다는 思想이 今日에도 잇지 아니홀가.

아무튼 큰 나라를 섬긴다는 사상이 오랫동안 (조선) 국민의 사상이었는데 이것을 어쨌든 없애지 않으면 조선 민족의 선명함은 결코 불가능하다. 진정 사대 정신을 버리지 않으면 안 된다고 조선인들에게 말하려 한다. …… 중국과 일본을 비교하면, 일본이 작고 중국이 크다는 것은 누구든지 생각하는 바다. …… 나는 조선이 일본이라는 나라를 대하는 사상을 사대주의 사상의 종류로 생각할 수 없을지, 즉 일본국이 소국이라고 생각해서 그 소국을 섬긴다는 사상은 없는 것일까. …… 만약 대국이라면 조선이 중국의 반속국이어도 전혀 조선인의 면목을 해친다고 생각하지 않는다. 일본 민족이 발전했다면 싫은 감정이 생겨서 독립해 보겠다는 사상이 일어난다. 즉 일본이란 나라가 작다는 사상이 아직도 배어 있지 않은가. 그러므로 일본보다 더 큰 나라가 있으면 의지해 보겠다는 사상이 오늘에도 있지 않을까(『매일신보』 1921년 9월 23일).

위 기사에서 일본인 필자가 하소연하듯 비판하는 것은 일본의 지배를 인정하지 않고 독립해 보겠다는 조선인의 태도이다. 이것에 대해 필자는 조선인이 중국이나 러시아 등 큰 나라만을 섬기는 사대주의 사상에 젖었기 때문이라고 해석했다.

위 기사의 필자는 일본이 중국에 비해 소국임을 인정하면서도 조선인이 일본을 작다고 얕보는 듯한 태도에 대해서는 불만을 표출한다. 이 기사는 식민 사관에서 말하는 조선의 사대주의 사상은, 일본인이 일제 지배를 인정하지 않는 조선인을 해석하기 위해 거론했음을 시사한다.

문명으로서의 일본

『매일신보』의 전반적 논조는 일본 문명이 조선보다 한 수 위임을 강조했다. 예컨대 한 기사는 일본 시찰단원에 대해 "도쿄다이쇼박람회와 관련해 조선의 유지 신사들로 하여금 세계 제일의 박람회와 일본 본토의 다양한 문명 상황을 실제 사찰하게 하여(동경대정박람회東京大正博覽會에 딕ᄒ야 죠션의 유지신亽로 ᄒ야곰 세계의 뎨일되ᄂ 박람회와 내디의 각항 문명흔 샹황을 실디로 사찰하야)"라며 일본 시찰단을 "문명의 선진자"라 규정했다(『매일신보』, 1914년 3월 23일). 이런 방식으로 일본과 조선 간의 공간적 위계를 만들었다.

『매일신보』의 문명 관련 기사에서 가장 빈도가 높은 내용 중 하나는 『매일신보』의 보급에 관한 것인데, 각 지역에서 신문을 구독하는 현상을 문명 진보, 문명 광선, 문명한 광채 등으로 표현했다. 『매일신보』는 자신을 문명의 한 요인으로, 신문 구독을 문명적 현상으로 규정함으로써 자연스럽게 스스로를 정당화한다. 한 기사는 "신문은 문명 원인"이라며 발간되는 신문의 총수에 따라 문명과 야만를 판단할 수 있다고 주장했다(『매일신보』, 1913년 3월 20일).

일제 강점 초기인 1910년대의 한글 신문은 『매일신보』가 사실상 유일했다는 점에서 일제는 자신들의 선전 도구인 신문의 보급을 문명 진보의 기준으로 규정했다. 조선 강점 초기의 일제는 지역 사회에서 식민지 지배 정책에 호응할 지방 관리나 지역 유지층을 확보하는 데 어려움을 겪었는데(심재욱, 2002), 관련 기사들은 일제가 『매일신보』를 매개로 지역 유지층을 포섭하려 했음을 보여 준다.[7]

『매일신보』는 분업 증가, 산업 발달, 사회관계 확장 등 근대적 사회 변화들을 문명으로 표현하고 이것들을 소개하는 기사를 실었다. 한 기사는 「문명과 분업(文明과 分業)」이라는 제목 아래 "분업이 문명의 표현(分業이 文明의 表現)"이라며 "분업과 관련해 보면, 여자가 남자보다 앞섰다고 할 수도 있다. …… 여자는 요관과 수정관이 각각 분리됐다. 그러나 남자는 그렇지 못하고 통합됐다. 그러므로 남자는 비분업적이고 여자는 분업적이지 않은가?(分業으로 觀ᄒ 管見으로ᄂ 女子가 男子보다 先進이라 홀수도 잇다. …… 女子ᄂ 尿管과 精水管이 各各 分離되여 잇다. 그러나 男子ᄂ 그러치 못ᄒ고 훈딕 統合되얏다. 然則 男은 非分業的이요 女ᄂ 分業的이 안인가?)"라고 주장했다(『매일신보』, 1921년 2월 25일). 분업으로 표현되는 근대 문명의 특징을 남녀의 생물학적 차이에 비유해 설명한 점이 흥미롭다.

문명은 도덕, 질서, 인간성, 위생 등 긍정적 속성을 내포하며, 그 반대 속성들인 비도덕, 무질서, 잔인무도, 비위생 등은 야만에 투사됐다.[8] 한 기사에서는 경성 감옥을 소개하면서 "죄인도 문명 시대의 죄인은 고통이 적다(죄인도 문명시딕의 죄인은 고통이 적다)."라면서 문명의 인간적 속성을 표현하고 있다(『매일신보』, 1918년 5월 14일).[9]

'바람직함'과 '바람직하지 못함' 또는 선과 악의 가치가 각각 문명과 야만에 투사됐을 때 문명 개념은 일상생활을 규율하고 사회의 변화 방향을 제시한다. 1917년 10월 「위생은 문명의 척도(衛生은 文明의 尺度)」라는 제목의 연재 기사는 "부국강병의 기본은 위생에 있다(부국강병의 긔본은 위싱에 잇다)."라며 위생적 생활을 할 것을 강조했다. 당시 조선인들에게 생소할 수 있는 근대적 위생 생활을 문명 개념과 연계해 소개함으로써 일상생활을 규율하고 그 변화를 유도한 것이다. 반면 『매일신보』는 일본인에 대해서는 "학교를 세우고, 단체를 결성하며, 경제 활동을 주관하는" 등 조선에 거주하는 일본인 사회의 역동성을 소개하며 일본인이 근면한 국민성을 가진 우등 민족이라고 조선인들에게 주입했다(정혜경, 2002: 127).

긍정적 가치가 투사된 문명 개념은 사회와 그 구성원을 판단하는 준거로 작용한다. 한 기사는 「문명국의 결혼 비용(文明國의 結婚費)」이라는 제목 아래 일본과 중국의 결혼 비용이 서구 문명국들에 비해 많다고 지적하면서, 서구의 문명국을 준거로 삼아 동양 사회와 비교했다(『매일신보』, 1919년 11월 21일).

문명 정치의 호시절

『매일신보』는 조선 사회에서 교육 및 신문의 보급, 산업 발달, 풍속 교정, 생활 향상 등을 문명과 연계해 표현했다. 그리고 일제의 지배를 문명 정치, 성덕聖德 정치, 또는 엄인嚴仁 정치 등으로 규정하며, 조선 사회에 호시절을 불러왔다고 강조했다.

한 기사는 "일한 병합" 이후 "엄하고도 어진 정치嚴仁政治"와 "밝고도 민첩한 경찰明敏警察" 덕으로 "강구연월康衢煙月에 성대태평聖代泰平을 노래"한다고 적었다(『매일신보』, 1914년 3월 1일). 다른 기사는 일제 강점 이전의 시기를 "구한국 시대"로 그 이후를 "문명 시대"로 구별했다(『매일신

조선에 부임하는 일본인 총독을 환영하는 「문명 축하가」에는 당시
일제와 친일파 조선인들의 일본 통치에 대한 인식이 잘 드러난다.

於和 우리同胞님들 文明昭代 此時節에 國泰民安 時和歲豊 우리살기 질
겁도다. …… 朝鮮因緣 깁푸시던 長谷川 元帥閣下 新任總督 되옵셔셔
朝鮮으로 오셧스니 우리들에 多倖혼일 再逢陽春이 안인가. 於和우리
同胞님들 至誠으로 歡迎ᄒ야 一視同仁 깁푼恩澤 文明發達 비나이다.

어화 우리 동포님들 문명태평 시절에 국태민안 시화세풍 우리 살기 즐
겁도다. …… 조선과 인연 깊으신 하세가와長谷川 원수 각하 신임 총독
되셔서 조선으로 오셨으니 우리들에 다행한 일 따뜻한 봄을 다시 만난
게 아닌가. 어화 우리 동포님들 지성으로 환영하여 모두를 똑같이 보
고 사랑하는 깊은 은택 문명 발달 비나이다(『매일신보』, 1916년 12월 15일).

『매일신보』는 문명적 통치 행위의 목표가 조선의 문명화라는 점을
강조했다. 이와 관련해 한 기사는 한 일본 정치인의 조선 지배에 대한
언급을 다음과 같이 전했다.

우리는 됴션사름의 잘되기를 바라며 더욱이 됴션사름이 일본사름과
스이죠케 지나면셔 우리와 우리의 자손이 갓치 힝복밧기를 즁심으로
빕니다. 그런고로 됴션의 산업을 잘되게 ᄒ야 됴션사름의 싱활상틱가
향상ᄒ야지고 됴션인의 교육을 일칭 더 잘ᄒ야 문명한 사름이 되기를
바라오. …… 글방에셔 쳔자권이나 가라치고 일용품 하나 만들지 못하
는 지금 됴션사름들이 나의 경제와 발달에 주의치 아니하고 정치문데

에만 분주하면 무삼 소득이 잇깃쇼. …… 우리들은 이 됴션을 위ᄒᆞ야 속히 됴션을 됴흔ᄃᆡ로 인도하여야깃쇼.

우리는 조선 사람이 잘되기를 바라며 더욱이 조선 사람이 일본 사람과 사이좋게 지내며 우리와 우리의 자손이 함께 행복하기를 진심으로 빕니다. 그러므로 조선의 산업을 잘 일으켜서 조선 사람의 생활 상태가 향상되고 조선 사람이 한층 더 교육을 잘 받아서 문명한 사람이 되기를 바라오. …… 글방에서 『천자문』이나 가르치고 일용품 하나 만들지 못하는 지금 조선 사람들이 자신의 경제와 발달에 신경 쓰지 않고 정치 문제에만 분주하면 무슨 소득이 있겠소. …… 우리들은 조선을 위하여 속히 조선을 좋은 데로 인도해야 하겠소(『매일신보』, 1920년 11월 19일).

이 기사의 화자인 일본 정치인은 조선이 잘되기를 바란다고 주장하고 있다. 일본 지배가 조선의 산업을 일으켜서 생활 상태를 향상시키고, 조선인이 교육을 더 잘 받아 문명한 사람이 되기를 바란다는 것이다.

이 정치인은 우월한 문명인의 시선으로 조선을 관찰한다. 그는 조선의 전통 교육과 산업 상태를 문제화하면서, 정치에 분주하지 말고 경제에 더 신경 쓰도록 요구했다. 그러면서 일본인들이 "조선을 위해서 속히 조선을 좋은 데로 인도하겠다."라고 밝힘으로써 일본은 "좋은 데"를 이미 안다는 우월감을 표출한다.

『매일신보』는 일제에 따르지 않는 세력을 "완고한 무리" 등으로 지칭하고, 이들을 구습에 집착한다고 규정했다. 한 기사는 조선의 완고한 무리는 소론과 노론, 양반과 상놈을 가리며, 구습만 좇느라 신학문 교육에 관심이 없다고 비판한다(『매일신보』, 1912년 3월 27일).

조선의 지배층이 부패·무능할수록 일제 지배의 정당성이 부각된다. 위의 기사는 일본인 헌병 소장이 국어 야학교를 설립해 열심히 가르치니 지역 조선인들이 크게 호응하고 문명 사상이 널리 퍼져 각 군에 모범이 됐다고 전한다. 일제의 문명과 이것을 거스르는 조선의 완고 이미지를 대비해 자연스럽게 전자에 정당성을 부여했다.

일제 초기 보통학교 교육의 중요한 목표 가운데 하나가 일본어 보급이었다는 점에서 위 기사의 "국어"는 일본어를 지칭한 것으로 보인다. 일제는 향촌 사회의 전통적 지배 체제를 무너뜨리는 수단으로, 이른바 충량忠良한 신민 양성을 목표로 한 신교육을 활용했다.[10] 그러나 위 기사는 한편으로 당시에 "향촌 사회에 존재하던 유지층의 영향력과 전통 질서가 총독부의 기대처럼 곧바로 붕괴되지 않았던 것"을 시사한다(심재욱, 2002: 226).

『매일신보』는 식민주의의 정당성을 직접적으로 강변하기도 했다. 한 일본인 필자는 식민주의의 목적이 "공존공영"이며 "식민지의 행복을 증진"하는 것이라고 주장했다(『매일신보』, 1927년 2월 7일). 비슷한 맥락에서 다른 기사(1927년 2월 14일)는 "식민 운동의 윤리적 근거"가 "문명 신장"에 있다고 명시했다. 이 기사는 자립하지 못하는 민족의 복지와 발달을 계획하는 것은 "문명의 신성한 사명"이라고 밝혔다.

이상에서 고찰한 바와 같이 『매일신보』의 문명 담론은 일본의 문명 수준이 조선보다 우월하다는 인식을 전제했다. 이것을 근거로 일본의 통치는 시혜적이며 조선의 문명 진보를 돕는다고 주장한다. 『매일신보』는 조선의 문명화가 결국 일본과 조선 모두에 이익이 되리라는 점을 강조했다. 이 신문은 조선인과 일본인이 같은 인종에 속한다며 힘을 합쳐 고유한 문명을 발휘해야 한다는 주장도 내세웠다(『매일신보』, 1923년 4월 9일).

문명과 야만의 정체성 갈등

일제 강점기의 문명과 야만은 지배와 피지배, 복종과 저항 등 정치적 행위를 야기하거나 정당화하는 주요 개념이었다. 『매일신보』의 조선인 필진은 일제 통치 아래서 조선인들은 문명 진보의 길로 나아가야 한다는 논리로, 일본의 문명적 우월성과 조선 통치의 정당성을 수용하는 태도를 보였다.

그러나 앞서 언급했듯이 조선은 과거의 문명을 내세워 민족적 자존심을 지키려는 경향이 작지 않았다. 『매일신보』는 조선인과 일본인 간 갈등도 소개했는데, 이들 중 상당수는 문명 또는 야만 규정을 둘러싼 두 민족의 감정적 대립에서 비롯됐다는 점이 주목할 만하다.

1920년대 『매일신보』에는 조선을 야만으로 규정한 일본인 교사들에 대한 항의 표시로 조선인 학생들이 저항하거나 동맹 휴업을 한다는 내용의 기사들이 다수 실렸다. 한 기사는 조선을 야만으로 규정한 일본인 교수의 발언 때문에 학생들이 저항 중이라는 사실을 전했다.

> 구보교슈로 말하면 다년간 됴선민족에 대하야 연구를 하야 됴선사람이 전사에는 문명하다가 챠챠로 야만에 써러진 것을 일일이 학슐로 징명홀 수가 잇는것인대 학싱졔군은 그에 대하야 무엇이라고 말홀슈가 잇겟스며 쏘는 학슐로써 반항을 하는 것이 올켓거늘 힘으로 반항하고자 흠은 불온당흔 일이요.

> 구보久保 교수는 수년 간 조선 민족을 연구해서 조선 사람이 과거에는 문명하다가 차차 야만에 떨어졌음을 일일이 학문으로써 증명할 수 있다고 말하는데, 학생 제군은 그에 대하여 무엇이라고 답할 수 있겠으

며, 또한 학문으로 반항하는 것이 옳거늘 힘으로 반항함은 온당치 않은 일이요(『매일신보』, 1921년 6월 7일).

위 기사는 조선이 차차 야만으로 떨어진 것을 "학술로 증명할 수 있다."라는 해당 일본인 교수의 주장을 전하면서, 그에 맞서는 학생들에게 이의가 있으면 학술적으로 반박하라고 지적했다. 당시 일본 지식인들이 근대 학문의 권위를 빌려서 조선에 대해 야만 또는 열등의 정체성을 부여하려고 시도했음을 보여 주는 사례다. 이 기사는 "일본인 교수들의 훈유訓諭가 오히려 학생들의 격노를 불렀다."라며, 학술적으로 약자인 조선인 학생들이 일본인 교수들의 학술적 권위에 눌리지 않고 조선을 야만으로 규정하는 주장에 더 크게 저항한다는 사실을 전했다.

다른 기사는 조선인 학생들의 동맹 휴업 사건을 다음과 같이 보도하고 있다.

(영어 발음이 좋지 않아 학생들에게 놀림 당하던 일본인) 쇼뎐쵼 교사는 여러가지로 기유하여도 슌죵치안이 홈으로 나죵에는 불령한 감상을 낫하내이며 칠판에 덕德자와 위력威力이란 두가지의 글자를 써놋코 "너희 됴션사람들은 아직도 야만을 면치못한 인죵임으로 위력으로써 하지 안이하면 도야陶冶키 불능하다."는 됴션사람을 모욕하는 의미의 말로 싱도들에게 꾸지람을 하고 교실에서 나아가라고 명령하얏는바 그리지안이 하여도 불만죡혼 감샹을 가지고 잇던 션싱에게 이와 갓흔말을 드른 학싱들은 분긔가 등등하야 그 교사에게 "너와 갓치 무능한 자는 됴션스름즁에도 업다."고 말하며 션싱과 싱도사이에 구론이 싱긴 결과……

(영어 발음이 좋지 않아 학생들에게 놀림 당하던 일본인) 오다무라小田村 교사는 여러 가지로 타일러도 순순히 따르지 않자 나중에는 불편한 감정을 드러내며 칠판에 덕德자와 위력威力이란 두 가지 글자를 써놓고 "너희 조선 사람들은 아직도 야만을 면치 못한 인종이므로 위력으로 대하지 않으면 교육하기가 불가능하다."라며 조선 사람을 모욕하는 말로 생도들을 꾸짖고 교실에서 나가라고 명령했는데, 그렇지 않아도 불만족스러운 마음을 지녔던 선생에게 이런 말을 들은 학생들은 분한 마음이 심해서 그 교사에게 "너처럼 무능한 자는 조선 사람 중에도 없다."라고 말하며 선생과 생도 사이에 논쟁이 생긴 결과……(『매일신보』, 1922년 7월 16일).

조선인을 야만 인종으로 규정한 일본인 교사의 발언이 동맹 휴업의 주요 원인이라고 이 기사는 전한다. 일본인들이 부여한 야만의 정체성은 조선인들이 참기 어려운 모욕이었음이 잘 드러난다.[11]

위의 기사들은 당시 일본인 교사, 교수 등 지식인들 사이에 근대 문명을 기준으로 조선인에 대한 우월감이 있었으며, 이것이 일상생활에서 암묵적 또는 명시적으로 표현됐음을 보여 준다. 특히 조선인들과의 갈등 상황에서 이들을 야만 등 열등한 존재로 규정함으로써 갈등의 원인을 전가하는 경향이 있었음을 시사한다.

이런 일본인들의 태도에 조선인 지식인이 학술적으로 저항하는 모습도 관찰됐다. 최영택이 작성한「야만성의 해부(野蠻性의 解剖)」라는 제목의 기사는 이른바 문명국에도 잔인무도한 학살 등 야만성이 존재한다고 강조한다(『매일신보』, 1921년 7월 16일). 필자는 이것을 근거로 삼아서, 일본인으로 추정되는 모 박사가 조선인에게만 야만성이 있는 것처럼 발표한 내용을 반박했다. 어느 사회를 막론하고 부도덕하고 잔인무도한 자가 있듯이 문명한 민족일지라도 야만성은 내포됐는데, 조선 민족만 야만성이 있다는 듯한 규정은 부당하다는 것이다.

문명과 야만의 규정을 둘러싼 감정 대립은 비단 조선인과 일본인 간의 문제만은 아니었다. 위계적 문명 담론으로 지지되는 식민주의가 국제 질서를 특징짓는 상황에서, 이른바 문명국 사람들의 비문명국 사람들에 대한 우월감의 표출은 일상생활에서 암묵적, 명시적으로 만연했다.

『매일신보』의 한 기사는 「도박하는 문명국인文明國人!」이라는 제목 아래 동양인에 대한 서구인의 우월감 표출을 비판했다.

영국과 미국의 대사관원이 동경東京셔 신호神戶신지 가는 긔차식당 속에서 노름을 하다가 차장에게 들키여 경관에게 인도당하얏다는 소식을 신문지상에셔 보앗다. …… 스실인즉 차쟝이 그갓치 노름하고 잇는 것을 보고셔 네차례를 쥬의식혓다는대 그리도 그자들은 졔가 문명국인인대하고 차장의 말을 듯지아니한 모양이다. 반드시 그자들은 마음 속에 우월감이 잇셔셔 그와갓치 동양인이 주의식히는 것을 얏자바보고 고집피우다가 잡혀갓슬것이라고 나는 밋는다. 엇지그러냐 하면 동양에 나와잇는 셔양인종은 대개로 오만무례하고 안하에무인인 것갓치 잘는체를 하는 신닭이다. 문명국인! 셰계의 강국! 참듯기에도 닙식나는 말이지! 너희들 문명국인은 동양의 쌍에와셔 그곳의 법규를 무시하야도 관계치안은가?

영국과 미국의 대사관 직원이 도쿄에서 고베까지 가는 기차의 식당에서 도박을 하다 차장에게 들켜 경관에게 넘겨졌다는 소식을 신문에서 보았다. …… 사실은 차장이 노름하는 것을 보고 네 차례 주의를 주었는데 그래도 그 자들은 자기들이 문명국인이라며 차장의 말을 듣지 않은 모양이다. 확실히 그 자들은 마음속에 우월감이 있어서 동양인이 주의 주는 것을 얕잡아 보고 고집 피우다가 잡혀 갔을 것이라고 나는 믿는다. 왜냐하면 동양에 온 서양 인종은 대체로 오만무례하고 안하무인으로 잘난 체하기 때문이다. 문명국인! 세계의 강국! 참 듣기에도 냄새나는 말이지! 너희들 문명국인은 동양 땅에 와서 그곳의 법규를 무시해도 괜찮은가?(『매일신보』, 1924년 12월 10일)

이 기사는 영국인과 미국인이 일본의 기차 안에서 도박을 한 사건과 관련해 이들이 우월감 때문에 승무원의 지시에 따르지 않았다고 전한다. 필자는 동양에 와 있는 서양 인종들이 대체로 "오만무례하고 안하무인으로 잘난 체를 한다."라고 비판하고 "문명국인", "세계의 강국"에 부정적 감정을 표출했다. 필자는 서양인들에게 문명국인이라며 뽐내지 말고 자신들을 돌아보도록 요구한다.

일제 강점기의 경성은 식민지 조선의 수도로 근대성과 식민성이라는 이중적 성격을 내포한 공간이었다. 식민지의 이중성은 문명국 또는 문명인에 대한 태도에서도 비슷하게 나타났다. 서구 문명인의 우월감에 대한 비판 의식과 존경심이 교차했다. 한 기사는 조선 사회의 범죄 통계와 관련해 "중국인을 뺀 외국인의 범죄가 없는 것을 보면, (외국인의) 수가 적어서이기도 하겠지만, 지식이 발달하면 범죄도 증가한다고 말할 수 없겠더라(지나인을 졔흔 외의 외국인으로는 범죄한 바가 업는 것을 보면 인구가 젹은 신닭이라고도 하려니와 다만 지식이 발달되얏다고 범죄가 증가된다 홀 슈 업겟더라)."라며 "문명한 사람은 다르다."라고 밝혔다(『매일신보』, 1923년 5월 12일). 이 기사는 지식 발달을 문명인의 속성으로 보았다.

이 절에서 살펴본 바와 같이 문명 담론의 패권하에서 문명 또는 야만의 개념은 여러 사회와 그 구성원의 위계적 정체성을 규정하고, 이들 사이의 우열을 구분하며 감정적 갈등을 야기하는 주요 원인이었다. 이른바 문명국 구성원들이 타자에게 열등한 정체성을 부여하려는 시도와 그들이 표출하는 우월감은 일상생활에서 만연했다.

특히 일본은 조선 강점을 문명화라는 명분으로 포장하며 두 민족 간의 호혜적 관계를 표방했지만, 현실에서는 조선인에 대한 일본인의 차별 의식이 다양하게 표출됐다. 일상생활에서는 물론이고, 학문적 권위를 빌려 조선을 야만으로 규정하려는 일본인들의 시도에 대해서 조선인들은 동맹 휴업, 학술적 반박 등으로 강렬한 분노를 표출하거나 저항했다.

*

이 장에서는 일제 강점 초기의 『매일신보』에 나타난 문명 담론의 특징을 그 지배성에 초점을 맞추어서 고찰해 보았다. 『매일신보』는 조선의 식민지화를 정당화하기 위해 조선의 문명 수준이 문명국에 미치지 못한다고 문제화했다. 이런 문제화를 이용해서 조선 사회가 문명으로 진보할 필요성을 제기하고, 그 변화의 주체로 조선인이 아닌 일제 자신을 내세웠다.

사회 진보와 관련해 피식민지의 역량을 과소평가하고 외세의 개입을 필연적으로 보는 것은 식민·제국주의 담론의 특징이다. 『매일신보』는 일제를 문명으로 규정하고 조선에 대한 문명 수준의 우월성을 주장하며, 조선을 문명으로 이끌 자격이 일본에 있음을 강조했다. 또 일본인과 조선인이 협력해서 모국과 식민지가 함께 잘사는 변화를 이루어야 하며, 나아가 세계적으로 고유한 문명을 창출해야 한다고 강변했다.

그럼에도 일제 강점기 조선 사회에서는 문명과 야만의 정체성을 둘러싼 조선인과 외국인 간 갈등이 적지 않았다. 1920년대의 『매일신보』는 일본인 교사가 조선인을 야만으로 규정해서 일어난 조선인 학생들의 저항과 동맹 휴업 사건을 자주 보도했다. 과거에 문화와 문명을 가르쳤던 일본이 내리는 야만 규정은 조선인이 참기 어려운 모욕이었을 것이다.

정체성과 관련해서 문명과 야만 개념이 야기하는 갈등은 비단 조선인과 일본인 사이의 문제만은 아니었다. 서구가 주도하는 위계적 문명 담론의 패권하에서 이른바 문명국 사람들이 비문명국 사람들에게 우월성을 표출한 사례는 일상에 만연했으며, 서구 문명인들의 '잘난 체'는 일본인과 조선인 모두의 비판 대상이었다.

제3장 / 문명 담론과 발전 담론의 각축
: 1950년대

　　1950년대는 지구적으로 미소 냉전美蘇冷戰의 시대 상황 속에서 미국이 주도한 발전 담론이 급부상한 시기다. 앞 장에서 살펴 봤듯 20세기 중반 이전까지의 국제적 역학 관계에서 지배·피지배 관계가 주로 문명과 야만 개념을 중심으로 규정됐다면, 1950년대에는 발전과 저발전 개념으로 지배 관계가 정당화되는 경향이 두드러진다. 사회에 대한 판단 기준이 문명에서 발전으로 바뀌고, 저발전한 자(후진국)에 대한 발전한 자(선진국)의 개입이 후진국 원조라는 명분 아래 이루어졌다. 한국의 1950년대인 이승만 정부 시기는 이런 지구적 담론 전환의 영향을 적지 않게 받은 시기다.

　　분단의 한계와 전쟁의 상흔 속에서 이승만 정부 시기의 경제는 지금 시각에서 보면 후진국 수준이었다. 산업화 수준이 낮았고 그 기반도 미흡한 상태였던 한국 경제는 외부 원조에 크게 의존했다. 1953년 GDP는 13억 달러였고, 1인당 국민 총소득(Gross National Income, GNI)은 67달러에 불과했다(표 3.1 참조).[1]

　　경제의 확장 속도는 1960년대 이후의 발전 시대보다 완만했다. 1953∼1959년의 GDP 실질 성장률은 평균 5.8퍼센트였으며, 규모는 1959년에 20억 달러로 약 1.5배 증가했다. 1인당 GNI는 1959년의 82달러까지 약 1.2배 오르는 데 그쳤다.

표 3.1. 1950년대 한국의 주요 경제 지표

연간 지표별	1953	1954	1955	1956	1957	1958	1959
GDP(억 달러)	13	15	14	14	17	19	20
1인당 GNI(달러)	67.0	70.0	65.0	66.0	74.0	81.0	82.0
GDP(실질 성장률, %)	-	7.2	5.8	0.7	9.2	6.5	5.4
농림어업(%)	-	8.7	2.1	-5.7	9.7	8.2	0.1
광공업(%)	-	11.0	17.1	14.9	10.7	9.5	10.9
제조업(%)	-	13.9	17.7	16.2	8.5	10.5	10.0
전기, 가스 및 수도 사업(%)	-	26.6	-0.4	15.1	15.3	24.9	18.2
건설업(%)	-	22.7	-0.2	-7.1	25.0	2.4	21.3
서비스업(%)	-	3.8	6.0	4.0	6.7	3.5	7.2

자료: 한국은행, 통계청

　이승만 정부의 국가 목표는 경제 발전이 아니었다. 전쟁으로 산업·생활 기반 시설이 엄청난 피해를 입었고, 전후 통화량 증가에 따른 물가 상승이 경제 안정을 위협하는 상황에서 당시 정부의 경제 정책은 성장보다는 재건과 안정에 초점을 맞췄다(김적교, 2012).[2]

　그렇다면 1950년대 한국 사회의 발전에 대한 인식은 전반적으로 어떠했을까? 그 시기의 한국 사회에도 박정희 정부 이후의 발전 시대에서 나타나는 발전주의적 인식 틀이 있었을까? 당시에도 한국 사회는 선진국 담론의 틀에서 스스로를 후진국 또는 개발 도상국으로 규정하고 경제 성장을 국가의 지상 목표로 추구했을까?[3]

　이 장에서는 제2차 대전 이후 지구적 차원에서 이루어진, 문명에서 발전으로의 '담론 전환'에 한국 사회가 어떻게 대응했고, 이것이 이 사회의 발전 인식에 어떤 영향을 끼쳤는지 알아보고자 한다. 이 탐구를 위해 1950년대 한국 사회의 대중 공간에서 발전 담론이 놓였던 위상을 문명 담론과의 관계 속에서 고찰하려 한다. 또한 당시의 한국 사회가 어떤 담론 틀에서 자아 정체성을 규정하고 서구를 표상화했는지, 박정희 정부 시기와의 비교적 관점에서 살펴보고자 한다.

주요 분석 자료로는 이승만 대통령 연설문, 1950년대 발간된 잡지와 『조선일보』 기사를 활용했다.[4] 대중 매체의 자료 검색은 한국잡지 정보관의 소장 잡지와 『조선일보』의 온라인 기록 보관소 자료 가운데 1950년 1월 1일~1959년 12월 31일의 간행물이 대상이었다.[5]

이번 장은 4개 절로 구성했다. 첫째로 이승만 대통령 연설문에 나타난 지배적 인식 틀을 한국의 자아 정체성과 서구의 표상을 중심으로 알아본다. 둘째로 1950년대 잡지·신문 자료에 나타난 발전 인식의 특징을 고찰한다. 셋째로 1950년대 잡지·신문 자료에 나타난 선·후진국 인식을 살펴본다. 넷째로 1950년대 잡지·신문 자료에 나타난 문명 담론의 인식 틀을 발전 담론과의 비교적 관점에서 논한다.

문명 담론 속 한국과 서구

1950년대는 미소 간 냉전 체제 속에서 미국의 주도 아래 지구적으로 발전 담론이 부상하는 시기였으며, 그 영향력이 한국에서도 서서히 확대되는 추세였다. 한국 사회에서도 선진국, 후진국 등 발전 담론의 개념들을 사용하는 빈도가 서서히 늘었다. 또 미국이 주도하는 후진국의 경제 발전을 다룬 외신 기사가 대중 매체로 소개되면서, 이런 상황에 관한 논의도 갈수록 활발해졌다.

그렇다면 당시 한국에서 발전 담론의 위상은 어땠을까? 1950년대 한국 사회에서 발전 담론의 영향력은 국가 정체성을 결정짓거나 세상에 대한 지배적인 해석 틀을 제공할 정도로 크지는 않았다. 이런 점은 당시 국가의 통치 의도를 가장 잘 반영한 기록물이라 할 수 있는 이승만 대통령의 연설문에 잘 나타난다.[6]

이승만의 문명 담론

이승만 대통령 연설문에서 경제 발전은 부강한 나라가 되기 위한 실용적 차원의 조건으로 인식됐을 뿐, 그 자체가 국가의 지상 목표로 설정되지는 않았다. 흥미롭게도 발전 담론을 구성하는 선진국 등의 개념이 이승만의 연설 기록에는 전혀 나타나지 않는다.

이승만이 한국과 세계를 해석했던 주요한 인식 틀은 문명 담론이었다. 그의 주요한 가치·세계관은 발전이나 경제 성장보다는 문명, 개명, 야만 등의 개념에 집약됐다. 문명과 야만의 구분 위에서 바람직한 가치들은 주로 문명, 개명 등의 개념에, 부정적인 가치들은 야만의 개념에 투사됐다.

조직 사회에 사는 사람들은 생활이 날로 진전되어 조직 못된 사람들과는 천양지판이니 이래서 어떤 사회는 미개요, 그만 못하면 야만으로 대우받으니 인류 사회를 구분해 놓은 것이다(「납세는 문화 국민의 의무」, 1954년 6월 3일).

공사 간에 원험이 있거나 억울한 일을 당하였을 때 법리적으로 해결하는 것이 개명한 사람이 행할 바이거늘, 하물며 이로운 사람을 피해 가고 어찌 그 백성이 그 개명한 사람의 대우를 받을 수 있으리요(「김구 선생 급서에 통탄불금」, 1949년 6월 28일).

문명 담론은 문명과 야만이라는 두 주요 개념을 중심으로 형성된 체계이며, 이 속에서 문명을 표상하는 대상과 야만을 표상하는 대상이 단계적 진화론 등을 매개로 삼아 위계적 관계를 맺는다. 위의 연설문들에 나타나듯이, 문명 담론은 긍정적 표상으로서의 문명과 소외된 표상으로서의 야만의 구분 위에서, 문명이라는 지위 추구를 정당화하는 구조가 기본적인 특징이다.

국가적 차원에서 바람직한 국가 모형은 문명국, 개명국 등으로 표현됐으며, 국가적 지향점 역시 문명, 개명 등의 개념으로 나타났다. "세계 문명국가에 손색이 없는 나라를 이룩할 것"(1957년 7월 3일)이라는 내용의 연설처럼, 이승만 대통령은 여러 연설에서 더욱 문명한 나라, 개명한 나라가 되자고 호소했다. 이런 나라를 이루어서 국가를 영광스럽게 하고, 후세 사람들이 충분한 복리를 누릴 만한 국가를 물려주며, 또 세계적으로는 남에게 대우받는 나라, 추앙받는 나라가 되자고 강조했다.

이 시기에는 국가 목표 혹은 청사진과 관련해 문명과 함께 부강이라는 개념이 자주 쓰였다. 「남북 동포는 협조하라」(1950년)라는 제목의 연설에서 이승만은 "농업을 개량하여 공업과 상업을 세계에 발전시켜 부강한 국가로서 자유 복락을 다 같이 누리게 될 것"이라고 강조한다.

"문명 부강"이라는 말과 같이 문명과 부강은 이런 맥락에서 자주 함께 쓰였지만, 각 개념에 내포된 의미는 다소 다르다. 무엇보다 문명이 문화·역사적인 면을 강조하는 개념이라면, 부강은 경제·군사적 측면의 개념으로 쓰이는 경향이 강했다. 전자는 정신적인 면을, 후자는 물질적인 면을 강조하는 개념이라 볼 수 있다. 서구의 문명이 곧 부강으로, 즉 문명과 부강이 거의 같은 의미로 쓰였던 문명 담론의 전성기인 19세기 말~20세기 초와 달리, 문명한 나라가 반드시 부강한 나라라는 등식은 이승만 대통령의 연설문에서 성립하지 않았다.

이렇게 볼 때 이승만 연설문에 나타난 문명 담론은 구조는 개화기 문명 담론과 연속선상에 있지만, 구체적 내용이 다소 다르다. 이 연설문의 문명 담론은 제1차 대전 직후인 1920년대부터 나타났던, 정신·도덕 문명과 물질·과학 문명을 구분하는 문명 담론과의 연속성이 더 크다고 볼 수 있다.[7]

경제·군사적 의미를 내포한 부강 개념은 산업·경제 분야의 연설에서 더 자주 등장한다. 또 물질적 힘의 확대를 뜻하는 부강은 그 자체가 절대적으로 추구해야 할 궁극적 목표라기보다 현실적인 필요에 따라 강조되는 경향이 두드러졌다. 예컨대 서구가 주도하는 약육강식의 국제 질서 속에서 남의 노예가 되지 않으려면 부강해야 한다는 것이다.

지금 세상에서는 남의 백성을 잡아다가 저의 노예 만드는 방식이 두 가지가 있으니, 하나는 병력으로 싸워서 그 백성을 노예로 만들어서 저이가 양반 노릇을 하며 부자 지위를 점령하는 것이요. 또 하나는 경제력으로 물건을 많이 산출하여 세계에 퍼 놓아서 무식한 백성들로 하여금 자자손으로 물건을 만들어 쓰는 것을 못하게 하고, 먹고 입고 싶은 것을 다 사서 쓰게 만들어 놓아 우선 먹을 것이 없어서 돈 가지고 있는 자에게 가서 좀 얻어먹고 살게 만드는 것이니, 이것은 경제적 노예라는 것이다. 정치상으로 독립 국가가 되어서도 경제적 노예를 면할 수 없으면, 정치상 독립도 잃어버리고 마는 것이니 …… 우리는 단체로나 개인으로나 통상의 권리를 세계에 확대해서 부강 문명한 나라를 만들어 놓아야 우리 조상 적부터 내려오던 영광을 회복할 뿐 아니라 발전하는 사람들이 될 것이니 우리는 이 기회를 천행으로 알아서 잃지 말고 이용할 것이다(「우수한 국산품을 생산하여 해외시장을 개척하라」 1957년 7월 15일).

이승만의 한국 인식

문명과 부강 개념 중 한국의 정체성은 대체로 전자라고 규정하는 경향이 나타난다. 문명 담론의 틀에서 한국은 유구한 전통과 역사, 예절과 도의의 문화가 있는 문명국, 개명국으로 여겨졌다. 1950년대의 불안정한 정치·사회 상황과 풍요롭지 못한 경제 상황에서도 국가와 민족의 문명성을 강조하는 측면이 주목된다. 여기에는 대통령으로서 자신이 집권한 국가에 대한 자부심을 높이는 한편, 피지배층의 불만과 저항을 무마하려는 지배 의도가 다분히 내포됐다.

연설문에는 우리의 문명 또는 개명의 수준이 남에게 추앙을 받아왔으며, 앞으로 더욱 경애받아야 한다는 인식이 자주 나타난다.

> 우리나라는 옛적부터 개명한 민족으로 삼강오륜의 도리를 지켜서 예의지국으로 추앙을 받아온 것인데 우리가 아이 적부터 배워온 것은 천지간 만물 중에 사람이 가장 귀하다는 것이며 이것은 우리 인간은 모든 짐승과 달라서 도덕을 아는 까닭인 것이다(「동성동본 혼인에 대하여」 1957년 11월 18일).

> 지난 선거를 통해서 우리나라 국민이 발전된 것과 또 개명한 사람이라는 것을 볼 수 있었으니 이것으로서 우리 민족의 개명한 정도를 알 뿐만 아니라 남에게도 자랑할 만한 일인 것이다. …… 우리가 다 잘해서 세계 모든 사람들에게 경애를 더욱 받도록 되기를 믿고 부탁하는 것이다(「나라의 위신과 지위를 보전토록 하라-자유당 공천자 일동에게」 1958년 3월 25일).

이승만의 연설문에서는 경제적 가난에서 벗어나 부강을 이룰 것을 강조하지만, 이것을 이유로 한국의 정체성을 부정적으로 형성하려는 태도는 거의 나타나지 않는다.[8] 발전 담론의 힘이 아직 크지 않아서, 빈곤에 대한 문제화가 문명 담론의 틀로 형성한 문명국 또는 개명국 이라는 국가 정체성에 큰 영향을 미치지 않았다고 볼 수 있다.

연설문들은 한국의 문명·개명한 수준에 긍지를 잃지 않으면서도, 약육강식의 국제 질서에 대한 인식 속에서 부단한 개혁의 필요성을 제기한다. 한국은 문명적으로 수준이 높지만, 부강의 기준으로는 노력할 바가 많다고 여기는 경향이 나타났다. 훌륭한 문명의 토대 위에 서 경제·군사적으로 강해야 문명 부강한 나라가 될 수 있다는 인식 아래 '신생활'과 같은 개혁의 필요성을 언급하기도 했다(「신세계에 살 가치 있는 사람을 만들자」, 1950년).

이승만의 서구 인식

문명의 측면에서 문명국이면서 부강의 측면에서는 미흡하다는 한국 의 정체성은 개화기 이래 중요한 타자의 구실을 한 서구와의 관계 속 에서 형성됐다. 서구를 대체로 문명 부강하다고 인식하는 가운데, 한 국은 문명적으로 이들 나라에 못지않거나 더 훌륭한 반면에 부강의 측면에서는 뒤떨어졌다고 여기는 경향을 보였다.

이런 면에서 서구에 대한 담론의 초점은 문명한 나라보다는 부강 한 나라에 맞추어졌다. 냉엄한 국제 질서에서 생존하기 위해, 부강의 측면에서 한국이 서구로부터 배울 점이 많다고 여긴 까닭이다.

미국 같이 부강한 나라에서도 고립하고는 지낼 수 없음을 각오하고 동 서양 각국과 밀접한 관계를 맺고 있는 터이니 …… 일본이 미국인과 통상 조약을 정한 후로부터 영국, 미국, 불란서 등 나라가 우리나라에 군함을 파송하여 억지로 문을 트려고 시험한 것이 전후 30년 동안 7번 이었다. …… 당시 우리 정부 당국자들이 명철한 정치가가 되어서 외교와 통상을 확장하였더라면 그 후 우리가 당한 모든 화를 능히 면하고 부강을 이루었을 것이나, 어둡고 부패한 속에서 모두 다 이와 같이 된 것이니 왕사往事를 거울삼아 앞길을 바로 찾아 나가야 될 것이다(「쇄국주의를 배제함」, 1949년 8월 10일).

그러나 한편으로 서구의 부강은 비판의 대상이기도 했다. 부강을 가능하게 한 정치·경제적 조건이 예의·도덕보다도 다른 나라에 대한 침략과 전쟁을 서슴지 않는 약육강식의 논리를 따른다고 여겼기 때문이다. 문명적 기준에서 폭력, 전쟁과 약육강식은 야만에 해당한다. 따라서 그 결과로서의 부강은 문명의 수준으로 판단할 수 있지만, 그에 이르는 과정은 한계를 내포한다고 이해했다.

더욱이 영국과 일본 같은 나라는 섬 속에서 저의 소산만으로 인구를 먹여 살리기 어려우므로, 영국이 먼저 공업을 발전할 적에 각종 생산 물품을 기계로 만들어 내기 시작해서 인력을 덜고 시간을 단축하게 해서 대량 생산을 쉽게 제공케 되므로 값이 싸고 물건이 튼튼하게 되어서 이것을 해외 각국에 널리 수출시키므로 각국에서 나는 재정과 재원을 모두 돈으로 사들여다가 먹고 쓰고 남는 것으로다가 도시와 누각을 굉장하게 만들어 살므로 이 사람들이 세계에 횡행하여 상권을 위해서는 전쟁도 해 온 것이다. 이와 같이 해서 근대 공업과 상업이 전무한 발전을 이루어, 서양인들이 동양에 와서 모든 경제를 말리고 세계의 부강한 나라를 이루어 만든 것이다(「경제 자립책에 대하여」, 1952년 9월 9일).

이런 점에서 당시 한국 사회는 서구를 긍정적 준거 집단의 하나로 여기면서도 이상화하지는 않았다. 한국과 서구는 같은 문명국이지만, 정신문명의 차원에서 후자는 전자에 미치지 못한다는 인식이 강했다.

한국적 처지에서 부강을 지향하면서도, 물질적 기준으로 문명이나 개명의 정도를 판단하려는 경향에 대한 비판적 의식을 잃지 않았다. 또 한국의 정체성과 관련해, 서구처럼 부강하지 못해도 문명적 관점에서 크게 수치감을 느끼지 않았다.

이승만의 다음 연설은 물질주의와 서구식 문명의 기준에 대한 비판적 인식을 잘 보여 준다.

그런데 지금 세상에 소위 문명이라는 것은 이전 우리나라에서 자랑하는 것이 달라서 예의·도덕으로 평화와 안전을 보장해서 인류의 복리를 도모하는 것을 지목하는 것이 아니라, 대부분 물질적 발달이 되어서 도시를 화려하게 광대하게 신식으로 만들어서 인생 생활 정도를 진전시키는 것을 개명이라, 문명이라 하는 것으로 이전 예의지방禮儀之邦이라 성자신선聖者神仙에 국태민안國泰民安이라는 것을 아무리 숭상하고서도 진흙집에서 진흙벽과 돌집 위에서 살고 앉아서는 개명이라 문명한 사람으로 대우를 하지 않고, 아무리 사상이 천루賤陋하고 윤리의 덕德 외에 진전이 없는 자라도 좋고 높은 집에서 콘크리트로 길을 하자는 사람들이 개명인이라 하니 그런 세상이므로 문명이라 부강이라 하는 것이 같은 명사가 되고 말았으니, 부강한 사람들은 집을 잘 짓고 도시를 설계하고 사나 가난한 사람은 아무리 윤리·도덕이 있다 해도 미개인으로 말하고 마니 가난하고는 세계 사람들의 앞에 서기 어려운 것이다(「전국 실업가에 보냄」, 1954년 7월 2일).

그런가 하면 힘을 내세운 갈등과 싸움으로 얼룩진 세계 질서와 이 것을 주도하는 서구 문명에 대해 다음과 같이 지적했다.

구라파 문명이라는 것은 먼저 난 것이 없어지고 새로 난 것은 개진해 서 지금까지 행하는 것이므로 서양 역사를 보면 모두 전쟁으로 계속하 여 내려온 것이다. 그러므로 지금에 와서도 전쟁이 구라파만 계속할 뿐 아니라 동양에까지 미쳐 오는 것은 그 패제후覇諸侯하는 의도로 강 식약육의 비천한 금수의 정도를 면치 못해서 서로 전쟁으로 흥망과 존 폐를 결정하는 까닭으로 동양에까지 이 화가 미쳐 와서 우승열패의 형 세를 오래 동안 끌어 나갈 것이므로, 이 중에서 저의 세력을 발휘하여 약한 자의 세력을 눌러 갈 수 있는 자만이 우등한 지위를 점령할 것이 니 이것은 동양 유교에서 문명 정도로 나간다는 것과는 배치되는 것이 다(「유교의 교훈을 지켜 예의지국 백성이 되자」, 1954년 10월 1일).

이런 점에서 서구는 부강으로서의 문명성과 폭력의 야만성이 동시 에 있다고 여겨졌다.

문명 담론의 틀에서 서구와 일본의 표상은 서로 비슷한 점이 많다. 일본도 서구처럼 부강한 나라이지만, 문명적으로는 한계가 있다는 시 각이 두드러졌다. 서양 문명을 가장 빨리 수용해 부강을 이루었지만 이것은 근래의 현상일 뿐 역사·문화적 깊이가 한국보다 얕다는 인식 도 나타났다.[9]

일본이 동해 중에 삼도 왜인으로 따로 지낼 적에 우리의 문명과 예도, 예절을 배우다가 동양의 개화를 받고 지냈던 것인데 지금에 와서는 자 기들이 다 옛적부터 문명한 인종이라고 칭탁(稱託, 핑계를 댐)해서 자랑하면서도 역사상의 사실을 거부하지 못해서 동양 문명은 한국에서 받았다는 것을 인정하고 있는 것이다. 일본은 근대에 와서 세계의 변동이 전무한 기회를 얻어서 소위 서양 문명이라는 것을 흡수해 가지며, 또 한편으로는 서양의 군기 군물과 전쟁상의 군략을 배워서 필경은 한국을 점령했으며 …… 그런데 우리가 그 사람들에게 알려 주고자 하는 것은 서양 사람들이 약육강식을 해서 서로 전멸하게 되는 방식을 배우지 말고 이전부터 동양 사람들이 서로 가르쳐 주고 일러 주어서 평화 세계에서 다 같이 잘 살자는 목적으로 해 가던 것을 해야만 제일 개명된 나라로 인정받게 된다는 것이다(「국민은 삼강오륜을 지켜라」, 1957년 12월 30일).

이렇게 볼 때 부강의 필요성은 절대적 당위였다기보다, 생존을 위한 실용적 차원에서 제시되는 경향이 강했다. 즉 부강의 문명은 삼강오륜 등 도의가 바탕인 한국보다 한 수 아래지만, 그런 문명이 주도하는 약육강식의 질서 속에서 살아남으려면 우리도 부강을 위해 힘쓰지 않을 수 없다는 인식이다. 문명은 도를 행하기 위한 당위인 반면, 부강은 남의 노예가 되지 않기 위한 실용적 수단이었다. 따라서 서구의 부강을 배우려 하면서도 그들을 무비판적으로 수용하는 데 대한 경계심을 드러냈다.

연설문이 묘사하는 서구의 표상은 이상적인 사회와는 거리가 멀다. 오히려 사회·문화적으로 여러 문제가 있다고 소개하는 경우가 적지 않다. 다음의 연설은 서구 교육에 대해 언급했다.

지금 서양에서 자녀 가진 사람들이 우려를 많이 하며 미국 각 학교에서는 근래에 와서 자녀 교육에 큰 문제가 되어 가지고 토론이 분분하고 있는 중인데 그 사람들이 지금 우리 한인들의 부모에게 효도하며 장로에게 경건한 이것을 보고 부러워하고 우리를 칭찬하는 사람이 많다. 이것은 다름 아니라 미국인들이 근래 와서 자녀들을 방임해 와서 벌을 주며 교정하는 그 범위를 다 해제시켜 가지고 아이들을 자유로 해방해서 구속하거나 지도하는 것을 도무지 없애고 지난 까닭으로 그 결과가 오늘 저렇게 되어가는 것이므로 이에 대해서 우리가 극히 조심해야 될 것이다(「유교의 교훈을 지켜 예의지국 백성이 되라」, 1954년 10월 1일).

그런가 하면 서구의 영화에 대해 다음과 같이 우려한다.

외국에서 수입하는 영화는 중등 이상 되는 그림이 아니고는 어떤 것은 차마 볼 수 없는 것도 있고 또 어떤 것은 협잡과 강도질하는 것이 아니면 총으로 사람을 쏘아 피를 흘리는 야만의 풍기를 행하는 것뿐이니 그 결과로는 아이들이 살인, 탈재奪財하기와 불법의 행위를 배우게 되니 이런 것은 심히 조심해야 할 것이다(「우리나라 영화의 발전을 치하」, 1959년 1월 2일).

선진국 문턱의 한국과 서구 선진국 간 위계가 분명한 오늘날의 국가 정체성과 비교할 때, 당시 이승만 대통령의 연설문에 나타난 문명 담론의 틀에서는 한국과 서구의 위계 관계가 명확하지 않다. 두 주체를 서로 다른 문명으로 인식하고, 이 둘의 우위를 따질 경우에 궁극적으로 전자가 후자보다 더 차원이 높다고 여겼다.

이런 점에서 1950년대 한국 사회는 서구 패권이 주도하는 담론 체계를 그대로 따랐다기보다, 서구에 대한 비판 의식을 토대로 국가적, 민족적 자긍심을 지키는 문명이라는 독자적 담론 체계로 자아 정체성을 인식했다고 볼 수 있다. 서구 문명의 물질적 가치를 인정하면서도, 물질문명과 정신문명을 구분하는 문명 담론의 틀 안에서 한국·동양적 전통과 문화에 대한 자부심을 잃지 않았다.

지구적 차원에서 전개된 서구 중심적 문명 담론과 한국적 문명 담론은 이렇듯 구조는 유사하지만, 내용 면에서 차이가 있다. 이 시기 한국에서 문명 담론은 서구 패권을 지지하는 효과가 그다지 크지 않았다고 볼 수 있다.

문명 담론과 반공 담론

한편 당시 한국에서 문명 담론의 인식 틀은 반공 담론에 활용되기도 했다. 이 대통령의 연설 기록을 보면, 반공 의식을 표출한 것이 적지 않은데, 민주주의와 공산주의의 대립 구도 속에서 한국과 서구를 민주주의 또는 자유국으로 표현하고는 했다.

이 대통령은 자유국, 민주주의 나라를 문명한 나라와 곧잘 동일시했으며, 반면 공산주의는 전통의 문명을 모르는 사상으로 지적하기도 했다.

그러나 그런 중에서도 우리가 버릴 수 없는 몇 가지가 있는 것을 알아야 되는 것이니 예전부터 우리가 배워서 행해 오던 삼강오륜은 고칠 수 없는 것이다. 이것을 버리고 다 같이 한 계급으로 알아서 어른도 없고 아이도 없고 또 윗사람도 없고 아랫사람도 없이 만들어 놓는다면 4,000여 년 이전의 야만으로 다시 돌아가게 되는 것이니 이것에 대해서는 불가불 가르쳐야 되며 또 배워서 지켜 나가야만 되는 것이다. …… 공산당이 하는 방식은 위에 앉은 사람을 다 끌어 내려서 아랫사람과 다 동등이 되게 하자는 것이므로 이렇게 하는 것은 혁명주의로 파괴시켜 가는 것이며 이것이 그 사람들이 주장하는 것인데 이렇게 해서 동등하게 만든다는 주의는 세계 질서를 파괴하는 것이며 이것은 결코 민주사회에서 해나가는 동등이라고는 우리가 인정하지 않는 것이다(국민은 삼강오륜을 잘 지켜라, 1957년 12월 30일).

이 연설문은 삼강오륜의 중요성을 강조하고, 모든 사람을 동등하게 만든다는 공산당의 방식은 세계 질서를 파괴하는 것이라 비판한다. 이런 점에서 이승만의 반공 담론은 문명 담론이라는 또 다른 지배적 담론과의 관계 속에서 더 적절히 이해할 수 있을 것이다.

1950년대 잡지·신문에 나타난 발전주의 인식

발전주의는 저발전과 가난을 문제화함으로써 경제 성장, 근대화 등에 따른 발전 상태로의 이행을 추구한다(Sachs, 1992; Escobar, 1995).[10] 한국의 경우 발전주의는 후진국 또는 후진성에 대한 문제화를 시작으로 시대에 따라 근대화, 세계화, 선진화 등의 전략을 이용해 선진국이라는 발전 목표 달성을 추구해 왔다. 그러므로 경제 성장과 근대화 등의 발전 전략은 국민 생활의 향상에 직접적으로 호응하기보다는 선진국으로 이행한다는 국가·민족적 대과업의 수단으로 동원됐다.

발전 용어의 빈도

이 절에서는 1950년대 잡지·신문 자료에 나타난 발전주의의 위상을 알아보고자 한다. 우선 잡지와 신문 자료 검색에 사용된 주제어별 검색 건수를 박정희 정부 시기와 비교해서 살펴봤다(표 3.2 참조).

잡지 분석 결과, 발전 담론에 속하는 용어들을 포함한 잡지의 검색 빈도에서 1950년대와 1960년대 사이에 차이가 뚜렷했다. 1950년

표 3.2. 1950~1960년대의 경제 인식 관련 주제어별 검색 건수 비교

	잡지		조선일보	
	1950년대 (1950~1959)	1960년대 (1962~1971)	1950년대 (1950~1959)	1960년대 (1962~1971)
경제 성장	1(4.0%)	8(12.7%)	7(0.4%)	101(11.9%)
경제 발전	2(8.0%)	6(9.5%)	7(0.4%)	32(3.8%)
경제 개발	1(4.0%)	18(28.6%)	26(1.7%)	164(19.3%)
근대화	1(4.0%)	25(39.7%)	24(1.5%)	171(20.1%)
공업화	1(4.0%)	1(1.6%)	6(0.4%)	15(1.8%)
경제 재건	3(12.0%)	1(1.6%)	10(0.6%)	6(0.7%)
부흥	16(64.0%)	4(6.3%)	10(0.6%)	360(42.4%)
합계	25(100.0%)	63(100.0%)	1,572(100.0%)	849(100.0%)

단위: 권, 건

대에는 발전 담론에서 일반적으로 나타나는 용어가 아닌 부흥과 경제
재건의 빈도가 각각 16권(64퍼센트), 3권(12퍼센트)으로 발전 담론의 용
어에 비해서 크게 높았다. 그러나 이들 용어는 1960년대에 들어서는
빈도가 각각 4권(6.3퍼센트), 1권(1.6퍼센트)으로 낮아졌다.

반면 1960년대에는 발전 담론의 용어를 포함한 잡지의 검색 빈도
가 크게 높아졌다. 근대화가 25권(39.7퍼센트)으로 가장 높았으며, 다음
으로 경제 개발이 18권(28.6퍼센트), 경제 성장은 8권(12.7퍼센트), 경제
발전이 6권(9.5퍼센트)의 순이었다. 잡지에서 근대화, 경제 개발, 경제
성장 등 용어가 주로 사용된 1960년대와 달리 1950년대에는 경제 재
건과 부흥을 위주로 경제를 인식했음을 알 수 있다.

1950년대의 신문 분석에서는 역시 부흥을 포함한 기사 건수가
1,489건으로 전체의 94.7퍼센트를 차지했다. 그러나 발전 담론에 속
하는 경제 발전(26건)과 경제 개발(24건), 공업화(10건) 등이 경제 재건

(10건)보다 같거나 약간 높았다. 이것은 1950년대 신문의 외신 기사로 후진국 개발 이론을 중심으로 한 발전 담론이 활발히 소개된 점을 반영한 결과로 보인다.

한편 1960년대 신문에서 부흥은 360건(42.4퍼센트)으로 여전히 빈도가 높았지만, 1950년대보다는 크게 감소했다. 반면 박정희 정부 시기 발전 담론의 주요 개념이라 말할 수 있는 근대화(171건), 경제 개발(164건), 경제 성장(101건) 등은 그 빈도가 이전 시기에 비해 크게 증가하는 경향을 보였다. 결국 개념의 이용 면에서 1950년대는 1960년대보다 발전주의 색채가 상대적으로 약했음을 알 수 있다.

경제 문제와 목표 인식

다음으로 1950년대의 경제 인식이 발전주의를 내용적으로 얼마나 반영하는지 알아보기 위해서, 잡지와 신문 자료에서 경제 문제와 목표가 어떻게 설정되는지 분석했다.

명시적인 경제 목표를 경제 부흥으로 설정한 사례가 7건으로 가장 많았고, 자립 경제(5건), 경제 재건(4건) 등이 그 뒤를 이었다. 이 밖에 자주 재건, 농촌 부흥, 후진성 극복, 미개발 경제의 타개, 빈곤 악순환 탈피, 국민 소득 증대 등을 목표로 설정한 사례가 각각 1건으로 분석됐다. 이렇게 볼 때 당시 경제적 목표는 주로 부흥, 자립, 재건 등의 개념으로 나타났음을 알 수 있다.

이런 결과는 일제 강점과 분단, 전쟁을 거치며 왜곡·파괴된 산업 구조를 온전한 상태로 되돌려야 한다는 이승만 정부 시기의 경제적 문제의식을 반영한 것이다. 산업 구조의 회복을 위해 정부는 다양한 경제 부흥 정책을 추진했다(박태균, 2007: 정진아, 2008, 2009).

경제 목표 설정과 관련해 1950년대 잡지의 내용을 구체적으로 살펴보면, 원용석 정부 기획처장은 『새벽』에 기고한 글에서 경제 재건에 대해 "이상적인 재건 사업 추진의 목표는 재정 안정과 경제의 재건이 병행될 수 있는 균형을 잡는 것이며 …… 한민족이 산업 경제의 토대를 세우느냐 못 세우느냐 하는 관건은 바야흐로 향후 3년 내지 5년의 기간을 앞에 두고 결정적으로 좌우"될 것이라고 말했다(『새벽』, 1956년 11월 1일).[11]

또 신현확 부흥부 차관은 "자립 경제 건설이라는 대과업을 앞에 놓고 국민 총력을 기울이는 마당에 다시 동란의 혹심한 타격으로 세계에 유례가 없는 피구호 국가로서 등장"했다며 "한국 경제의 부흥은 전란 복구에서의 개발을 지향하여 이른바 완전 고용과 국민 생활 수준을 향상시킴으로써 자립 경제 체제의 확립과 나아가서는 정치적 생존의 힘을 배양함에 있는 것"이라 주장했다(『자유공론』, 1958년 12월 1일).[12]

경제의 재건, 자립, 부흥을 추구하는 인식은 신문에서도 잘 나타난다. 당시 경제 재건과 경제 자립이라는 두 용어의 대중성과 관련해 『조선일보』는 「경제 재건의 촉진 방법」이라는 제목의 칼럼에서 "누구나가 말하는 것이 경제 재건이고 때로는 경제 자립을 부르짖기도 한다(『조선일보』, 1957년 6월 19일)."라고 말했다. 경제의 부흥, 재건, 자립은 상호 의존적인 것으로 여겨졌다. 부흥으로 재건을 하거나, 재건으로 부흥을 하며, 이 둘로 궁극적인 자립을 이룬다는 인식이었다.

이런 경제 목표의 설정 배경은 한국 경제의 문제에 대한 인식이었다. 한국 경제의 문제와 관련해 1950년대 초반에 주로 거론된 것은 저발전 등 발전 담론에서 제기하는 문제가 아니라, 일제 강점기, 분단, 전쟁 등 역사적 요인들이었다.

일제 강점기에 대해서는 한국 경제가 일본 경제의 원료·식량 공급지와 병참 기지 등으로 편입되면서 그 자체로 완결된 단일 경제 체제가 되지 못했고, 이런 탓에 민족 자본과 기술의 형성이 어려웠을 뿐 아니라 생산 시설도 기형적으로 구축됐다는 인식이 지배적이었다. 해방 뒤에는 남북이 분단되면서 한국 경제의 파편성과 기형성이 더욱 커졌고, 여기에 한국 전쟁으로 산업 시설의 상당수가 파괴되면서 한국 경제는 활력을 크게 상실했다는 진단이 당시에 널리 퍼져 있었다.[13]

『자유세계』에 실린 「한국 경제의 부흥책」이라는 제목의 글에서 송인상 한국은행 부총재는 경제 문제의 요인에 대해 다음과 같이 주장했다.

> 우리 한국의 경제는 일제의 식민지 정책에 의하여 민족 자본은 완전히 그 발전을 억압당하였고 비자립적 파행적 구조 형태로 조성되어 일제의 원료 및 식량 공급 자원과 상품 시장의 역할을 하여 왔다. …… 마의 38선은 단일 경제 지역인 한국을 양단하였고 해방 후의 정치적 혼란과 미 군정의 현상 유지 정책에 의한 3년간의 경제적 진공 상태 …… 6·25 직전의 한국 경제는 점차 안정의 서광이 뻗치기 시작하였다. …… 북한 괴뢰군의 남침은 이러한 한국 경제의 재건 노력을 여지없이 유린하고 말았다(『자유세계』, 1952년 1월 25일).

"다시 흥한다"라는 뜻의 부흥이나 "다시 세운다"라는 뜻의 재건이 함의하는 바와 같이, 생산력 수준과 생산 설비 면에서 일제 강점기의 최고 수준 또는 한국 전쟁 이전의 상태를 1차적인 추구 대상으로 설정하는 경향이 나타났다. 발전주의 담론이 주로 현재와 과거에 대한 문제화 위에서 '장밋빛 미래'를 그리는 미래 지향적 경향을 띠는 데 비해, 1950년대 인식에서는 한국 전쟁 이전의 과거 상황을 목표로 잡은 점이 흥미롭다.[14]

농촌·농업 인식

경제 문제의 인식 및 목표 설정과 관련해서 이 시기 경제 담론은 농촌과 농업의 부흥을 중시하는 경향이 두드러졌다. 상당수 잡지와 신문의 기사는 한국이 농업 국가로서 국민 대부분이 농업 인구라는 사실을 토대로, 농촌의 부흥이 국민의 물질생활 향상과 한국 경제 부흥의 관건이라고 지적했다.[15]

양곡을 수출해야 국제 수지의 균형을 회복하고 자립 경제 체제도 확립할 수 있으며, 농촌이 번영해야 빈곤의 악순환에서도 탈피해 경제 발전을 이룰 수 있다는 논리였다. 또 한국이 농업 국가임에도 정작 농산물을 수입하고, 이렇게 저가로 수입되는 농산물 때문에 농민들이 힘들어 한다는 사실 등을 개탄하고, 대비책 마련도 요구했다.

송병휘 대한상공회의소 사무국장은 『신천지』에 실린 글에서 "여하튼 우리 한국 경제의 부흥을 좌우하는 것은 농산물의 풍작과 더불어 공산물의 판로인데"라며 "대체로 우리 한국에 있어서는 해마다 농사만 잘되고 또 일반 생산 공장만 잘만 돌아간다면 국가 재정이나 국민 생활이 그다지 궁색하지는 않을 것"이라 말했다(『신천지』, 1953년 10월 5일). 여기서는 선진국 진입 등 추상적 발전 목표를 위한 국가의 급격한 변화보다는, 국가 재정이나 국민 생활의 향상 등과 같은 현실적 경제 문제에 대한 소박한 해법을 제시한다.

발전주의 담론이 산업화, 공업화, 근대화를 이용한 전통에서의 탈피가 경제 성장 또는 경제 발전의 관건이라고 규정하는 것을 고려하면, 전통적 농업 국가로서의 국가 정체성에 뿌리를 둔 농촌 부흥에 대한 관심은 발전 담론과의 차별성을 드러낸다.

1950년대 중반 이후로 대중 담론 공간에 공업화 위주의 경제 성장을 강조하는 서구의 후진국 개발 이론이 유입되면서, 농촌 부흥을 강조하는 담론과 경쟁한다. 예컨대 『신태양』에 번역·소개된 오스발트 슈펭글러Oswald Spengler의 글은 "경제가 분화되지 않고 미숙련의 고용 노동이나 단순한 기술을 이용하는 농민을 사용하는 상태라면 후진성은 면치 못하는 것"이라며 "그래서 후진국의 대변인spokesman들이 공업화를 강조하는 것이고 공업화가 돼야만 후진국의 경제 상황이 근대화된다고 믿기 때문"이라고 주장한다(『신태양』, 1959년 3월 1일).[16]

외부 원조에 대한 인식

한국이 일제 강점기와 분단, 전쟁을 거친 탓에 민족 자본의 형성이 매우 미약하다고 여겨진 상황에서, 외부 원조에 대한 논의는 1950년대 경제 인식의 또 다른 특징이다. 대중 매체는 한국의 산업 기반이 미약해서 외부 원조가 한국 경제의 생존을 위한 필수 조건이지만, 독자적인 경제 기반 조성을 방해하는 등의 부정적인 면도 있다고 판단했다.

　그런데 원조와 관련해서 경제적 부작용보다 더 심각하게 인식한 문제는 국가적 자존심의 훼손이었다. 『조선일보』는 1958년에 「장기 경제 개발 계획의 목표와 요령」이라는 제목의 사설에서 다음과 같이 말한다.

　　그러나 우리의 고민은 언제까지나 이러한 타력 의존을 계속한다는 것은 한국도 독립 국가라는 자존심이 허락하지 않는 것이고 반면에 미국이 그 원조를 영구히 계속하리라고 기대할 수도 없는 형편에 있는 것이다. 따라서 우리는 어디까지나 이 미국의 경제 원조를 될 수 있는 대로 조속한 시일 내에 사절할 수 있을 만큼 우리의 경제력을 육성하는 것을 당면한 경제 정책의 목표로 삼아야 할 처지에 있다고 말하여야 할 것이다. …… 이와 같이 우리의 경제 개발 계획의 당면 목표가 국제 수지의 균형에 의한 경제 자립 체제 확립에 있다고 하면 우리는 먼저 무엇을 하여야 할 것인가. …… 요약하면 우리의 당면 목표는 자력으로 경제 발전의 길을 떠날 수 있는 기점에 우선 도달하는 데 있는 것이다(『조선일보』, 1958년 12월 7일).

외부 원조에 대한 수치심은 독자적 산업 기반 시설을 조성해 자립 경제를 달성할 필요성을 더욱 절감하게 한 요인이었다. 외부 원조가 없어도 스스로 공산품의 생산·소비가 가능한 상태를 뜻하는 자립 경제의 달성은 1950년대에 걸쳐서 가장 두드러진 경제 목표였다.

자립 경제 체제의 확립 방안으로 국제 수지의 개선과 함께 생산력 증가를 강조하는 경향이 1950년대 후반에 현저하게 나타났다. 자립 경제의 달성은 온 국민의 생활 수준 향상을 위한 가장 현실적 방법으로도 여겨졌다.

위의 논의를 종합하면 1950년대 잡지와 신문 자료에 나타난 경제 인식에서 저발전 자체를 문제화하는 경향은 비교적 약했다고 할 수 있다. 저발전과 같이 고도로 추상적인 개념을 적용해서 국가 경제 상태를 본질적으로 문제화하기보다, 일제 강점, 분단, 전쟁 등 역사적 불행으로 초래된 산업 구조의 부조화, 낮은 생산력, 부족한 의식주 생활, 외부 원조 의존 등 구체적인 문제들을 주요 경제 문제로 인식하는 경향이 나타났다.

경제 목표·전략 면에서 근대화와 경제 성장을 발판으로 삼은 후진국 탈피 또는 선진국 진입보다는 부흥이나 재건 등 과거 지향적 전략을 이용한 경제 문제의 해결을 추구했으며, 나아가 자립 경제 달성을 궁극적 목표로 설정했다.

국가 정체성 차원에서 급격한 공업화와 산업화로 발전한 공업국을 좇기보다 농본국의 정체성을 토대로 농촌·농민의 생산력·생활 수준 향상을 강조한 점도 주목할 가치가 있다. 이렇게 볼 때 1950년대 잡지·신문의 경제 인식에서 발전주의 경향은 비교적 약했고, 따라서 그 위상도 대중 담론 공간에서 그다지 높지 않았다 할 수 있다.

1950년대 잡지·신문에 나타난 선·후진국 인식

선진국 담론은 서구 여러 나라들을 선진국의 실제 모형으로 인식한다는 점에서 서구 중심적이고, 경제 성장에 따른 선진국 진입을 국가적 목표로 설정한다는 점에서 발전주의적이다. 한국 사회의 대표적인 서구 중심적 발전 담론인 선진국 담론은 경제 면에서 발전과 저발전의 이분법을 토대로 삼았지만, 정치 면에서 민주주의와 독재, 사회·문화 면에서 근대와 전통(전근대)의 이분법도 동반한다. 1950년대 대중 공간에서 선진국 담론의 위상은 그 상위 담론인 발전 담론의 위상을 살펴볼 수 있는 하나의 지표라 할 것이다.

후진국 개념의 등장

우선 당시에 "선진국과 후진국의 이분법은 얼마나 지배적으로 나타났을까?"라는 물음에 답하기 위해, 잡지·신문 자료에서 선진국 담론의 주요한 세 개념인 후진, 선진, 개발 도상의 검색 건수를 각 개념별로 박정희 시기와 비교해 봤다(표 3.3 참조). 잡지와 신문 자료 모두 세 개념 전체의 사용 빈도가 1960년대에서 더 높았다.

　1950년대에는 후진의 검색 빈도가 상당히 높았는데, 이 용어도 1960년대에 들어 빈도가 더 늘었다. 잡지 자료에서 후진으로 검색된

표 3.3. 1950~1960년대의 선진국 담론 관련 주제어별 검색 건수 비교

	잡지		조선일보	
	1950년대 (1950~1959)	1960년대 (1962~1971)	1950년대 (1950~1959)	1960년대 (1962~1971)
후진	12(92.3%)	22(91.7%)	75(83.3%)	97(45.3%)
선진	1(7.7%)	1(4.2%)	13(14.4%)	51(23.8%)
개발 도상	0(0%)	1(4.2%)	2(2.2%)	66(30.8%)
합계	13(100%)	24(100%)	90(100%)	214(100%)

단위: 권, 건

잡지 12권 가운데 10권이 1955년 이후에 나온 것이어서, 이 용어의 사용이 1950년대 중반 이후로 급증했음을 보여 주었다. 선진과 개발 도상은 1960년대의 『조선일보』 기사에서 사용이 급증했다.

잡지 자료를 보면, 1950년대 중반 이후부터 경제 관련 기사를 중심으로 선·후진국 개념의 사용이 크게 증가한다. 고승제 서울대학교 상과대학 교수는 『현대』(1957년 12월 1일)에 게재한 「후진국 경제 연구」라는 제목의 글에서 "세계 각국의 경제학자들은 마치 처녀지를 개척하려는 듯이 후진국 경제에 관한 이론적 및 정책적 구명에 많은 관심을 경주하고 있다."라고 언급한다.

이 개념과 관련해 『현대』는 「후진성의 제諸문제」라는 특집 기사를 기획하면서 다음과 같이 전한다.

우리 주변에서 자주 후진성이란 말을 듣는다. 외신 보도는 거의 매일처럼 '후진국' 문제를 전하고 있고, 우리 지식인들의 회화 속에서도 '후진성' 운운은 곧잘 오르내린다. 이제 '후진성'을 한낱 자비自卑로만 넘겨 버릴 게 아니라 그 정체를 각 분야에서 똑바로 파악하고 그 극복책

을 강구할 때가 왔다고 본다(『현대』 1957년 12월 1일).

후진국 개념의 등장에 대해 조동필 고려대학교 경제학 교수는 『세대』에 게재한 글에서 다음과 같이 말한다.

2차 대전 전에는 '후진국'backward country이니 '저개발국'이니 하는 개념은 별로 듣지도 못하던 말이다. 그러나 2차 대전 후에는 하나의 유행어처럼 되어 있는 것 같다. 오늘날 정치나 경제 문제가 논의될 때마다 후진국이니 저개발국이니 하는 말이 안 씌어질 때는 거의 없기 때문이다. 또 한편 후진국이나 저개발국이라는 말이 그 나라 국민들의 '국민적 긍지'를 손상시킨다는 선진국의 배려(?)에서 '발전 과정에 있는 나라'라고 부르기도 한다(『세대』 1963년 6월 1일).

제2차 대전 이후 발전 담론의 지구적 부상과 함께 후진국 경제 개발이 지구적 담론의 초점이 되면서 미국 등 서구 학자들의 후진국 연구가 급증하는데, 이것은 한국의 담론 지형에도 큰 영향을 끼쳤다. 1949년 1월 트루먼 미국 대통령의 취임식 연설 이후 서구 학자들은 전 세계를 developed와 underdeveloped(또는 developing) 국가 또는 지역으로 나누고 후자의 경제적 저발전을 문제화하면서 해결하기 위한 처방을 내놓았다.

한국 사회에도 서구가 주도하는 후진국 개발 이론이 소개되면서 한국의 후진성에 대한 인식이 널리 퍼지고, 서구 이론은 극복 방안으로 자주 인용됐다. 예컨대 라그나르 너크시Ragnar Nurkse의 '빈곤의 악순환' 이론은 1950년대 중반 이후부터 후진국 개발을 대표하는 이론으로 한국의 잡지에 자주 등장했는데, 한국 경제에서 자본 형성의 중

요성을 설파한 주요 이론적 배경으로 활용됐다.[17]

탈발전주의자들이 발전주의가 지구적 패권을 차지하게 된 시초로 꼽는 1949년 트루먼 대통령의 취임식 연설은 1950년대 한국 사회에도 상세히 소개됐다. 『법률과 경제』에 실린, 박동호 부산수산대학교 교수의 글은 이 연설을 다음과 같이 전했다.

제2차 세계 대전 이후 각 선진 국가들은 후진 국가 개발 문제를 대단히 중대시하여 예를 들면 미국의 '포인트 포'(Foint Four Programme, Programmes of Aid to the Development of the Economically Underdeveloped Areas) 혹은 영국의 '콜롬보 플랜'Colombo Plan 등과 같이 선진 국가들은 각각 후진국 개발에 관하여 그 주동권을 장악하려고 노력하고 있다. …… 후진국 개발 문제에 관한 논의가 대두하고 있는 이유를 설명함에 있어서 우선 미국의 '포인트 포'에 대한 트루먼 전 대통령이 연설한 것을 요약하면 즉 1949년 1월 트루먼 대통령은 세계의 평화와 미국의 경제적 번영을 유지하기 위하여 4개 정책을 말했는데 후진국 개발 계획이라고 일컫는다. 그런데 이 계획의 목적은 세계 인구의 과반을 차지하는 후진 제국의 공산화 방지, 자원의 개발, 미국 산업을 위한 원료 확보, 이들을 통한 선진국 시장의 확대에 있고 자본 및 기술 원조를 주요한 내용으로 하고 있다(『법률과 경제』, 1954년 11월 25일).

후진국의 사회적 구성

서구로부터 후진국 개발 이론이 유입되면서 당시에 다소 낯설었던 후진국과 선진국 개념을 소개하는 글이 한국의 대중 담론 공간에 자주 등장했다. 일부 논자들은 외국 학자들의 논의를 참고해 이 개념들에 대한 계량적 기준을 제시하기도 했다.

1950년대 중반 『조선일보』에 「우리 경제의 후진성」이라는 연재 칼럼을 게재한 정남규 수원농과대학 교수는 "대략 국민 매인당 소득이 100불 내외(학자에 따라서는 200불 내외) 되는 나라를 통칭해서 후진국(또는 미개)이라고 부르는데"라며, 한국의 국민 소득을 연 50~60불 정도로 추산하고 "후진국 경제의 전형적 모습을 지닌" 상태로 규정했다(『조선일보』, 1955년 9월 9일).[18]

나아가 그는 미국의 1,500달러, 일본의 120달러와 비교하며 한국의 후진적 경제 수준을 강조함으로써 서구 이론을 토대로 삼은 발전 담론과 선진국 담론의 전형을 보여 주었다. 그는 「우리 경제의 후진성(1): 국민 소득으로 본 비교 – 한국 50불에 미국 1천 5백불」이라는 제목의 글에서 다음과 같이 언급했다.

후진국이란 경제적 개발이 뒤떨어진 나라라는 말인데 경제적 개발이 앞선 나라 즉 선진국에 비교해서 쓰여지는 말이다. 따라서 우리는 국제적인 입장에서 경제 상태를 비교할 수 있는 일정한 척도 또는 표준을 써서 선진국과 후진국을 비교 표시하는 것이 적당하다고 하겠다(『조선일보』, 1955년 9월 8일).

그러나 당시는 선·후진국의 개념이 도입되는 단계였던 만큼 지식인들 사이에서도 의미가 아직 정립되지 않은 상태였다. 예컨대 『초점』에 게재된 「아세아 경제의 고민: 후진성을 극복하는 길」이라는 제목의 글에서 성한습은 "후진성이란 대체로 미개발, 미발전이라는 말과 같은 뜻으로 사용된다."라며 후진국의 정의에 대한 논란을 다음과 같이 언급했다.

그러면 도대체 후진성이란 무엇을 의미하는 것일까. …… 소위 임금 수준의 고저를 가지고 후진성을 규정하려는 학자도 있고, 더러는 국민의 생활 수준의 고하를 말하는 이가 있는가 하면 또한 국민의 소득 여하를 가지고 따지는 학자도 있다. …… 전후 서독의 임금 수준이 극히 얕은 바 있으나, 공업화되지 않은 후진성으로 규정할 수 없고 …… 사회 제도가 고도로 발달된 국가에 있어서는 국민 소득 수준에 비하여 생활 수준이 높을 수 있는 것인 만큼 이것만으로는 정확한 규준이 될 수 없을 것이다. 또 국민의 소득 수준의 고하를 가지고 후진성을 규정하려 들지만 '우루과이'가 일본의 1인당 국민 소득(163불 정도. 1951년)의 약 2배가 된다고 '우루과이'가 선진국일 수 없고, 설사 버마가 곡물 증산으로 또 말레이시아가 고무 증산으로 국민 소득이 증대된다 하여서 반드시 후진성이 극복되었다고 볼 수 없듯이 여러 가지 난점이 있는 것이다. …… 결국 후진성을 규정하는 데 상술한 바와 같이 일률적으로 단정하기는 힘들고……(『초점』, 1956년 1월 25일).[19]

1950년대에 한국의 대중 담론 공간에서 벌어진 후진국의 정의에 대한 논란은 기존에는 없던 후진국이 담론 차원에서 만들어지는, 사회적 구성 과정이라고 말할 수 있다. 여기에는 후진국 경제 개발·원조를 국제적 담론의 초점으로 삼은 서구의 영향이 컸다는 점에서, 이것은 한국 사회의 담론 영역이 서구의 패권적 담론 영역에 편입되는 과정이라고 볼 수 있다.

한국의 정체성 논란

후진국 개념을 중심으로 한 발전 담론이 한국 사회에서 부상하며 국가 정체성과 세계관은 크게 변화했다. 문명 담론의 틀에서 (경제적으로 변변치 않지만) 유구한 역사와 전통을 가진 문명국으로 인식되던 한국은 발전 담론에서는 전통과 문화의 독자성을 상실한 채, 후진국으로 전락한다. 발전 담론에서 한국은 아시아, 아프리카, 라틴아메리카의 여러 국가와 같은 범주에 속한 후진국으로 인식될 뿐이었다.[20]

여기에는 비서구의 독자·복잡·다양성을 무시한 채, 비서구를 오리엔탈리즘의 대상인 열등한 존재로 취급해 온 서구의 우월적 시각이 반영돼 있다.[21] 그러나 이런 인식 틀은 정치적 독립 이후 국가의 경제적 자립을 당면 과제로 삼은 비서구 국가들에 수용되면서 지구적인 패권 담론의 지위를 획득한다.

한국 사회가 발전 담론의 틀에서 스스로를 후진국으로 규정하는 것은 자기 비하적 태도를 내포한다. 여러 잡지의 글에서 "후진 사회에 속하는 한국이니만큼", "어쨌든 우리는 영락없는 후진국민이다" 등 후진적 정체성을 강조하며 그 타개책을 제시했다(『현대』, 1957년 12월 1일).[22]

『조선일보』의 한 칼럼 기사는 한국의 후진성에 대해 "한국인은 대체로 영양 부족 또는 영양실조에 빠져 있는 국민"이라며 다음과 같이 주장했다.

영양이 충분치 못하니까 항상 기력이 없고 기력이 없으니까 일에 능률이 나지 않는다. 아침에 직장에 나와 신문 보고 잡담하고 다방에 가는 것이 능사이며 하품과 졸음을 반복하는 우자愚者의 처지를 면치 못한다. 일에 능률이 나지 않으니까 생산이 늘지 않고 생산이 적으니까 결국 먹을 것이 부족하다. 이러한 생산 소비의 악순환이 인과적으로 돌아가고 있는 것이 우리의 현실이다. 잘 먹고 힘껏 일하니까 생산이 늘어 생활이 더 윤택해지는 선진국과는 근본적으로 경제가 돌아가는 모습이 틀리다(『조선일보』, 1955년 9월 9일).[23]

이런 인식은 선진국에 대한 동경과 열망을 동반하며, 선진국을 향한 국가 변화를 정당화한다. 위의 기사는 후진국 한국과 선진국 경제 활동의 구조적 차이를 근거로 "경제 발전이란 우리의 숙명적 틀을 선진국의 발전적 틀로 전환시키는 과정이다."라고 강조했다.

한국이 후진국으로 규정되는 데 대해 일부 기사는 수치심을 피력했다. 『현대』의 「후진성의 제 문제」라는 특집 중 「한국적 후진성의 제 양상: 기형적 근대화와 후진적 신계급」이라는 제목의 글에서 신일철 고려대학교 교수는 후진성이 맹목적 서구 추구 사조를 낳아 민족적 자부심까지 박탈한다고 개탄했다.

> 후진성은 언제나 전통의 상실을 초래하는 것이다. …… 후진성의 비애는 자학증을 동반하므로 자신 속에 고귀한 권위가 숨어 있다고는 결코 생각할 마음의 여유가 없고 바깥만 내다보고 옆집을 넘겨 엿보기에 바쁜 것이다. 거기에는 모방만이 능사이게 된다. …… 전후 불란서에 실존주의 문학이 나왔다고 하면 곧 우리나라에서는 '장폴 사르트르'Jean-Paul Sartre의 작품 『벽』의 모작이 수없이 나타난다. 서구라파 문명의 기계화의 극치에 나타난 의식의 과잉의 산물인 실존주의가 된장국물에 김치 조각을 먹는 우리에게 그대로 들어맞을 리가 만무하다. 염치없게도 후진국의 문화인들은 자기 나라 일도 걱정하지 못하는 주제에 선진국 상황을 우려하는 과대망상증에 걸려 있는 것이다. …… 이렇듯 후진성은 어색한 모방만 일삼고 있는 동안에 자기 상실이 촉진되어 창발성을 잃어버린다는 중대한 사실을 의식하지 못하고 있는 것이다. …… "가난 3년에 제기까지 판다."라고 우리는 빈곤의 악순환에서 허덕이는 동안 민족적 자부심을 영 박탈당하고 말았다(『현대』, 1957년 12월 1일).

위 글은 외래 사조의 무분별한 모방이라는 한국 사회의 후진성을 인식하는 데 있어 서구의 개념과 담론 틀을 수용했다는 점에서, 서구 중심주의와 일정 정도 동화된 태도를 보인다(강정인, 2003b). 한국의 후진성에 대한 개탄과 수치심 속에서 개혁과 혁신으로 후진성을 극복할 필요가 강조되며, 대학생들의 대화에서 인용한 다음의 말로 마무리된다. "이 사람아 공장을 세워 생산을 해야지, 언제나 저개발 국가니 후진국이니 하는 말만 듣겠나?"

그러나 당시 대중 담론 공간에서 발전 담론과 선진국 담론의 전제들이 온전히 수용되지는 않았다. 경제·물질적 기준으로 한 나라의 정체성을 규정하려는 데 대한 비판적 태도가 있었으며, 특히 한국을 아프리카나 남아메리카의 여느 나라처럼 후진국으로 규정했다는 저항감이 적지 않았다.

『조선일보』에 실린 「후진국이란 무엇인가」라는 주제의 좌담회에서 몇몇 학자는 후진국 개념을 다음과 같이 비판했다.

후진국이란 말은 구미인歐美人의 견지에서 경제적 개발이 정상적 수준에 미치지 못한 상태를 말한 것이며 구체적으로 그 수준을 정하기란 막연한 것이므로 우리들 스스로 후진국이란 받아들일 것이 못된다.

동양 사회가 서구 사회보다 자본주의의 발전이 늦고 봉건적 농업 사회 제도로부터 자본주의 사회로 순조롭게 이행하지 못하였기 때문에 오늘날 서구인의 기준에서 보면 후진적이라고 평가되고 있다. …… 아프리카는 미개 지역으로 규정되더라도 아시아가 고유의 정신문명과 전통과 가치를 간직하면서 서구 사회의 문화에 심대한 영향을 끼치고 있다는 것은 가릴 수 없는 사실이고, 따라서 경제적 후진성은 받아들이더라도 문화 면과 연관시켜서 논할 수는 없는 것이다(『조선일보』, 1959년 6월

이 기사들에서는 후진국 개념이 서구인의 기준에 따른 분류일 뿐 아니라 막연한 개념이라는 점을 강조했다. 특히 경제적인 면에서 동양 사회에 대한 서구의 후진성 규정은 "정신문명과 전통, 문화" 면에서의 우월성을 근거로 부인한다.

일부 잡지 글은 "우리는 '라틴아메리카' 제국이 걸어온 발자취나 아시아, 아프리카의 후진국 중 혁명, 독재, 혼란 때문에 아우성치고 있는 나라들의 현상을 살펴 5,000년의 긴 역사를 자랑하는 우리 자신이 그런 길을 밟지 않도록 심심히 조심하지 않으면 안 될 것"이라며 한국을 '다른 후진국'과 구분하려는 태도를 보였다(『새벽』, 1959년 10월 15일).

발전 담론이 확산되면서 한국이 그 문명의 수준에 관계없이 후진국으로 취급되자, 경제·사회·정치적 후진성의 요인에 대한 인식도 탈맥락화한다. 일제 강점기와 분단, 전쟁을 거치며 한국 경제가 기형화되고 파괴됐다는 인식이 점차 약해지며, 서구 학자들의 후진국 이론의 틀에서 빈곤의 악순환 등을 한국 경제의 주요 문제로 꼽는 태도가 강해진다. 이런 변화에 따라 그 처방 역시 서구의 후진국 이론에서 찾으려는 경향이 나타난다.

이런 점에서 서구로부터 유입된 발전 담론은 한국의 경제·사회 상황에 대한 이해를 추상화하는 데 기여했다. 발전 담론은 여러 사회에 존재하던 경제에 관한 이야기narrative들을 제압하고, 동·서양의 역사적 경험을 (서구 중심적 시각에서) 하나의 시·공간으로 통합·재편한 지구적 패권 담론이라 할 수 있다.

서구 선진국, 비서구 후진국

잡지에서는 1950년대 중반부터 서구의 후진국 개발 이론으로 한국의 상황을 진단하고 해결책을 제시하려는 경향이 강해진 반면, 신문 자료에서는 선·후진국 개념을 제목에 포함한 1950년대 기사의 대다수가 외신인 점이 눈에 띈다.

미소 냉전 상황에서 후진국 경제 개발이 미국의 주도한 자유 진영의 대공산권 전략 중 하나로 추진된다는 사실은 한국의 신문도 외신 보도로 자주 소개했다. 외신 기사는 미소의 경제 원조 계획 및 현황, 국제기구의 원조 계획, 원조 수혜국의 경제 발전 상황 등의 내용이 주를 이루었다.

한국 신문에 소개된 외신 기사는 "후진국의 경제 개발·발전을 목표로 하는 선진국의 원조"라는 틀로 국제 관계를 해석함으로써, 발전 정도에 따라 세상을 구분하는 인식 틀이 한국 사회에 대중화되는 데 기여했다. 이 틀에서 서구 선진국은 비서구 후진국의 정치·경제 상황에 대한 평가·원조자로 자리매김하며 지구적 패권을 구축한다.[24]

외신 기사에서 underdeveloped countries의 번역어로 초기에는 미개발국, 미발전국, 후진국 등이 함께 쓰였으나, 점차 후진국으로 수렴되는 추세를 보였다. 미개발국의 대비적 개념으로는 선진국 대신 공업국 등 다른 용어가 쓰이기도 했다.

한편 잡지 자료에서 국가와 지역을 범주화할 때 선·후진국 대신 아시아 국가들을 동양 제국으로, 서구에 대해서는 구미 제국, 구라파 제국 등으로 부른 사례가 적지 않다. 각국을 단순히 미국, 영국, 일본 등으로 범주적 개념 없이 지칭하기도 했다.

예컨대『법률과 경제』에 게재된 고승제의 글은 "같은 민주 진영 내에 있어서도 다른 여러 나라의 물가 동향은 2~3할의 하락을 보이고 있는데 반하여 한국의 물가 동향은 6할 가량의 상승을 보이고 있다."
라고 전했다(『법률과 경제』, 1954년 2월 1일). 한국을 포함한 자본주의 국가들을
경제적 측면에서 언급하면서 선·후진국으로 구분하지 않고 "같은 민
주 진영"으로 범주화한 점이 주목된다.

　동·서양 사회에 대한 인식에서 선·후진국이라는 개념을 사용하지
않은 기사들과 사용한 기사들 사이에서 차이가 나타나기도 한다. 선
진국 담론의 개념과 인식 틀이 나타나지 않은 기사의 경우, 한국과 서
구 나라들 사이의 인식적 위계도 뚜렷하지 않다.

　위의 기사는 동·서양의 생산력 차이에 대해서, "한국을 비롯한 동
양 제국의 지리적 조건–토지의 비옥도–이 너무나 유리하기 때문에 생
산 방법의 발전이 정체"됐다고 말한다(『법률과 경제』, 1954년 2월 1일). 아시아
국가들을 동양 제국으로 묶고, 이들의 "생산 방법의 발전이 정체"된
이유에 대해 정치·경제적, 사회·문화적 후진성보다는 "너무나 유리한
지리적 조건"을 제시하는 점이 발전 담론과 구분된다.

　또한 이 기사는 서구를 선진국이 아닌, "구미 제국"으로, 미국은
"세계 제1위의 공업국" 또는 "거인과 같은 공업국"으로 칭했다. 한국과
동양 제국, 구미 제국, 미국 등을 후진국, 선진국과 같은 위계로 구분
하기보다, 생산력 발전의 지역적 참고 사례로 상호 대등한 위치에서
비교했다.[25]

　1950년대 잡지에서 전후 경제 재건의 모범 사례로 자주 등장한 나
라는 서독과 네덜란드(화란)인데, 대부분의 기사가 이들 나라와 한국
을 선·후진국으로 구분해 위계적으로 비교하는 태도를 보이지 않았
다. 예컨대 『경제공론』의 「특집: 서독 경제의 부흥에 배우라」는 글에
서 최호진 중앙대학교 대학원장은 "종전 후 수년 동안은 우리나라보
다 얕은 경제 수준에 함입陷入하였던 서독 경제는 놀라운 부흥상을 시

현하였다."라며 전후 서독의 경제 수준을 한국보다 낮게 인식하고, 애국심과 노력을 부흥의 비결로 꼽았다(『경제공론』, 1957년 5월 10일).

이 글들에서는 서구의 한 나라로서 전화戰禍를 경험한 서독과 동양의 한 나라로서 역시 전화를 경험한 한국의 수평적 비교가 나타나며, 한국도 의욕이 있다면 얼마든지 이 나라들처럼 부흥할 것이라는 낙관적 견해를 내포하고 있다.

1950년대 잡지·신문에 나타난 문명 담론의 세계 인식

19세기 말 조선은 서구 열강 및 일본의 제국주의적 팽창을 지켜보면서 생존하기 위해 서구 문명을 배울 필요성을 절감했다. 당시 조선은 동양의 유학적 가치를 중심으로 한 전통적 문명관이 서구 중심 문명관으로 바뀌는 급격한 담론 전환을 경험했다. 이것은 한국 사회가 서구를 우월한 존재로 인식한, 역사상 최초의 사건이었다.

주지하듯이 서구 중심적 문명 담론은 20세기 초에 이른바 문명국들이 일으킨 세계 대전 이후 위기에 빠진다(Patterson, 1997; Nederveen Pieterse, 2001). 낙관적으로만 생각했던 문명이 저질러 놓은 참상 앞에서 무엇이 진짜 문명인가에 대한 의문이 제기되고, 서구의 물질·과학 문명에 내재된 폭력성을 인식한다(제1장 참조). 반면 동양의 정신·도덕 문명은 서양의 한계를 극복할 잠재력이 있다고 재인식되면서, 서구 문명과 유사하거나 그보다 우월한 지위를 회복한다.

서구 문명의 한계와 동양 문명의 가치를 함께 평가하는 탈서구중심적 문명 담론은 앞서 이승만 대통령 연설문 분석에서 나타나듯 한국 사회에서 제2차 대전 이후까지 지배적 지위를 유지했다. 이 부분에 대한 이해를 심화하고자, 이 절에서는 1950년대 잡지·신문 기사에 반영된 문명 담론 인식의 특징을 간략히 소개하고자 한다.

우선 문명이라는 단어로 1950년대 잡지를 검색한 결과 모두 13권이 확인됐다. 위 분석에서 사용한 발전·경제와 관련된 단어의 검색 결과와 비교해 보면, 이것은 1950년대에 경제 분야의 최대 유행어 중 하나였던 부흥(16권) 다음으로 높은 검색 빈도여서 당시에 문명 개념이 잡지에서 상당히 널리 사용됐음을 알 수 있다.

문명 개념을 포함한 잡지 자료의 내용을 보면, 물질·과학 문명을 언급한 대부분의 기사가 이 문명에 대한 불신과 우려를 나타냈으며, 서구 문명을 인간성 황폐화, 전쟁 위협 등 현대 사회 문제의 원인으로 지목했다. 『신태양』에서 김계숙 서울대학교 사범대학 교수는 서구 문명의 몰락을 언급한 슈펭글러의 생각을 소개하면서 "새로운 기계 문명은 과거의 어느 때보다도 더 사람을 지배하며, 인간성을 좌우하며, 사회를 통제하며, 대중을 기계화시키고 있다."라며 "그 결과 서양의 물질문명은 곧 몰락하고 동양의 정신문화가 곧 세계를 지배할 것 같이 간단히 결정지으며 자부하는 경향이 많다."라고 말했다(『신태양』, 1959년 3월 1일).

물질·과학 문명이 서구 문명과 연계되는 상황에서 이 문명에 대한 불신은 동양의 정신문명에 대한 믿음과 대체로 비례한다. 전자의 부작용을 해소할 힘이 바로 후자에 있다는 것이다.

근대 물질문명에 대한 이런 비판적 인식 경향은 당시의 신문 기사들에도 잘 나타난다. 문명이 일상생활에 상당한 편리함을 가져다주었지만, 다른 한편으로 질병, 교통사고, 인간성의 황폐, 핵무기의 공포 등 전례 없는 많은 문제들을 야기했다는 것이다.

서구 물질문명의 한계와 정신문명의 가치에 대해 소설가 박종화는

『조선일보』의 한 칼럼에서 다음과 같이 지적했다.

지금 우리 인류는 물질문명의 절정에 섰다 하면서도 비인간인 동물로 전락되는 위기에 처해 있는 것이다. 사람은 지금 인간의 가치를 떨어뜨리고 있다. 이러한 비인간의 세계로 사람을 몰아넣게 한 것은 동양보다도 서양 근대 문명의 죄과였다. 근대에서 한 걸음 더 내려와 현대라는 과학 문명은 완전히 정신문명에서 이탈이 되어 기계 문명으로만 질주를 한 때문이다. 옛사람 다시 말하면 동양 사람들의 넋을 밝히게 하던 정신 면의 갈구는 서양의 물질문명의 이利와 부를 획득하는 향락과 추종으로 바뀌어졌던 까닭이다. …… 우리 사람들을 앞으로 구원할 길은 역시 동양적인 사상일 것이다. 사람을 사랑할 줄 알 듯 사람을 존경할 줄 알고 가난해도 의가 아니면 받지를 아니하여 안빈낙도를 할 줄 알고 '일단사일표음'이라도 즐거움이 그 속에 있는 것을 알아야 하는 이러한 문명으로 몰아가야만 우리 인류는 영생을 할 수 있는 것이다(『조선일보』, 1959년 1월 1일).

물질·과학 문명에 대한 낙관보다는 비관이 더 두드러진 상황에서 이것은 현대 문명에 대한 불신을 야기했고 이 문명을 담지한 시대인 현대에 대해서도 긍정보다는 부정적 인식이 지배적이었다.

잡지 『현대』는 「현대의 특징」이라는 제목의 특집기사를 실으면서 다음과 같이 말했다.

'현대'라는 말은 우리에게 불안과 초조를 느끼게 하는 말이 되었다. 우리들의 일상적인 살림살이부터가 안정을 얻지 못하였고 정치·사회·경제 제반 정세가 전통 속에 흔들리면서 대전의 위험 앞에 맞서 있는 시대, 현대는 현대에 사는 사람들에게 어떤 뭉뚱그려진 보람이나 기쁨보다는 피로와 불안과 회의를 주기에 알맞다(『현대』, 1957년 11월 1일).

이런 담론 상황에서 서구와 동양의 위계는 명확히 드러나지 않는다. 과학 기술과 물질적 부를 맹목적으로 좇는 서구 문명은 동양 문명의 관점에서는 어리석은 문명일 뿐이며, 이런 면에서 동양이 궁극적으로 우월한 존재라고 간주된다. 동양이 물질·과학적으로 서양에 뒤진 것은 그 사회의 뿌리 깊은 후진성에서 비롯됐다기보다는, 과거 문명이 너무 찬란했기 때문이라거나 자연 조건이 유리했기 때문이라고 인식하는 경향도 나타났다.

1950년대 탈서구 중심적 문명 담론의 인식 경향은 발전 담론의 등장·부상과 함께 급변한다. 문명 담론의 틀에서 한계가 뚜렷이 인식됐던 물질·과학적 요소들은 발전 담론의 틀에서는 무한한 추구의 대상으로서, 세계의 위계를 정하는 결정적 기준이 된다. 경제 발전의 정도로 세상을 판단하는 발전 담론은 결국 물질·과학 문명에 대한 비관과 회의를 예찬으로 변화시켰다.

발전 담론의 부상과 함께 비서구 사회의 문명 수준은 주변화되며 가치를 무시당하고 다양성을 상실한 채, 물질·경제적 기준에 따라서 후진국이라는 단일 개념으로 묶인다. 지구적 패권 변화의 차원에서 볼 때, 미국의 주도로 새롭게 부상한 발전 담론은 위기에 빠진 유럽 주도의 서구 중심적 문명 담론을 효과적으로 대체하며 서구의 지구적 패권을 지탱했다(Brohman, 1995; Escobar, 1995; Patterson, 1997; Latham, 2000; Nederveen Pieterse, 2001).

발전 담론의 부상으로 한국의 정체성 및 한국과 서구의 관계 인식이 바뀌었다. 1960년대 초 『신세계』에 실린 홍승면 『동아일보』 논설위원의 「하사 정도는 된다」는 제목의 글은 발전 담론에 따른 서구에 대한 한국의 서열적 인식 변화를 잘 보여 준다.

> 부자 나라라면 역시 미국이겠다. 미국을 대장으로 치자. …… 서열을 먹여 보면 선진 국가들은 장관급이다. 장관급 서구라파에 속하고는 있으나 이태리 같은 나라는 장관급이라고는 말할 수 없다. 영관급이라고 해두자. …… 남아메리카의 여러 나라들은 위관급이라고 보아야겠다. …… 일본은 대위나 중위 정도가 아닐까. …… 소위 '후진국'이라는 나라들이 사병급이다. 아프리카 및 아시아에 있는 대부분의 나라들이 사병급이다. …… 우리는 하사 정도일까(『신세계』, 1962년 1월 1일).

덧붙여 이 글은 "반만년 역사를 자랑한다면서 반만년 동안에 무엇을 했기에 우리는 이렇게 가난할까?"라고 묻는다.

*

이 장에서는 1950년대 이승만 대통령 연설문과 잡지, 신문 등 대중 매체에 반영된 발전 담론의 위상을 1960년대 이후 발전 시대와의 비교적 관점에서 고찰했다.

우선 이승만 대통령 연설문에는 발전 담론보다는 문명 담론의 인식 틀이 지배적으로 나타났음을 밝혔다. 흥미롭게도 발전 담론을 구성하는 선진국 등의 개념이 이승만의 연설 기록에 전혀 나타나지 않았다. 바람직한 국가상은 문명국, 개명국 등으로 표현됐으며, 국가적 지향점 역시 문명, 개명 등의 개념으로 나타났다.

경제 발전은 부강한 나라가 되기 위한 실용적 조건으로 인식됐을 뿐 그 자체가 국가의 지상 목표로 설정되지는 않았다. 한국의 정체성은 주로 문명국이면서 부강하지 못한 나라로 규정됐지만, 한국 문명이 서구 문명보다 궁극적으로 더 우월하다고 인식되는 상황에서 서구에 대한 이상화 경향은 그리 크지 않았다.

이런 담론 상황은 대중 매체에서도 드러났다. 당시 경제적 목표는 부흥, 재건, 자립 등의 개념으로 표출돼, 성장, 발전, 근대화 등을 주요 목표로 한 발전 담론과는 차이가 있었다.

당시 서구 학계의 후진국 개발 이론, 국제 정치에서의 후진국 원조가 지구적인 현안으로 부상하면서 한국 사회의 대중 담론 공간에서도 관련 내용들이 상세히 소개된 양상을 살펴봤다. 이 과정에서 서구 발전 담론의 개념 틀을 반영한 선·후진국 개념이 한국 사회에서 구성되기 시작했다. 또한 발전 담론의 인식과 달리 서구의 물질문명과 과학 문명, 근대 문명에 대한 부정적 인식이 대중 담론 공간에 널리 퍼져 있었음을 확인했다.

결론적으로 1950년대 한국 사회의 대중 담론 공간에서 나타난 경제 인식은 발전 시대의 발전 담론이 보여 준 인식과 차이가 있었다. 당시 이승만 대통령 연설문의 인식 틀이 발전 담론보다는 문명 담론의 틀에 가까웠다는 점을 함께 고려하면, 1950년대의 한국에서 발전 담론은 국가 목표와 청사진을 제시하는 수준의 지배적 위상을 아직 확보하지 못했던 셈이다.

그러나 1950년대 중반 이후로 발전 담론이 한국 사회에서 급부상한 추세와 1960년대 이후로 발전 담론이 차지한 지배적 지위를 생각하면, 1950년대의 이승만 정부 시기는 한국 사회의 지배적 담론 패권이 문명 담론에서 발전 담론으로 점차 넘어간 '담론 전환'의 시기였다고 볼 수 있을 것이다.

제2부 /

발전 담론의 부상과 현황
1960년대 ~ 현재

제4장 / 발전 담론과 선진국 담론의 부상

: 1960~1970년대

제2차 대전이 끝난 20세기 중반은 지구적 권력관계가 크게 변화하는 시기였다. 유럽 국가들이 초래한 제국주의 전쟁의 결과로 그들은 몰락했고, 전쟁의 피해가 상대적으로 적었던 미국의 힘이 새롭게 인식됐다. 전후에 독립한 유럽의 여러 식민지들은 새로운 주권 국가로 출범했다. 식민주의 시기 유럽의 패권을 이들 중심의 문명 담론이 떠받쳤다면, 탈식민화된 전후에는 미국 중심의 새로운 국제 질서를 정당화하는 새로운 인식 틀이 필요했다. 미국이 주도한 발전 담론과 근대화 담론은 이런 역사적 환경에서 지구적 패권 담론으로 서서히 부상했다.

지구적 담론 전환의 맥락에서, 20세기 중반 이후 한국의 국가 정체성과 세계관에 관한 주요 담론의 틀은 문명 담론에서 발전 담론으로 변화했다. 문명성을 기준으로 각국을 평가하는 경향이 약화된 반면에 경제 성장, 국민 소득 등 경제적 지표로 세계를 나누는 태도가 힘을 얻었다. 산업화가 앞서고 소득이 높은 국가는 선진국, 그 반대는 후진국으로 규정되면서 한국 사회의 가장 대중적인 발전주의 담론 중 하나인 선진국 담론이 부상한다.

선진국 담론은 이상화한 선진국과 여기서 소외된 타자인 후진국을 상정하는 이분법적 사유 체계다. 산업화와 경제 성장에 따른 특정한 사회 변화를 후진국에서 선진국으로 나아가는 단선적 발전의 한 과정으로 인식하는 이 담론은, 한국의 근대화 과정에서 국가 정체성과 세계관에 관해 지배적인 해석 틀을 제공함으로써 발전주의적 국가 변화를 정당화했다. 특히 선진국은 '발전 중'인 한국의 중요한 타자로서 당면한 국가 목표와 준거점 등을 제시하며, 그 변화를 이끄는 데 큰 구실을 했다.

이 장에서는 한국의 경제 성장이 본격적으로 추진된 박정희 정부 시기의 발전주의와 선진국 담론의 형성·전개 과정, 그 시대적 특징을 지구적 담론 변화의 맥락에서 소개하고자 한다. 이런 맥락의 소개를 위해 당시의 지배적 가치관을 가장 잘 반영하는 문서인 박정희 대통령 연설문과 대중 여론이 드러나는『조선일보』의 기사를 국가 정체성과 세계관의 형성·변화에 초점을 맞춰서 분석했다.[1]

아래 본문은 5개의 절로 구성된다. 첫째로 박정희 정부 시기 발전주의와 근대화 담론의 위상은 대통령 연설문을 분석해서 알아본다. 둘째로 발전 담론의 부상에 따른 한국의 전통·역사에 대한 인식 변화를 살펴본다. 셋째로 대통령 연설문에 나타난 선진국 담론의 특징을 고찰한다. 넷째로 선진국 담론의 부상에 따른 국가 정체성의 변화를 분석한다. 마지막으로 대중 매체에 나타난 선진국 담론의 특징을 소개한다.

발전 레짐의 형성과 발전 담론의 부상

"일면 국방, 일면 건설"

한국에서는 박정희 정부에 이르러 경제 발전이라는 국가 목표를 위한 정치·경제 엘리트의 강력한 연합이 형성됐다. 1961년 5월 16일의 군사 반란으로 집권한 박정희 정부는 그 태생이 결여한 정치적 정당성을 공격적인 경제 발전 사업에서 찾았다.[2]

박정희 정부는 1962년에 경제기획원을 설립하고, '제1차 경제 개발 5개년 계획'(1962~1966년)을 시작하는 등 "자립 경제의 기반을 조성하고 고도성장을 통해서 빈곤의 악순환을 단절"하기 위한 본격적인 발전 사업에 나섰다(김적교, 2012: 28). 1964년부터는 수출입국輸出立國이라는 목표 아래 수출 기업에 갖가지 특혜를 제공하는 등 강력한 수출 지향적 산업화를 추진했다(류상영, 1996; 이덕재, 2009).[3]

박 정권은 산업화와 경제 발전을 통한 '조국 근대화'를 국가의 당면 과제로 제시했다. 이 과제의 달성을 위해 정부 조직과 사회 각 부문을 다양한 방법으로 '위로부터 동원'했다(김윤태, 1999: 164).

국가와 대기업은 제도적 네트워크로 결합해 경제 발전이라는 공동 목표를 수행하는 동반자가 됐다(김윤태, 1999: 160). 정부의 보호와 지원이 이루어지면서 재벌의 성장이 두드러졌다. 국가와 대기업 또는 재벌 간 정치·경제 연합은 한국의 발전 레짐developmental regime 형성에 주요 토대를 이뤘다.[4] 한국의 발전 레짐은 "미국 헤게모니와 냉전 체제의 특수 이익", "일본과의 국제 분업 구도 형성", "세계 경제의 유례없는 팽창과 호황" 등의 유리한 세계 체제적 조건 속에서 급속한 경제 성장을 이루어 냈다(윤상우, 2006: 70).

지구적 차원에서 한국의 발전 레짐 형성은 "시기적으로 미국 패권이 최고조일 때, 공간적으로 냉전 세력들이 교차하는 지점에서" 이루어졌다(김철규, 2003: 73). 해방 이후 미국이 주도하는 세계 질서에 편입된 한국은 공산주의에 대항하는 최전선 국가로서 미국도 그 지정학적 중요성을 잘 인식했다(이수훈, 2004). 한국 지배층 역시 미국의 패권을 인정했다.

전략적인 면에서 미국은 가난과 저발전이 공산주의의 성장에 유리한 조건이라고 판단했다(Wiegersma and Medley, 2000). 따라서 경제 발전은 공산주의를 막는 데 중요한 전략적 도구의 성격을 띠었으며, 이런 점에서 발전주의와 공산주의를 담론적으로 결합한 박정희 정권의 등장을, 미국은 대체로 환영하고 지지했다(류상영, 1996; 마상윤, 2002; 정일준, 2009).

지식은 역학 관계의 반영이라는 점에서, 발전 레짐의 부상은 이것을 정당화하는 발전 담론의 부상을 동반한다. 박정희 정부 시기는 지구적 패권 담론으로 부상한 발전 담론의 영향 아래, 이 담론이 한국에서 본격적으로 부상한 시기이다. 국가적 목표 형성과 정권의 정당성 확보를 위해 지구적 발전 담론을 적극적으로 수용하고 이용한, 한국의 첫 집권 세력이 박정희 정부라고 할 수 있다.[5]

박정희 정권 시기의 발전 담론은 정치적으로 개발 독재와 한국적 민주주의 등을 정당화하며, 저항적 정치 세력이 주장하는 민주주의 담론을 효과적으로 차단했다(조희연, 2003). 또한 당시에 발전주의는 반공주의와 결합해서 "발전은 공산주의를 이기고 결국 통일을 이루는 길"이라는 논리를 만들어 반공적 발전 국가의 담론 토대를 제공했다. 특히 1960년대 후반의 베트남 파병, 1968년 청와대 습격 사건, 북한의 미국 선박 푸에블로호 나포 사건 등을 계기로 발전주의는 반공주의와 더욱 밀착해서, "일면 국방, 일면 건설" 식의 국방·경제 병존 정책을 떠받드는 새로운 지배 담론의 양상을 보였다(김정훈·조희연, 2003).

박정희의 총력 체제

박정희 정부 시기의 국가 정체성과 목표에 관한 담론은 급격히 발전에 초점을 맞췄다. 증산, 건설, 수출, 생산, 발전 등 이전의 이승만 대통령 연설문에서는 흔히 쓰이지 않았던 경제 발전에 관한 용어들이 박정희 대통령 연설문에서는 핵심 용어가 됐다. 급속한 경제 성장, 소득 증대와 같은 경제 문제들이 가장 중요한 국가 목표, 나아가 민족의 역사적 사명으로 인식됐다. 이 사명을 위해 "생산과 건설로 힘차게 전진할 것"과 "검약과 증산에 힘쓸 것" 등이 강조됐다.

국가의 청사진도 문명국보다는 잘사는 나라, 번영한 나라 등으로 제시됐고, 국민들은 조국 재건의 성업聖業을 위한 일꾼, 전사 등으로 비유됐다. 발전주의는 민족주의와 결합해 경제적 동원을 위한 "산업화 민족주의" 담론에 적극 활용됐다(김호기, 1998: 105).

우선 박정희의 연설문에 문명 담론의 인식 틀이 좀처럼 보이지 않는 점을 주목할 만하다. 그는 가난에 대한 철저한 문제화를 바탕으로 삼아, 경제 발전의 기준에서 세계관과 국가 정체성을 형성했다.

오늘날 한국이 직면한 모든 불안과 혼돈은 궁극적으로 그 태반이 '가난'에 연유하고 있음은 다시 말할 필요조차 없을 것입니다. 가난에서 벗어나 민생을 향상시키는 일이 무엇보다도 앞서 해결되어야 할 시급한 문제입니다. …… 민주주의의 건전한 발전도 복지 국가의 건설도 승공 통일을 위한 국력 배양도 결국 경제 건설의 성패 여하에 달려 있는 것입니다. …… 후진의 낙인 속에 가난에 시달리고 설움을 겪으면서 끝없이 방황할 것인가, 그렇지 않으면 이 침체된 현실에서 과감히 벗어나 자유와 번영의 새 역사를 창조할 것인가, 실로 긴장된 기로에 지금 우리는 서 있는 것입니다(광복절 제19주년 경축사, 1964년 8월 15일).

이 연설문은 한국을 "불안과 혼돈에 직면해 있는" 상태로 문제화하고, 그 근본 원인으로 가난을 지목했다. 가난에서 벗어나 민생을 향상시키는 일을 "무엇보다도 앞서 해결되어야 할 시급한 문제"로 제시한다. 이에 따라 경제 건설의 중요성을 강조하고, 한국이 끝없는 방황과 새 역사의 기로에 서 있다며 긴장감을 불러일으킨다.

발전주의의 틀 안에서 박정희는 빈곤과 나약함을 벗어나 부강한 나라로 거듭나는 과정을 곧잘 근대화 개념에 응축해서 표현했다. 근대화 사업의 1차적 목표는 빈곤과의 대결이었으며 그 구체적 방법은 경제 발전과 공업·산업화였다. 특히 국력은 곧 공업력이라는 인식 아래 공업화를 근대화의 중요한 원동력으로 여겼다(부산연합철금공장 준공식 치사, 1967년 9월 29일). 이런 목표를 위해 일하는 나라, 일하는 국민이 될 것을 주문했으며, 조국 근대화 사업에 적극적으로 참여하는 사람들을 진정한 애국자로 정의했다.[6]

박정희 시기 조국 근대화 사업의 1차 목표는 경제 발전이었지만, 궁극적으로는 사회 전반의 급속한 변화였다(허은, 2010). 박정희는 조국 근대화 사업에 대해 "어두운 면을 하나하나 정복하여 밝은 면으로 대체해 나아가는 과정"(제4298주년 개천절 경축사, 1965년 10월 3일)이며 "온갖 전통적인 것, 수구적인 것, 낡은 것이 급속하게 근대화되고 개혁되고 새로워지는 변화의 과정" 등으로 인식했다(한국기자협회 창립 제5주년 기념식 메시지, 1969년 8월 18일).[7]

생산·건설을 이용한 근대화를 향한 박정희의 집념은 모든 문제의 판단 기준을 생산력 증가에 놓을 정도로 강력했다. 한 연설문에서는 "비생산적인 생각이나 관습을 일신하고 모든 문제의 판단 기준을 생산력 증가로 귀일"시켜야 한다며 "적어도 대부분의 국회 의원이나 관리만이라도 진실로 경제의 발전과 생산성의 방향을 판단의 기준으로 삼는다면, 우리나라의 발전은 그 얼마나 급속하겠습니까."라고 말한다(세수 확보에 대한 서신, 1965년 6월 11일).

나아가 박정희는 나라의 모든 영역과 기능이 생산력 증가에 기여해야 한다고 강조했다. 생산적인 정치, 생산적인 언론 등의 개념을 사용하며 정치, 언론을 비롯한 사회 각 분야가 생산성 증가에 기여해야 한다고 역설했다(세수 확보에 대한 서신, 1965년 6월 11일; 제22회 광복절 경축사, 1967년 8월 15일). 그야말로 근대화의 기치 아래 생산력 증가를 위한 전 국가적 총력 체제를 요구했다. 이렇게 볼 때 박정희는 발전주의 국가 목표를 향해 온 나라를 "위로부터 동원"함으로써, 한국의 발전주의와 발전 레짐의 부상을 주도한 인물이라고 말할 수 있다.

한국의 전통·역사에 대한 인식 변화

사회 변화는 기존 상황에 대한 문제화에서 그 필요성이 제기된다. 세상을 보는 해석적 틀로서 담론은 문제화 과정을 규정하는데, 지배적 담론의 해석 틀에 따라 문제화 대상과 사회 변화의 목표·방향은 달라진다. 예컨대 문명 담론은 야만의 상태를 문제화하는 데서 문명화의 필요성을 주창한 반면, 발전주의 담론은 가난의 문제화를 이용해서 경제 발전을 정당화한다(Escobar, 1995).

1960년대 박정희가 한국을 인식하는 태도는 가난, 후진, 빈곤 등의 개념에 집약됐다. 그는 가난과 빈곤에 찌들고 나태와 안일의 타성에 젖은 무기력한 상황으로 한국의 과거와 현재를 인식했다. 박정희에게 민족의 역사는 퇴영의 역사였으며, "자랑스러운 민족 문화는 민족사의 극히 예외적인 부분에 불과했다"(최연식, 2007: 47). 따라서 그는 "민족의 과거에 대한 철저한 반성만이 민족 사회를 재건하는 유일한 길"이라고 믿었다(최연식, 2007: 47).

무엇보다 한국은 유사 이래 항상 가난했다는 인식이 두드러진다. 이런 역사 인식은 혁명적인 사회 변화를 위한 노력을 정당화하는데, 급격한 변화의 필요성은 현실 문제의 심각성에 비례해서 높아진다. 박정희의 민족주의는 민족중흥의 목표 아래 가난과 후진의 상태에서 벗어나는 것을 민족의 사명으로 인식하고, 경제 발전과 근대화를 유일한 길로 상정했다.[8]

경제 성장 정책의 성과를 강조하며 그는 "이제 우리 생활 주변에서는 5,000년 묵은 가난의 때가 서서히 그 자취를 감추어 가고 있습니다."라고 말한다(전국 새마을 지도자 대회 유시, 1976년 12월 10일). 특히 가난에 대한 문제화는 그의 발전주의적 근대화 사업을 정당화한 가장 중요한 요소라고 말할 수 있다.[9]

박정희는 한국을 문명국으로 보려는 경향이 현실을 직시하지 못하고 자기도취에 빠진 세계관이라고 비판한다.

> 옛날처럼 우리가 쇄국주의를 하고, 고립주의를 하고, 우물 안의 개구리처럼 집안에 들어앉아서 이웃과는 담을 쌓고, 동방의 고요한 아침의 나라가 어떠니, 동방예의지국이 어떠니 하고 우리가 서로 모두 다 자기도취해서 우물 안의 개구리처럼 그렇게 살아 나간다면 모르되……
> (대전 유세 연설, 1967년 4월 17일).

그에게 한국의 역사적 현실은 빈곤과 후진의 굴레에 빠진 나라다. 빈곤과 안일에 젖은 과거의 한국은 나약한 나라였고, 이것을 외세의 침략과 식민 지배라는 불행한 역사의 원인으로 인식했다. 이런 상황에서 벗어나는 길은 힘을 기르는 것이고, 근대화, 공업화, 경제 발전은 곧 힘을 기르는 과정이었다. 이렇게 보면 "박정희의 근대화를 향한 열망과 집착도 우리 역사에 대한 뿌리 깊은 혐오감에서 비롯"되었다고 할 수 있다(최연식, 2007: 47).

박정희의 역사 인식에서는 힘에 대한 갈망이 두드러진다. 그는 힘의 질서를 비판하기보다 인정하는 자세를 보인다. 서구가 주도하는 약육강식, 우승열패 등의 사회 진화론적 국제 질서를 피할 수 없는 현실로 받아들이는 경향을 보인다. 이런 국제 질서에서 살아남지 못한 민족의 지난날을 원망하는 태도와, 힘으로 운용되는 국제 질서에서 도태된 데 대한 자책감과 수치심이 나타난다.

> 지난 1세기 동안 우리 한국 역사를 더듬어 볼 때, 왜 한국 사람들이 여러 가지 굴욕적인 그런 역사의 흔적을 남겼나 …… 항시 그런 경쟁에 있어서 언제든지 뒤떨어졌습니다. 근대화를 하는 데 있어서도 그랬고, 무슨 생산 산업 혁명을 하는데도 그랬고 교육을 보급하는 면에서도 그랬고 여러 가지 문화 면에 있어서나 모든 면에 있어서 국제 사회가 나날이 발전을 하고 진전을 하는데, 한국의 과거 우리의 사회는 언제든지 한 걸음 두 걸음 때로는 열 걸음 이렇게 뒤떨어져 왔던 것입니다. …… 우리가 하루 동안 우물쭈물하면 1년 뒤떨어집니다(제4회 수출의 날 기념식 치사, 1967년 11월 30일).

박정희는 한국 전통의 가치를 도덕·윤리 등의 문명성보다는 힘에서 찾으려 했다. 그는 민족중흥의 기치 아래 추진한 새로운 문화 창조 사업으로 이순신, 강감찬, 김유신, 을지문덕 등 역사 속 영웅을 발굴·창조하며 국난 극복의 역사를 강조했다(박노자, 2005; 최연식, 2007).

박정희 정권은 조국 근대화와 경제 발전이라는 국가·민족적 목표에 유용한 정신문화 또는 민족 문화를 전략적으로 개발했다(임학순,

2012).[10] 최연식은 "박정희는 이순신과 세종世宗 등 국가 안보와 근대화에 유용한 민족 전통에 대해서는 전폭적인 지원을 아끼지 않았지만, 반면에 일상적인 문화유산들은 불편하고 비효율적이라는 이유로 간소화시켰다."라고 말한다(최연식, 2007: 65). 약육강식의 현실을 인정하는 세계관과 자기 부정적인 전통관은 근대화의 사명을 정당화한 배경지식이었다.

박정희는 자신의 재임 기간을 과거의 불행에서 벗어나는 혁명의 시기로 인식했다.[11] 그는 자신의 집권으로 무기력했던 민족사의 방향이 획기적으로 전환됐다고 주장한다.[12] 민족의 역사에 만연한 비생산·전근대·의타적 상태에서 생산·근대·자립적 상태로의 전환이 민족사에서 처음 일어나는 시기로 해석했다.

우리는 지금 5,000년 민족사의 새로운 전환점에 처해 있습니다. 퇴영과 침체에서 벗어나 패기 있는 약진을 도모하고, 후진과 빈곤의 멍에를 벗어젖혀 자주 자립과 번영을 지향하는 벅찬 새 시대의 문턱에 서 있는 것입니다(제4298주년 개천절 경축사, 1965.10.3).

근대화 이론이 저발전의 원인을 그 사회 내부의 전근대적 사상과 생활 양식에서 찾듯이(Rostow, 1960), 박정희는 성공적 경제 성장을 위해 문화적 차원에서 근대성을 높이는 것이 필수라고 생각했다. 그는 "지난날의 안일과 나태의 고루한 유산을 말끔히 씻어버리"는 식으로 행동 양식의 급격한 변화를 추구했다(제6회 근로자의 날 치사, 1964년). 또한 일체의 전근대·비과학적 요소들을 하루빨리 버릴 것을 강조했다.[13]

지금까지 우리 민족의 문화와 사상과 교육과 생활을 병들게 한 모든 그

룻된 요소를 과감하게 제거하지 않으면 안 될 것입니다. …… 그래서
우리들의 사상, 교육, 자치, 생활 등 모든 면으로부터 봉건적이요, 전근
대적이요, 비과학적이요, 비자주적이요, 비민주적인 일체의 병적인 요
소를 구축해 버리지 않으면 안 될 것입니다(한글날에 즈음한 담화문, 1965년 10
월 9일).

　　나아가 박정희는 국민 모두에게 "인간 개조"적 수준의 변화를 요구
했다. 그는 한국인의 행동과 사고 속에 있는 뿌리 깊은 인습이 내적인
저해 요인이라며 "우리 자신의 새로운 '인간 개조' 없이는 지금 우리
민족이 지닌 조국 근대화와 민족중흥이라는 새로운 역사 창조를 성공
적으로 이룩하기는 어렵다."라고 주장했다(제2경제 운동 실천 국민 궐기 대회 치사,
1968년 9월 28일).[14]
　　결국 박정희의 민족주의는 민족의 과거를 부정하는 데서 출발하
는 역설적이고 이중적인 면을 지닐 수밖에 없었다. 근대화와 경제 성
장이 곧 민족의 초라한 과거에서 벗어나는 길이라는 산업화 민족주의
또는 발전주의적 민족주의 논리는 1960년대의 정권 정당성 확보에 크
게 기여했다(김호기, 1998).

선진국 담론의 부상

박정희 정부 시기의 발전주의는 그 하위 담론 격인 선진국 담론으로
구체화됐다. 당시 선진국 담론의 부상은 관련 개념들의 사용이 크게
증가한 데서 나타난다. 선진국, 후진국 등의 개념이 거의 없는 이전
시기 대통령 연설문에 비해, 박정희 대통령 연설문에서는 이 개념들

이 흔히 발견된다.

박정희의 선진국 담론

박정희의 연설문에 나타난 선진국 담론은 다음과 같은 특징을 지닌다. 우선 후진국에서 선진국으로의 이행을 인류 사회의 보편적인 발전 경로로 상정하는 단선적 발전론이다. 선진국은 먼저 발전을 이룬 존재로, 후진국은 선진국이 과거에 갔던 경로를 그대로 밟는 존재로 묘사됐다. 공업 발전을 바탕으로 삼는 따라잡기식 근대화를 선진국으로 이행하는 최상의 전략으로 가정한다.

한 연설에서는 조국 근대화 사업을 열차 여행에 비유하고, 그 종착역을 으뜸가는 공업 국가, 선진 국가 등으로 설정했다.

우리가 지금 추진하고 있는 이 경제 계획을 예를 들어서 말씀을 드린다면, 여러분들이 목포에서 서울 가는 열차를 타고 서울로 지금 여러분들이 가신다고 이렇게 생각하시면 됩니다. 여러분들이 서울에 도착해야 여러분들이 부자가 될 수 있습니다. 그런데 지금 우리가 어디까지 왔느냐…… 이 사람의 짐작으로서는 서울 가는 우리 열차가 지금 대략 이리(현재의 익산시)역 부근에 와 있다고 나는 이렇게 봅니다. …… 다음에 3차 5개년 계획을 한 번 더 해야만 기차가 한강 다리를 넘어서 서울에 도착을 합니다. 그때 가면 우리가 다 잘 살게 됩니다. 부자가 됩니다. 그때 가면 우리나라는 아시아에 있어서는 가장 으뜸가는 공업 국가가 됩니다. 아시아에서 일본이 1등이냐, 한국이 1등이냐, 서로 다툴 정도의 그런 수준이 된다 이겁니다. …… 그러면 완전히 근대 공업 국가로서 선진 국가의 대열에 우리는 따라갈 수 있는 겁니다. 이것이 지금 우리가 말하는 조국의 근대화입니다(전주 유세 연설, 1967년 4월 18일).

후진국과 선진국이 시간적 선후 관계에 있으므로 전자에서 후자로 이행하는 과정은 공업화, 산업화, 경제 발전 등을 포괄하는 근대화로 상정됐다. 근대화로 후진적인 상태에서 벗어나 공업이 발달하고 부강·자립한 상태의 선진국이 될 수 있다고 인식했다. 후진국에서 선진국으로 향하는 나라는 발전 도상에 있다고 일컬어지기도 했다(동부지역공공행정기구 제3차 총회 개회식 축사, 1964년; 제주도포도당공장 준공식 치사, 1968년 11월 1일).

선진국 따라잡기가 국가적 목표로 설정되면서 선진국은 한국 근대화 과정에서 중요한 타자의 구실을 하는데, 사회 각 분야의 근대화 변화와 성과들이 선진국의 수준과 비교되기 시작했다. 1960년대 중반 이후로 박정희의 연설문에는 건설·수출 등의 분야에서 이룬 경제 발전의 가시적 성과를 인정하면서도 선진국에는 아직 못 미친다는 인식이 지배적이었다(부산조선공사 종합 기공식 치사, 1966년 7월 6일).

둘째는 가치 판단의 기준으로 어떤 요인보다도 경제적 측면을 중시하는 경제주의economism다. 이것은 발전 담론의 부상과 함께 이른바 인류의 진보가 1인당 국민 소득과 같은 경제 발전의 측면에서 측정되기 시작한 것과 맥락을 같이 한다. 박정희의 연설문에서 선진국의 속성은 주로 경제 발전의 정도로 인식됐는데, 대체로 국민 소득이 높고 공업이 발달한 국가로 여겨졌다.

우리 경제가 그동안 고도의 성장을 했다고는 하지만, 이제 경우 우리 나라의 국민 소득이 200불을 조금 넘을 정도입니다. 1인당 국민 소득이 1,000불, 2,000불, 3,000불, 4,000불을 넘는 선진 국가가 얼마든지 있습니다(4.27 대통령 선거 서울 유세 연설, 1971년).

반면에 국민 소득이 낮은 동남아시아, 아프리카, 남아메리카 등 비서구 국가들은 주로 후진국으로 표현됐다.

위의 연설처럼 1970년대 초반까지 선진국의 소득 기준은 1,000달러로 제시되기도 했는데, 1970년대 후반에 국민 소득 1,000달러를 달성하자 선진국의 기준이 3,000달러 내지는 5,000달러로 가정된 점이 흥미롭다.

> 머지않아 고도 산업 사회를 실현하고 당당히 선진국 대열에 참여하게 될 내일의 조국의 모습을 바라볼 때, 나는 오늘이 있기까지 그동안 국민 여러분의 노고와 협조에 대하여 깊은 치하와 감사를 드리는 바입니다. …… 이제 우리 경제는 겨우 1인당 국민 소득 1,000불 선을 넘어섰습니다. 우리가 선진국 수준으로 부상하자면 적어도 3,000불 내지 5,000불대로 올라가야 합니다(소비 절약 추진 범국민 대회 치사, 1979년 3월 27일).

셋째는 박정희의 선진국 담론이 서구 국가들을 선진국으로 표현하고 이들에 긍정적 속성을 부여하는 서구 중심 담론이라는 점이다. 이 담론의 틀에서 서구 국가들을 대부분 산업과 경제가 발달한 모범적인 국가로 인식했으며, 서구의 경험과 현상들을 발전의 준거점으로 삼았다. 이 점과 관련해 한 연설에서는 다음과 같이 주장한다.

> 서구라파의 선진 국가의 농촌을 보면 …… 농업과 공업은 하나다. 농업이 고도 발달하면 어디까지가 농업이고 어디가 공업인지 한계가 없어지게 (된다)(현대건설 울산조선소 기공식 치사, 1972년 3월 23일).

선진국 담론에서 서구가 한국이 경제 발전 도상에서 따라잡아야 할 존재로 그려지자, 그들은 한국에 대한 시간적 선행성先行性을 되찾았다. 이 선행성에 따라 한국과 서구의 위계 관계가 이전 시기보다 명확해진다.

넷째는 내면화한 오리엔탈리즘이다. 선진국의 대칭점에 있는 후진국 개념에는 빈곤, 나약, 게으름 등 발전주의의 부정적 가치관이 투영됐는데, 한국이 후진국으로 규정되면서 한국 사회 각 분야에 대해 자학적 인식이 확대된다. 선진국의 이상화 정도에 비례해서 그 반대편에 놓인 후진국의 모습은 더욱 주변화됐다. 선진국의 시선에서 자신을 인식하는 태도는 한편으로 후진국을 탈피하려는 절박한 동기를 부여했다.

나는 오늘 이 자리에서 국민 여러분들에게 특별히 강조하고 싶은 것은, "우리는 확실히 못하는 국민이다. 뒤떨어져 있는 국민이다. 후진국 사람이다. 그러나 우리는 멀지않은 장래에 다른 선진 국가에 못지않게끔 우리도 자력으로써 자립해서 남과 같이 떳떳하게 잘살 수 있는 그런 국민이 되겠다는 그러한 꿈과 우리의 자신과 그러한 용기가 있어야 된다."는 것입니다(진해제4비료공장 기공식 치사, 1965년 5월 2일).

마지막으로 선진국 담론에는 민족주의가 짙게 배어 있다. 선진국은 치열한 생존 경쟁의 국제 사회에서 살아남을 수 있는 역량을 가진 국가로 가정됐다. 이것은 후진국 상태로는 생존할 수 없다는 인식과 관련된다. 이런 인식에 따라서 선진국 진입은 생존을 위한 힘을 기르는 것이며, 민족의 생사를 결정짓는 숙명으로 여겨졌다. 이런 점에서 선진국 담론은 조국 근대화 사업을 지지하는 민족주의적 발전 담론의 한 형태라 할 것이다.

발전의 시대적 사명

그렇다면 선진국 담론의 부상에 도움을 준 국내외의 시대적 배경은 무엇일까? 우선 미국 학계가 주도적으로 구성한 근대화 이론이다. 1960년대 이후 근대화 이론은 미국의 패권을 업고 세계로 급속히 전파됐다. 비서구와 서구의 관계를 전통 사회와 근대 사회의 관계로 명시하고, 전자에서 후자로의 이행을 이상적인 사회 변화로 상정하는 이 이론은 한국의 발전주의와 선진국 담론의 형성에 직·간접적으로 큰 영향을 끼쳤다.

특히 로스토의 이론은 1960년대에 『사상계』를 비롯한 잡지와 신문 등 국내 대중 매체에 소개됐는데, 이후의 경제 발전 관련 글에서 그의 사상과 이론이 많이 등장했을 뿐 아니라 중·고등학교 교과서에도 소개될 정도로 인기가 높았다(박태균, 1997). 당시 미국 정부의 대아시아 정책 제안을 주도했던 로스토의 이론은 한국의 경제 발전 계획에 관여한 미국인 고문들에게도 영향력을 발휘했다. 실제로 박정희 대통령의 연설문에 나타난 선진국 담론은 후진국(전통 사회)과 선진국(근대 사회)의 이분법적 구분, 단선적 발전 경로, 서구 따라잡기식 근대화 등 구조와 내용 면에서 로스토의 근대화론을 많이 반영했다.[15]

둘째로 냉전 상황에서 미국과 소련의 국제 원조 경쟁은 선진국 담론이 한국 대중들에게 전파되는 데 도움이 됐다. 미소 양 진영의 이른바 저개발국에 대한 군사·경제 원조가 국내외에서 담론적 초점이 되면서, 외신에 나오는 발전주의 용어들이 국내 신문 등 대중 매체에서 자연스럽게 쓰이게 됐다. 예컨대 외신의 developed country, underdeveloped country 또는 development 등은 국내에서 각각 선진국, 후진국, 발전 등의 용어로 번역·소개되며 선진국 담론의 대중적 부상에 일조했다.

실제 1960년대 『조선일보』에 등장한 선진국, 후진국 등 발전주의 용어의 상당수가 외신 관련 기사에서 나타났다. 선진국 담론의 중심 개념인 선진국은 발전주의의 developed country와 근대화 이론의 modern society를, 후진국은 underdeveloped country와 traditional society의 속성들을 각각 반영해, 한국적 상황에서 개념화한 것으로 볼 수 있다.

셋째는 국내 발전 레짐이 추진한 경제 성장의 가시적 성과다. 박정희 시기에 급속한 경제 성장과 이 성장에 따른 물질적 생활 수준의 향상 과정에서, 한국인들은 선진국으로의 이행을 직접 체험하는 듯한 역사적 경험을 했다. 세계의 발전사상 보기 드문(어떤 면에서는 이례적인) 이런 발전 경험은 한국인들이 선진국 담론의 주요 가정들에 대한 믿음을 더욱 굳건히 하는 계기가 됐을 것이다.

이런 발전 담론으로 박정희 정부는 적어도 1972년 10월 유신 이전까지 개발 독재에 대해 일정한 정도의 동의를 이끌어 냄은 물론, 민주주의 담론을 중심으로 한 재야 세력의 저항 담론을 효과적으로 무마했다(조희연, 2003). 선진국 담론은 선진국이라는 발전의 구체적 지향점을 제시하며 박정희 정부의 조국 근대화 사업을 지지했다. 하루빨리 후진국을 탈피해 선진국에 진입하는 것을 민족적 사명으로 제시한 선진국 담론은, 대중에게 민주주의 담론보다 더 큰 호소력을 발휘함으로써 한동안 지배 세력의 정치 이익에 봉사하는 패권 담론의 기능을 했다.

선진국 담론에서의 국가 정체성 변화

선진국 담론의 부상과 함께 한국의 국가 정체성에도 큰 변화가 일어났다. 문명 담론에서 정신·도덕의 문명국으로 여겨졌던 한국은 선진국 담론에서는 빈곤·나약함에 허덕이는 후진국으로 격하된다. 박정희 대통령의 연설문을 보면, 한국을 문명국으로 인식하는 태도는 거의 눈에 띄지 않는다. 한국에 대해 문명국이라는 표현을 거의 사용하지 않을 뿐 아니라, 한국의 정체성을 긍정적으로 보는 태도는 현실을 모르는 자기도취적 발상이라고 폄하한다(대전 유세 연설, 1967.4.17.).

1960년대의 국가 정체성

박정희는 1960년대 초·중반의 한국을 주저 없이 후진국으로 규정했으며, 국가 정체성과 관련해 가난과 후진성을 부각했다. 예컨대 한 연설에서 "우리는 확실히 못하는 국민이다. 뒤떨어져 있는 국민이다. 후진국 사람이다."라고 말한다(진해제4비료공장 기공식 치사, 1965년 5월 2일). 한일 회담 반대 학생 시위에 대해 그는 "그야말로 가난한 나라의 학생들이 타일의 웅비에 대비하기는커녕"이라 질책한다(비상 계엄령 선포에 즈음한 담화문, 1964년 6월 3일).

연설문에 나타난 후진국은 전근대적이고, 산업과 공업이 발달하지 못한 나라이며, 경제적으로 자립 능력이 없는 나라이다. 생산성이 높지 않고, 생산 의욕이 적으며, 비과학적 생산 방식에 의존하는 나라이기도 하다. 또 후진국은 제2차 대전 이후 독립한 나라라는 의미에서 신생 제국, 신생 국가로 인식되기도 했다.

박정희는 제1차 경제 개발 5개년 계획이 마무리될 무렵인 1960년대 중반 이후부터 근대화 사업의 가시적인 성과가 보인다고 평가했다. 이 무렵부터는 전국 방방곡곡에 건설의 붐이 일어나고 있다는 등 경제 발전 성과에 대한 자신감을 내보이며, 공업화의 단계에 들어서 새 조국이 건설되는 시기라는 점을 강조했다. 이 시기의 한 연설문은 "조국의 근대화에 서광이 비치고 우리의 헌정에 새 기풍이 싹트려는 오늘날"이라고 언급한다(제헌절 제17주년 경축사, 1965년 7월 17일).

1960년대 중·후반에는 한국의 국가 정체성에도 변화가 나타난다. 경제 성장에 대한 자신감을 반영해서 후진국보다 개발 도상국 또는 중진국의 정체성이 자주 보였다. 1960년대 후반에는 개발 도상국 중에서도 가장 모범적이고 성공한 나라라는 인식이 나타나기도 했다.

우리는 오늘 8월 15일을 기해서 '성년 한국'을 맞이하게 됩니다. …… 오늘의 '성년 한국'은 세계에 내놓아 결코 부끄럽지 않은 늠름하고도 발전적이고 진취적인 나라가 되었습니다. 세계의 수다한 개발 도상 국가 중에서 우리 한국이 가장 모범적이고 성공한 나라로 손꼽히고 있다는 사실은 우리의 지상 목표인 통일 성취에 있어 밝은 전망이며, 확고한 토대가 되고 있습니다(공화당 당원 동지에게 보내는 특별 담화, 1968년 8월 15일).

박정희는 경제 개발 5개년 계획을 선진국으로의 이행 과정으로 인식했다. 그는 한국이 제2차 경제 개발 5개년 계획을 거치며 중진국으로 도약했고, 제3차 5개년 계획으로 "상위 중진국"에 도약한다는 청사진을 제시했다.

60년대의 우리 경제는 제1차 및 제2차의 경제 개발 5개년 계획을 통해서 세계에서 손꼽히는 고도성장을 이룩하였고, 약진하는 공업국, 그리고 수출국으로서의 기반을 구축하였습니다. 금년부터는 또다시 상위 중진국을 지향하는 제3차 5개년 계획의 제1차 연도 사업을 진행 중에 있습니다(경제의 안정과 성장에 관한 긴급 명령의 공포·시행에 따르는 특별 담화문, 1972년 8월 2일).

정당성을 결여한 정권 획득 이후 한일 회담 등을 거치며 불안정한 출발을 보였던 박정희 정권은 1960년 중반 이후 경제 성장의 성과에 힘입어 현저히 안정됐으며, 이 상황은 1967년 대선과 총선의 승리에 반영된다(홍석률, 2005). 또한 경제 성장의 효과에 힘입어 국가적 동원을 위한 물적 토대가 확장되면서 정권의 사업에 대한 국민적 동의가 비교적 확대됐다(조희연, 2004).

1970년대의 국가 정체성

1970년대 들어 박정희 정권의 정당성 기반은 약화했다. 급속한 경제 성장 정책에 따른 경제·사회적 불평등 등 모순이 표출되면서 국민적 동의를 지탱하는 물적 토대가 축소됐다(조희연, 2004). 정치·사회적으로 1969년의 3선 개헌 반대 운동, 1970년의 전태일 분신 사건, 1971년의 대학생 시위 및 광주 대단지 사건 등 정권에 대한 저항이 심화했다. 담론 차원에서 "잘 살아보세"로 상징되는 근대화 담론의 패권에 맞서서 경제적 분배와 정치적 자유를 중시하는 저항 담론이 부상했다(김도종, 2001; 조희연, 2003).

이런 변화에 대해 박정희 정권은 1971년의 위수령 및 국가 비상사태 선언에 이어 1972년 10월에는 유신 체제를 선포하는 등 강압성을 전면화하는 지배 전략을 채택하며 권위주의적 성격을 강화했다(조희연, 2004; 박태균, 2009; 이덕재, 2009).

그런데 이런 정치·경제·사회적 상황 변화는 이 시기의 선진국 담론에 잘 반영되지 않았다. 1970년대 박정희의 연설문에는 오히려 국가 정체성이 한층 더 희망적으로 제시됐다. 경제 성장에 대한 자신감을 더욱 크게 나타내며, 나라는 후진국에서 완전히 탈피해 상위 중진국을 향해 순항하는 것으로 묘사했다. 나라의 미래는 더욱 장밋빛으로 그려졌다.

이런 낙관적 묘사와 관련해 박정희는 1971년에 다음과 같이 연설했다.

지난 10년 동안 60년대에 있어서 세계의 총 120개 국가의 경제 성장률을 조사한 UN(국제 연합) 통계를 보면 우리 대한민국은 세 번째로 높게 되어 있습니다. 총 120개 국가 중에서 어느 나라가 가장 수출이 많이 늘었느냐 하는 통계를 보면 우리 대한민국이 1등입니다. 즉 우리가 세계 제일입니다. 또 지난 10년 동안 우리나라는 개발 도상국 중에서 가장 높은 경제 성장을 하여 우등생이 되었고 모범국이 되었습니다. …… 3차 5개년 계획이 끝나면 우리나라 경제는 완전히 자립이 됩니다. …… 뿐만 아니라 전 세계에서도, 중진국 중에서도 가장 상위에 속하는 그런 수준까지 올라갈 수 있게 되어 우리 국민 소득이 지금보다는 약 배 이상 늘어날 것입니다(4.27 대통령 선거 대구 유세 연설, 1971년 4월 17일).

산업 구조 면에서 박정희 정부는 1970년대 들어 중화학 공업화로의 전략 변화를 꾀했다.[16] 중화학 공업 육성이 강조되면서, 중화학 공업화 수준이 선진국의 조건으로 인식되기도 했다(포항종합제철공장 준공식 치사, 1973년 7월 3일).

박정희는 1970년대 들어 선진국 진입이라는 목표를 더욱 적극적으로 언급하며, 1970년대 말이나 1980년대에는 선진국 대열에 진입할 수 있다는 자신감을 보였다. 위 연설문처럼 그는 제3차 5개년 계획 (1972~1976년)이 끝나면 "완전히 자립할 수 있는 나라", "전 세계 중진 국가 중에서도 가장 상위에 올라선 나라"가 될 것이라 말했다. 1970년 대 초의 한 연설은 1970년대 말에 국민 소득 1,000달러, 수출 100억 달러대를 달성하리라 전망하면서 이것을 선진국 수준으로 인식하기 도 했다(4.27 대통령 선거 대전 유세 연설, 1971년 4월 10일).

1970년대 중반 무렵에는 한국이 개발 도상국 중 가장 앞서 가는 나라로서 선진국과 어깨를 겨룰 만한 위치로 성장했다는 평가가 나왔 다. 박정희는 자신의 선진국 이행 계획이 매우 성공적으로 추진되고 있다고 강조했다.

> 우리나라와 같이 자원도 부족하고 뒤늦게 근대화에 들어선 이른바 개 발 도상 국가에서 그것도 불과 10여 년이라는 짧은 기간 동안에 100억 불 수출을 바라보게 되었다는 것은 세계에서도 유례없는 기록이라고 해도 과언이 아닙니다. …… 우리나라는 그동안 모범적인 개발 도상 국가로서 선진국의 찬사와 격려를 받는 위치에 있었으나, 이제는 서로 어깨를 겨루는 만만치 않은 경쟁자로서 오히려 외부의 도전을 받는 입 장으로 바뀌어 가고 있습니다(제13회 수출의 날 치사, 1976년 11월 30일).

1970년대 말에는 대체로 한국이 상위 중진국의 지위를 성취한 상 태라고 인식했다. 이 성취를 바탕으로 삼아 한국은 곧 선진국 대열에 진입할 나라, 또 고도 산업 국가로서 자립 달성을 눈앞에 둔 나라라는 인식이 두드러지게 나타났다. 1978년의 한 연설은 "우리는 머지않아 80년대 초에는 고도 산업 사회를 이룩하여 선진국 대열에 올라서게 될 것"이라고 강조했다(하와이 이민 75주년 기념 메시지, 1978년 1월 13일). 이런 성장

표 4.1. 1960년대 한국의 주요 경제 지표

연간 지표별	1961	1962	1963	1964	1965	1966	1967	1968	1969
GDP(억 달러)	22	24	28	30	31	38	44	54	68
1인당 GNI(달러)	85.0	91.0	104.0	107.0	110.0	131.0	150.0	178.0	221.0
GDP(실질 성장률, %)	6.9	3.8	9.2	9.5	7.2	12.0	9.1	13.2	14.5
농림어업(%)	15.0	-6.4	9.9	16.1	1.1	8.8	-5.1	0.1	9.1
광공업(%)	5.6	16.5	14.8	10.0	20.5	17.2	22.6	20.4	16.0
제조업(%)	5.5	15.3	16.3	9.5	22.1	18.8	23.9	23.1	17.6
전기, 가스 및 수도 사업(%)	6.8	25.5	12.6	22.7	21.9	23.9	28.0	25.4	33.1
건설업(%)	9.6	14.5	17.3	5.6	24.3	21.4	18.9	38.5	38.2
서비스업(%)	0.9	7.4	5.8	1.4	6.7	11.0	12.8	15.8	14.2

자료: 한국은행, 통계청

에 따라 선진국 진입은 당 세대가 가까운 시일 안에 이루어야 할 중요한 역사적 사명으로 설정됐다(민주공화당 창당 제16주년 치사, 1979년 2월 26일).[17]

결국 선진국 담론의 틀에서 박정희 정부 시기 한국의 정체성은 1960년대 초의 후진국에서 출발해 1960년대 중반부터 중진국으로, 그리고 1970년대 후반에는 선진국 진입을 앞둔 상위 중진국으로 빠르게 변화했다.

1960~1970년대 선진국 담론에 나타난 한국의 자아 정체성 변화는 급속한 경제 성장에 따른 국가 경제의 확대를 반영한 것이었다(표 4.1, 4.2, 4.3 참조). 1961~1979년에 한국의 실질 GDP는 평균 10퍼센트씩 증가해 세계 최고 수준의 경제 성장률을 보였다. 특히 제조업 부문의 성장은 평균 17.5퍼센트에 달했다.

이 기간 동안 GDP는 1961년 22억 달러에서 1979년 643억 달러로 무려 30배가, 1인당 국민 소득은 85달러에서 1,709달러로 20배가

표 4.2. 1970년대 한국의 주요 경제 지표

연간지표별	1970	1971	1972	1973	1974	1975	1976	1977	1978	1979
GDP(억 달러)	82	95	108	138	195	217	298	383	537	643
1인당 GNI(달러)	257	292	324	406	563	610	826	1,047	1,454	1,709
GDP(실질 성장률, %)	10.0	10.5	7.2	14.8	9.5	7.9	13.1	12.3	10.8	8.6
농림어업(%)	-0.7	5.4	2.9	6.6	6.3	5.3	8.9	3.0	-10.0	11.5
광공업(%)	16.1	16.2	13.9	29.5	15.9	12.9	19.6	16.2	23.6	9.4
제조업(%)	15.8	17.4	15.0	30.2	16.5	13.0	20.9	16.3	24.7	10.2
전기, 가스 및 수도 사업(%)	17.7	22.8	12.2	17.9	13.3	12.9	21.7	7.6	33.3	7.0
건설업(%)	4.2	-2.2	-2.0	23.1	11.2	5.8	9.3	28.3	28.0	4.6
서비스업(%)	13.6	11.8	8.0	11.2	6.9	7.6	9.6	10.4	10.2	7.9

자료: 한국은행, 통계청

표 4.3. 1960~1970년대 한국의 GDP 변화

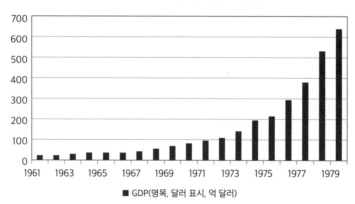

■ GDP(명목, 달러 표시, 억 달러)

자료: 한국은행, 통계청

증가했다. 당시 후진국 한국의 놀라운 경제 성장은 '한강의 기적'으로 불렸다.

이런 점에서 볼 때 발전에 실패해서 결국 그것은 서구가 제시한 허황된 꿈에 불과했다고 여기는 일부 국가들과 달리(Rivero, 2001), 한국인들은 그들의 국가 경제 발전 사업에서 근대화의 실현과 효과를 역사적으로 체험했다고 할 수 있다. 이것은 선진국 담론에 반영된 진화론적 발전에 대한 한국인들의 믿음을 더욱 굳건히 하는 주요한 역사적 경험이 됐다.

대중 매체에 나타난 선진국 담론
『조선일보』를 중심으로

박정희 정부 시기의 선진국 담론은 대중 공간에서도 급부상했다. 신문 등 대중 매체에서 선진국, 후진국 등의 용어들이 널리 쓰였고, 이 개념들 간 관계도 더욱 안정됐다. 특히 1960년대에서 1970년대로 갈수록 선진국 용어 사용이 급증했다. 반면에 후진국 용어 사용은 점차 감소하는 추세를 보였다.[18]

대중 담론의 선진국 인식

1960년대 『조선일보』에서 선진국은 대체로 공업화, 산업화, 발전, 자본주의 등이 앞선 나라를 지칭했다. 선진국은 선진 공업국, 선진 개발국, 선진 자본주의국 등의 용어와 함께 쓰였다. 그들의 앞선 특성은 주로 경제, 산업, 기술 등 물질적인 면에 한정되는 경향을 보였으며, 환경, 문화 등 비물질적 측면은 비판적으로 인식했다.

박정희 대통령 연설문이 주로 선진국의 경제력에 초점을 맞추고 이것을 국가 목표로 설정한 데 비해서 대중 담론은 환경 파괴, 인간성의 황폐, 범죄 증가 등 산업화의 부정적 측면을 지적하는 경우도 적지 않았다. 예컨대 「선진국의 잘못」이라는 제목의 한 칼럼은 다음과 같이 주장했다.

공업화나 경제 발전을 남보다 뒤늦게 하는 데 한 가지 유리한 점이 있다. 그것은 선진국들이 먼저 발전해 가는 동안에 저질렀던 잘못을 우리는 되풀이하지 않아도 된다는 사실이다. …… 선진국에서 강의 물이 공장의 폐수로 인해서 먹기는커녕 손도 씻을 수 없을 뿐만 아니라 그 속의 물고기까지도 전멸하게 되고 육지에 인접한 바다에는 해조가 전멸하는 현상이 일어난다고 해서 우리의 강산도 그렇게 만들 필요는 없지 않은가. 산의 나무를 벌레가 먹는다고 해서 살충제를 함부로 쓰면 벌레도 죽지만, 그러한 벌레를 먹어 줌으로써 우리를 도와주는 새들도 죽거나 껍데기 없는 알을 낳음으로 말미암아 멸종이 된다고 한다. 자연환경을 물질문명의 발전을 위하여 함부로 희생시킨 것을 후회하고 있는 선진국의 잘못까지도 그대로 되풀이하는 신세가 우리는 되지 말아야 할 것이다(1969년 11월 4일).

이 칼럼은 한국이 경제 발전을 추구하면서 선진국의 부정적 측면을 닮으면 안 된다고 강조한다. 선진국을 향한 과정의 딜레마는 "오염된 선진국, 배고픈 개도국"이라는 인식으로도 표현됐다(1972년 6월 7일).

이렇듯 이 시기 대중 담론에 나타난 선진국은 이상적인 존재와는 다소 거리가 멀었다. 선진국의 추구라는 문제에서, 대중 담론은 박정희 대통령의 연설문보다 상당히 신중했다고 말할 수 있다.

선진국 용어의 사용이 1970년대에 더욱 증가하면서 그 개념적 정의와 의미에 대한 대중적 관심도 높아졌다. 「선진국의 한국적 의미」라는 제목의 한 특집 기사는 "'선진국'의 한국적 의미 속에 한국인이 어떤 가치를 중시하는지, 즉 한국인이 어떤 국가적 미래를 추구하는지 꽤 잘 나타나" 있다고 밝혔다(1972년 3월 9일). 이것은 1970년대 초에 선진국이 대중적 개념으로 자리 잡았으며, 한국 사회의 근대화 과정에서 중요한 준거점으로 여겨졌음을 시사한다.

이 기사는 자체 설문 조사 결과를 인용해서 "선진국이란 한국인의 의식 속에서는 '경제적으로 부유하고 예술 문화와 과학 기술 면에서, 그리고 사고와 행태에 있어서 앞선 미국이나 서구 제국과 같은 나라'로 나타났다."라고 밝혔다(1972년 3월 9일). 이런 내용을 보면 선진국은 한국인들에게 경제는 물론 문화적으로도 앞선 주체로 인식됐음을 알 수 있다.[19] 여기서는 미국, 일본, 영국, 서독, 프랑스 등이 가장 많이 선진국으로 불리는 나라라고 보도하기도 했다. 또 일반적으로 사람들이 스칸디나비아 반도의 국가들을 선진국이라고 떠올리지 않는 것이 유감이라며, 이 나라들은 한국이 근대화를 추구하는 데 있어서 배울 점이 많다고 주장한다.

한편 이 기사는 일부 한국인들이 소련, 중국과 같은 나라를 선진국의 범주에 포함시킨다고 소개했다. 이것은 선진국이라는 용어가 대중화되고 있지만, 어떤 나라가 선진국인지에 대한 대중적 의견은 안정적이지 않았음을 보여 준다. 또 한국인들이 선진국을 너무 낙관적으로 생각하는 경향이 있다면서, 여기에 조심스럽게 접근해야 한다고 지적했다.[20]

'선진국에 이기는 길'

1970년대는 한국이 국가 발전 과정에서 자신감을 갖게 된 때인데, 이 사실은 대중 담론에도 잘 나타난다. 1970년대의 대중 담론에서 국가 정체성은 대체로 중진국 또는 개발 도상국으로 규정됐으며, 담론의 초점은 후진국 탈피 맥락에서의 후진국이 아닌, 미래의 지향점으로서의 선진국으로 옮아간다.[21]

한국의 여론 주도층은 선진국을 따라잡자는 구호와 의지를 더욱 활발히 일으켰으며, 1980년대가 되기 전에 선진국에 진입하자는 국가적 욕망을 적극적으로 부추겼다(1973년 7월 4일). 한 사업가는 「선진국에 이기는 길은 투지와 노력」이라는 제목의 쓴 칼럼에서 "우리의 이웃을 비롯한 선진국을 뒤쫓는 우리가 그들보다 덜 자고 더 부지런히 배우고 연구하고 개발하여 우리의 기술과 지식의 수준을 하루하루 그들보다 빠른 속도로 높여야 할 것"이라고 강조했다(1977년 1월 1일).[22]

국가 지향점으로서 선진국은 다양한 분야에서 비교의 준거를 제공했다. 한국 사회는 근대화 과정에서 자신의 발전적 위치가 어디쯤인지, 지속적으로 선진국과 비교해서 확인하고자 했다. 예컨대 한 기사는 "우리나라 임산부 사망률은 10만 생존 분만에 317.3으로 선진국에 비해 약 10배"라고 썼다(1978년 1월 27일). 비슷한 시기의 다른 기사는 서울의 교통사고 사망률이 선진국보다 44배나 높다고 지적했다(1978년 1월 24일). 이렇듯 선진국은 긍정적인 준거 집단이자 지표로서 한국 사회의 변화를 견인하는 구실을 했다.

1970년대 중반 이후에는 급속한 경제 성장에 대한 자신감을 반영해, 대중 담론에서도 한국은 선진국에 가깝다고 규정하는 경향이 나타났다. 「한국 경제 지위 향상, 이미 선진국권 진입」이라는 제목의 기사에서 한 경제 전문가는 "한국 경제의 발전 단계가 중진국의 단계에서 선진국권에 진입하는 과정에 놓였다."라고 주장했다(1975년 12월 12일). 비슷한 맥락에서 「한국, 선진국 대열에」라는 제목의 기사도 "미국 국무성은 최근에 공개된 한 특별 보고서에서 한국이 브라질, 자유중국

및 멕시코와 함께 '선진국' 대열에 올라섰다고 말했다."라고 보도한
다(1978년 6월 22일).[23]

＊

이 장에서는 한국의 발전주의, 선진국 담론의 형성과 부상을 박정희
정부 시기에 초점을 맞춰 살펴봤다.

한국의 발전주의는 미국이 주도한 발전주의의 부상, 박정희 정부
가 중심이 된 강력한 발전 레짐의 등장이라는 국내외 역사적 환경하
에서 한국의 산업화와 근대화를 이끄는 지배 담론으로 부상했다. 이
런 상황을 반영한 박정희 대통령 연설문에서는 경제 발전, 근대화와
공업화 등을 국가적 가치 판단의 가장 중요한 기준과 목표로 설정하
는 경향이 뚜렷했다.

발전주의의 역사성과 관련해서, 박정희 연설문에 나타난 발전주의
세계관은 이전 시기의 문명 담론적 세계관에서 단절·변화했음을 보여
준다. 박정희는 가난한 과거와 현실에 대한 철저한 문제화를 기반으
로 삼아, 조국 근대화 사업을 민족적 사명으로 인식했다.

선진국 담론은 국가가 추진해야 할 발전 또는 근대화의 목표를 선
진국으로 개념화하는 과정에서 형성된, 대표적인 발전 담론의 하나
다. 이 담론은 세계의 여러 나라를 선진국과 후진국으로 이분화하고
전자에 부정적 가치를, 후자에 긍정적 가치를 부여함으로써 전자에서
후자로의 이행을 정당화했다. 그런 까닭에 한국의 급격한 사회 변화
는 후진국 탈피와 선진국 진입을 위한 과정으로 해석하며, 이른바 조
국 근대화 사업에 정당성을 부여했다.·

선진국 담론은 국가 정체성과 세계관에 큰 변화를 불러왔다. 이전

시기에는 주로 정신·도덕의 문명국으로 설정됐던 한국은 선진국 담론에서 후진국으로 전락했다. 반면 서구는 발전한 선진국으로 표상화되며 한국에 대해 발전 과정의 시간적 선행성을 갖게 됨으로써, 한국과 서구 사이에는 위계 관계가 뚜렷해졌다.

1960년대 중반 이후로 한국은 경제 발전 사업의 성과에 자신감을 보였고, 1970년대에 들어서면 중진국에 진입했다는 인식이 보편화됐다. 이런 인식 변화에 따라 담론의 초점이 후진국 탈피에서 선진국 진입으로 이동하면서, 선진국이라는 용어 사용이 대중 담론에서 크게 증가했다.

선진국이라는 목표의 추구에서, 대중 담론은 박정희 연설문에 비해 신중한 태도를 보였다. 1970년대 중반 이후에는 선진국 진입을 눈앞에 둔 상위 중진국이라는 인식이 커지면서, 1980년대를 선진국 진입의 시기로 설정했다.

돌이켜 보면 약 20년간 이어진 박정희 정부 시기에는 국가 정체성이 급격히 변화했지만, 그 이후의 한국은 꾸준히 높은 수준의 경제 성장을 해 왔음에도 정체성은 거의 정체 상태였다는 점에 주목할 필요가 있다. 선진국 진입이 눈앞이라고 여겼던 1970년대 말보다 경제 규모가 훨씬 커진 오늘날에도 한국의 지배적 정체성은 여전히 '선진국 문턱'인데, 한국 사회가 40년 가까이 선진국 진입에 성공하지 못한 채로 그 문턱에 머물러 있다고 인식된다는 사실이 흥미롭다. 현재의 담론 상황에서 한국이 선진국에 완전히 진입했다는 인식이 조만간에 나오기도 어려워 보인다.

이것은 담론의 인식 틀이 실재와는 큰 상관이 없다는 점을 보여 준다. 그러나 실재와 큰 상관이 없는 담론은 사회의 실질적 변화를 만들어 낸다. 한국의 발전 레짐과 지배층은 아직 국가 목표를 이루지 못한

중간자적 국가 정체성을 이용해서, 대중 동원의 정치적 혜택을 누리
며 발전주의적 국가 변화를 이끌어 왔다.

제5장 /　　**선진국 담론의 변화**
: 1980~1990년대

　　　　　담론의 형성과 변화는 시대를 반영한다. 선진국 담론의
주요 개념들은 한국의 국가 발전 과정에서 그 함의가 변화해 왔다. 이
장에서는 변화하는 역사적 환경에서 1980~1998년에 선진국 담론의
변화를 고찰하고자 한다.

　　정치적으로 1980년은 전두환의 신군부 세력이 집권한 시기이며,
1998년은 문민정부로서 '세계화' 구호를 제창하며 다양한 개혁 정책
을 시행한 김영삼 정부가 외환 위기를 초래한 뒤 물러난 시기다. 지구
적 차원에서 1980~1990년대는 개별 국가 중심이었던 이전의 발전
담론이 세계 경제 위기를 계기로 쇠퇴하고, 지구적 자본 활동과 시장
의 자유를 주창하는 신자유주의 담론이 확산된 시기다.

　　이 장에서는 1980~1990년대 한국의 선진국 담론이 보여 준 시기
별 연속성과 변화를 그 주요 개념과 가정, 국가 정체성과 세계관, 서
구 중심적 함의 등에 초점을 맞춰서 고찰한다. 이것을 위해 대중 여론
을 잘 반영하는 신문을 분석해, 선진국과 후진국 개념의 의미와 이 두
개념의 관계가 시기별로 어떻게 형성·변화했는지 살펴본다. 분석 자
료로는 1980년 1월 1일부터 1998년 2월 25일까지의 『조선일보』 기사
를 활용했다.[1]

　　우선 1980~1990년대 초에 한국의 발전 담론과 선진국 담론의 특

징을 지구적 차원의 신자유주의 부상이라는 맥락에서 살펴본다. 다음으로 1990년대 김영삼 정부가 추진한 세계화 담론과 관련된 선진국 담론의 특징과 사회적 구실을 이전 시기와 비교해서 알아본다.

국제주의와 이상화되는 선진국
1980~1992년

1980년대는 자본의 자유를 주장하는 신자유주의가 세계의 지배적인 경제 이념으로 부상한 시기다. 미국·영국 정부가 주도한 신자유주의 이념과 정책은 IMF와 세계은행World Bank 등 국제기구가 추진한 구조 조정 프로그램의 주요 내용이 됐다(McMichael, 2008). 지구적 차원에서 자본 이동의 자유를 추구한 신자유주의의 부상은 이전 시기에 지구적 발전주의의 토대를 이루었던, 각국을 단위로 한 발전주의와 보호주의의 쇠퇴를 의미했다.

한 국가의 발전은 국가 경계를 넘어 신자유주의적 지구화globalization와의 관계 속에서 이해되기 시작했다. 신자유주의적 지구화는 지구적 단일 시장의 창출을 위해 자유 무역의 불가피성을 강조했다. 각국 경제는 지구적 차원의 시장에 문호를 개방해서 동참할 것과 자본의 초국가적 활동에 대한 개입을 최소화하도록 요구받았다.

1981년에 제5공화국으로 공식 출범한 전두환 정부는 이전 시기 박정희 정부의 반공적 발전주의를 상당 부분 이어받았다. 전두환 정부도 반공 이념 아래 북한과의 적대적 경쟁 속에서 수출 주도의 경제 발전으로 국력 향상을 추구했다. 하지만 지구적인 정치·경제 환경은 이전 시기와 크게 달랐다. 케인즈주의적 경제 발전론을 토대로 삼은 각국 차원의 경제 발전 추구가 박정희 정부 시기의 환경이었다면, 전두환 정부 시기에는 신자유주의의 부상에 따라 미국, 영국 등이 주도하는 국제 사회에서 국가 경제를 향한 개방 압력이 강화됐다.

전두환 정부는 경제 정책에서 시장 개방 압력을 일정 부분 수용했다. 그 결과로 민영·자유·개방화 정책들이 추진됐으며, 국가보다는 자본이 주도하는 경제 발전의 필요성이 대두되기 시작했다. 예컨대 정부는 1983년에 '수입 자유화 5개년 계획'을 세우고 수입 자유화 비율을 점차 높여서 1988년에 95퍼센트까지 올리기로 하거나, 관세 제도를 개편해 국내 산업에 대한 보호를 줄이기로 하는 등의 정책을 시행했다(김적교, 2012).

박정희 정부가 주도한 발전 국가의 특징은 신자유주의 이념이 부상하면서 점차 약화됐다. 국가가 경제 발전을 목표로 모든 가용 자원을 동원하는 형태에서 벗어나, 민간 자본의 자율적인 경제 활동으로 국가 발전이 이루어져야 한다는 믿음이 확산됐다. 국가와 자본 간의 역학 관계에서 1980년대는 자본의 힘이 인식되기 시작한 시기다. 국가의 패권 아래 양성되고 성장했던 자본가 계급이 경제 패권을 국가에서 되찾기 위해 부상한 시기라 할 수 있다(서재진, 1991).

한국 경제는 1980년대에도 급속한 성장세를 유지했다(표 5.1, 5.2 참조). 여러 국내외 여건에 따라 1980년에 마이너스 성장한 것을 빼면, 1981~1989년에 GDP 평균 9.9퍼센트의 성장을 이어 갔다. 이 성장률은 1960~1970년대의 10퍼센트에 버금가는 고도성장이다. 1980~1989년에 GDP는 649억 달러에서 2,436억 달러로 약 3.8배, 1인당 GNI는 1,686달러에서 5,718달러로 약 3.4배 증가했다. 산업별로는 전기·가스·수도 등 사회 간접 자본의 성장세가 두드러졌다.

한국의 발전 담론 변화라는 차원에서 볼 때 1980년대는 신자유주

표 5.1. 1980년대 한국의 주요 경제 지표

연간지표별	1980	1981	1982	1983	1984	1985	1986	1987	1988	1989
GDP(억 달러)	649	724	777	870	966	1,002	1,155	1,462	1,972	2,436
1인당 GNI(달러)	1,686	1,842	1,957	2,154	2,354	2,400	2,742	3,467	4,653	5,718
GDP(실질 성장률, %)	-1.7	7.2	8.3	13.2	10.4	7.7	11.2	12.5	11.9	7.0
농림어업(%)	-16.6	15.7	7.8	9.3	-2.8	6.1	5.4	-4.4	9.5	-0.2
광공업(%)	-1.9	8.7	3.7	16.7	18.8	7.1	15.5	19.2	12.7	4.1
제조업(%)	-1.8	9.2	4.6	17.2	19.5	7.2	15.9	20.0	13.1	4.3
전기, 가스 및 수도 사업(%)	7.0	15.5	5.9	29.7	26.0	19.4	26.4	12.1	9.7	11.8
건설업(%)	-2.9	-7.2	15.4	21.4	5.5	5.4	3.4	9.9	8.1	12.2
서비스업(%)	5.6	5.8	9.3	9.9	9.2	8.7	10.2	12.0	12.4	9.2

자료: 한국은행, 통계청

표 5.2. 1980년대 한국의 GDP 변화

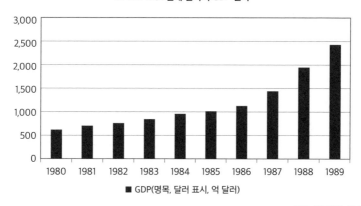

■ GDP(명목, 달러 표시, 억 달러)

자료: 한국은행, 통계청

의적 성격을 띤 국제주의의 영향력이 확대되는 시기다. 국가 발전 담론에서 국가 차원을 넘어서는 국제 환경에 대한 고려가 이전 박정희 정부 시기보다 훨씬 짙어진다. 또 발전 담론에서는 국제주의 안의 서

구 중심적 보편주의가 증가한 시기이다.[2]

선진국과 신흥 산업국

국제주의의 부상에 따라 정치, 경제, 사회 등 다양한 분야의 활동과 현상이 국제적 기준에 맞는지 묻는 경향이 더욱 두드러졌다. 예컨대 1988년의 서울 올림픽을 즈음해서는 선진 시민이 돼야 한다는 주장이 대중 공간에 크게 부상하는데, 이때의 선진 시민은 국제적 기대에 맞는 의식과 자세를 갖춘 시민으로 상상된다.[3] 이처럼 한국 사회의 다양한 영역은 서구가 주도하는 국제적 영역으로 담론 차원에서 점차 포섭됐다.

이런 맥락에서 선·후진국 개념의 사용도 점차 국제적 사안과 연계되는 경향이 나타났다. 우선 선진국 개념은 국제 무대에서 후진국, 개발 도상국, 제3세계 등과 구분되는 국가들의 지위를 일컫는 사례가 증가한다. OECD와 G7 등이 선진국 집단으로 자주 지칭됐는데, 이런 선진국에 대해 한국은 대체로 신흥 공업 국가(Newly Industrializing Countries, NICS) 또는 개발 도상국의 지위로 설정됐다.

국제 무대에서 신흥 산업국 한국과 선진국 간에는 서로 다른 정치·경제적 이해관계가 있다고 인식됐다. 당시 『조선일보』 기사들은 국제적 사안에서 선진국의 의도와 정책에 조심스럽게 접근해야 한다고 강조했다. 한국에 대한 선진국의 경제 개방 압력을 비판하는 태도도 적지 않게 나타났다. 예컨대 「선진국의 신경과민」이라는 제목의 한 기사는 다음과 같이 언급했다.

그러나 70년대 후반부터 한국·대만·싱가포르 등 선발 개도국들이 세계 교역량에서 차지하는 비중이 눈에 띄게 늘어나자, 선진국 모임인

OECD 각료 이사회는 78년 한국을 포함한 6개 선발 개도국을 신흥 공업 국가로 따로 분류, 그동안 후진국에 주어 왔던 무역 및 관세 특혜를 철회하려는 움직임을 보여 왔다(1984년 3월 11일).

이 기사는 한국, 대만, 싱가포르 등의 국가 정체성을 선발 개도국으로 규정하며 선진국과 구분했다. 이어서 선진국들이 이 국가들의 경제 성장을 경계하고 있다며, 지구적 경제 발전을 위한 선진국의 지원을 주창했던 1950~1960년대 발전주의 시대 초기와 달라진 국제 환경을 시사한다. 한국 등 선발 개도국의 경제 성장 과정과 선진국의 이해관계가 어긋나게 된 것이다.

유사한 맥락에서 또 다른 기사는 서방 선진 6개국 집단인 G6의 베네치아 선언을 비판했다. 사실상 선진국이 신흥 산업국에 맞서서 그들의 이익을 지키기 위해 내놓은 선언이라는 것이다.

정상 회담의 '경제 선언'이나 G6의 공동 성명은 모두 신흥 공업국의 이름을 지적하지는 않았으나 …… 한국과 아시아에서 착실한 성장을 거듭해 온 대만, 홍콩, 싱가포르를 겨냥하고 있음에 틀림없다. …… 이러한 선언으로 선진 대국들은 하나의 표적을 만듦으로써 그들 간의 결속을 과시할 수 있었는지는 모른다(1987년 6월 17일).

여기서 선진국들은 자신들의 경제적 이익을 위해 결속하며 공동 행동하는 존재로 묘사되었다.

선진국 집단에 대한 조심스러운 접근은 국제적 정치·경제 사안에 국한되지 않았다. 많은 기사들이 안전, 환경 등 다양한 영역에서 선진국이 후진국, 개발 도상국의 이익을 침해한다고 지적했다. 예컨대 한 기사는 인도에서 발생한 가스 누출 사고에 대해, 선진국의 후진국에 대한 공해 산업 수출에서 비롯된 문제라고 말한다(1984년 12월 7일). 이런 맥락에서 한 칼럼은 한국이 선진국에서 공해 물질을 수입하지 않도록 각별히 주의해야 한다고 강조했다(1985년 1월 12일).

국제 무역에서 선진국은 한국에 시장 개방 압력을 가하는 존재로 인식됐다. 선진국들의 시장 개방 압력이 커지면서 발생한 논란이 신문 기사들에 잘 드러난다. 우선 한국의 시장 개방을 선진국 진입의 필요조건으로 여기는 경향이 나타났다. 국제주의를 중시하는 시장 개방론자들은 개방의 불가피성을 강조했다. 이들은 시장 개방과 선진국 진입을 등치함으로써 자신들의 주장에 정당성을 부여했다.

그러나 시장 개방론에 대한 비판과 우려도 뚜렷했다. 「개방만 하면 선진국인가」라는 제목의 사설은 한국 정부가 미국의 압력 때문에 1988년까지 "선진국 수준"으로 시장을 개방할 계획을 세웠다고 밝히며 우려를 표명했다(1985년 11월 1일). 한국 정부가 시장 개방을 선진국 수준에 비유함으로써 그 주장에 권위를 실으려고 한 사실이 잘 나타난다. 이 계획에 대해 사설에서는 "개방에 따라 경쟁력 강한 외제 상품이 몰려든다면, 어쩔 수 없이 도태될 수밖에 없는 업종 내지 업체들도 얼마든지 있을 수 있다."라며 시장 개방의 문제점을 제기하고 "개방은 무리해서는 안 된다. 외부의 반발이 심하면 그것을 무마해 가면서라도 어쨌든 개방은 순리를 좇아 추진시켜 나가야 한다."라고 주장했다.

이처럼 선진국 담론은 당시 정부 정책에서 시장 개방을 정당화하기 위해 이용되기도 했다. 그러나 위의 사설에 나타난 바와 같이 당시 한국 사회에서는 시장 개방에 대한 저항이 적지 않았다.

결국 국제적 압력과 정부의 시장 개방 정책에 대한 저항은 점차 약화되고, 선진국 담론은 한국의 시장 개방을 포함한 국제주의에 명분을 제공하는 경향이 강화됐다. 시장 개방에 대한 논란 속에서 "선진국은 시장 개방 수준이 높다.", "선진국이 되려면 시장 개방을 해야 한다."라는 등의 주장이 점차 힘을 얻었다.

전두환의 정치적 활용

선진국 담론은 당시 전두환 정권의 정치적 목적에 활용되기도 했다. 1979년 12·12 군사 반란과 1980년 5·18 광주 항쟁에 대한 유혈 진압으로 집권한 전두환의 신군부 세력은 집권 초기부터 그 정치적 정당성이 심각하게 결여됐다.

전두환 정권에 대한 저항 운동이 전국적으로 일어나는 과정에서 저항 담론으로서의 민주주의 담론은 지배 집단의 국가 발전주의를 압도할 정도로 부상했다(조희연, 2003: 66). 전두환 정권은 선진국 성취의 역사적 사명을 강조하며, 대중적 민주주의 운동은 혼란과 분열을 초래하고 결국 국력을 약화시켜서 선진국 진입을 방해한다는 식의 주장을 폈다.

정치 지배층은 민주주의를 위한 대중 운동이 격화한 1980년대 중후반에 선진국 진입이라는 목표를 더욱 강조했다. 전두환은 재임 기간 동안 선진국 진입의 필요성을 지속적으로 제기하면서, 현재 한국은 선진국을 향해 순항 중이며 가까운 시일 안에 목표가 성취될 것이라고 언급했다.

흥미로운 점은 선진국에 대한 언급이 그의 정치적 위기가 최고조에 달한 1987년 초에 대폭 증가했다는 것이다. 『조선일보』는 1987년 3월에 전두환 대통령의 선진국 진입 강조에 대해 3건의 기사를 보도했다. 이 중에서 「전 대통령 "선진국 진입 문고리 잡았다"」라는 제목의 기사는 다음과 같다.

전두환 대통령은 4일 오후 부산 해운대 구청에서 업무 보고를 받는 자리에서 "지난 6년간에 이룩한 성과로 우리는 이제 선진국 진입의 문고리를 잡게 됐다"고 말하고 "이를 토대로 올 한 해 동안 더욱 노력해 세계 역사의 당당한 주역이 돼야 할 것"이라고 강조(했다)(1987년 3월 5일).

바로 다음 날의 「우리는 선진국 된다」는 제목의 기사를 보면, 전두환 대통령은 전날 경상남도 도청을 순시한 자리에서 "단합된 힘으로 내년의 평화적 정부 이양과 올림픽을 성공적으로 치르고 나면 우리는 반드시 선진국이 된다."라고 역설했다(1987년 3월 6일).

그 다음 주에 실린 「선진국 향해 갈 준비 끝났다」는 제목의 기사를 보면 전두환은 전날 제주도에서 각계 인사들을 만나 "지난 6년 동안의 갖가지 시련을 모든 국민이 뜻과 힘을 모아 극복함으로써 이제 선진국을 향해 달려 나갈 준비가 다 끝났다."라고 강조했다(1987년 3월 13일).

선진국 이상화와 한국의 자부심

국제 무대의 행위자인 선진국에 대한 경계심이 부상했지만, 한국 사회의 상상 속에 존재하는 선진국은 이 시기에 더욱 이상화되는 경향을 보인다. 선진국의 앞선 속성에 대한 이전 시기의 인식이 대체로 산업, 기술, 경제 등 물질적 측면에 국한되는 경향이었다면, 1980년대에는 그 인식 범위가 시민 의식, 문화 영역을 포함하며 한층 확대된다. 이런 변화에 따라 선진국을 물질적으로 번영할 뿐만 아니라 정신·문화적으로도 성숙한 국가로 표상화하는 경향이 더욱 강해졌다.

발전 담론의 부상과 함께 점차 약화됐던 문명 담론의 영향력은 1980년대 들어서 더욱 급격히 줄었다. 선진국 담론이 서양에 대한 동양의 문명적 우위를 주장했던 문명 담론의 전제들을 점차 대체하면서, 이상화한 서구와 그에 미치지 못하는 한국의 담론적 위계가 더욱 뚜렷해졌다.

김동길 연세대학교 교수는 「우리에게 없는 것」이라는 제목의 『조선일보』 칼럼에서 다음과 같이 주장했다.

서양에 와 보면 길을 가는 남녀가 일반적으로 우리보다 훨씬 옷을 잘 입고 다닌다. 비싼 옷이라는 말이 아니라 몸에 어울리는 검소한 옷을 빛깔을 맞추어 멋있게 입고 다닌다는 말이다. 잘 어울린다는 것은 얼마나 예술적인 감동을 주는 것인가? …… 서양 사람들은 집도 우리보다 잘해 놓고 산다. 단칸방 아파트에 보금자리를 꾸며도 있을 것이 모두 있고, 갖출 것은 죄다 갖추고 놓일 것이 죄다 제자리에 놓여 있어 편리하기도 하고 아름답기도 하다. …… 우리에게는 문화생활이라는 것이 거의 없지 아니한가? …… 서양 사람을 보고 다소 자존심이 상하지 않을 수 없는 것은 그들이 지닌 풍부한 상식과 논리와 합리성이 소위 '빛은 동방으로부터'라고 자부하는 우리에게 결여되어 있다는 사실이다. 5,000년 전이나 3,000년 전에는 빛이 동방으로부터 솟았는지 모르나 지금은 그렇지 않은 것이 분명하다. 매우 괴로운 자각이다. 친절이란 상식의 일부이다. 그런데 우리에게는 그런 친절이 없지 아니한가. …… 한국인은 세계 어디에를 가도 이런 한국인일 수밖에 없는 것일까?(1986년 1월 19일)

반면 선진국을 향한 국가적 열망에 저항하는 의식도 작지 않았다. 특히 선진국과 서구에 대한 이상화 경향은 정신·문화 측면을 강조하는 전통적 시각과 긴장 관계였다.

일부에서는 선진국을 향한 노력이 물질적인 면에만 초점을 맞추는 경향이 있다고 비판하기도 했다. 물질적 발전의 다양한 부작용에 대한 비판도 자주 제기됐다. 이런 비판적 관점에서 선진국은 공업·산업적 측면에서 앞선 '선진 공업국'이라는 제한적 개념으로 인식됐으며, 산업 발달에 따른 여러 부정적 측면이 있다고 여겨졌다.

이런 비판과 관련해 한 칼럼은 다음과 같이 언급했다.

최근 '선진'이란 말을 자주 듣고, 글자도 본다. 그러나 '선진의 의미'가 흔히 국부 증진, 국민 소득 증대, 수출 증대, 고도 대중 소비, 생산성 향상, 공업화 촉진, 레저 산업 육성, 고층 빌딩, 자가용차의 증가, 포장도로의 확산 등, 주로 물량적 지표 향상에만 그 가치 기준이 두어진 듯한 느낌이다(1983년 11월 16일).

이 기사는 "탐욕 억제", "콩 한 조각이라도 나누어 먹는다는 선조의 지혜" 등을 언급하며 비물질적 가치들을 강조했다.

비슷한 맥락에서 한 예술가가 쓴 칼럼은 "선진국이 되면 새로운 건물이 나날이 높아 가고 문화 행사가 다채로워지는 반면, 범죄나 사고도 늘고 따라서 사람들의 한숨 소리도 높아진다는데"라고 지적한다(1984년 11월 11일). 그런가 하면 「선진국 문물 …… 과연 그것은 모두 "좋은 것"인가」라는 제목의 한 특집 기사는 외국의 물질과 문화의 무비판적 수용은 피하고, 한국의 전통과 문화에 대한 자부심을 회복하는 것이 중요하다고 강조한다(1983년 1월 1일). 이 기사는 산업적 존재로서 선진국은 산업화와 관련한 장단점이 모두 있다며 선진국에 대한 맹목적 열망을 경계했다.

일부 기사는 한국인의 국가 정체성과 자긍심 차원에서 선진국 개념에 의문을 던졌다. 예컨대 한영우 서울대학교 교수는 「군자의 나라:

전통문화 많이 가진 나라가 선진국 …… '정신적 자신감 갖자'」라는
제목의 칼럼에서 다음과 같이 강조했다.

> 한 나라의 수준이나 부라는 것도 눈에 보이는 물질만 가지고 선진국이
> 냐 후진국이냐를 쉽게 규정할 수 없다. 정신적 자산도 마땅히 여기에
> 포함되어야 한다. 고귀한 문화 전통을 풍부하게 가진 나라는 물질생활
> 이 다소 뒤지더라도 후진적인 나라라고 부를 수 없다. …… 우리나라
> 는 중진국이니 개발 도상국이니 하는 소리를 자주 듣는다. 경제나 기
> 술만 가지고 말할 때는 타당성이 없는 것도 아니다. 그러나 경제나 기
> 술만이 국부의 전부가 아니라면, 그러한 표현에는 반드시 단서가 붙어
> 야 할 것이다. 솔직히 말해, '개발 도상국'이라는 발상 때문에 우리는
> 얻는 것도 있지만 잃는 것도 많고, 잘 풀릴 수 있는 문제가 안 풀리는
> 경우도 없지 않은 것 같다. 전통문화에 대한 자신감과 확신만 갖는다
> 면 우리의 문화유산도 얼마든지 세계화가 될 수 있고, 또 그것이 우리
> 가 가진 최대의 잠재적 부가 아닌가 싶다. …… (우리나라는) 우리가 지
> 금 따라잡으려고 벼르고 있는 이른바 선진국보다도 더 많은 역사적·
> 문화적 프리미엄을 가진 나라다. …… (과거에는) 우리 스스로도 자신
> 이 선진국이라는 자부심을 한시도 잃은 적이 없었다(1986년 3월 11일).

이 칼럼이 한국 사회와 서구를 보는 관점은 김동길의 칼럼과 크게
다르다. 우선 물질적 기준에 따른 선·후진국 분류 경향을 비판한다.
물질적 측면에서 뒤지더라도 정신적 자산이 많은 나라는 후진국이라
고 할 수 없다는 것이다.

이 기사는 한국을 중진국 또는 개발 도상국 등으로 분류하는 것에
대해 불편한 심정을 표현했다. 우리가 가진 전통문화라는 잠재적 부

를 무시하는 선·후진국 분류는 우리가 역량을 스스로 제한하는 결과를 초래할 수 있다는 것이다. 그러면서 한국과 선진국의 담론적 위계관계를 해체할 것을 제안한다. 이른바 선진국보다 우리가 더 많은 역사·문화적 자산을 가진 나라라며, 스스로 선진국이라는 자부심을 가져야 한다고 강조했다.

이상에서 살펴본 바와 같이 1980년대의 선진국은 국제 무대에서 한국에 개방 압력을 하는 행위자로서, 한국과 국제 경제적 이해관계를 달리하는 국가라는 인식이 나타났다. 선진국의 국제적 요구가 한국이 선진국으로 진입하려면 불가피한 처사라는 주장과 이것을 비판하는 주장 간의 논쟁이 일기도 했다. 전두환 정권은 민주화 국면에서 선진국 진입의 목표를 더욱 강조함으로써 선진국 담론을 사회 통제수단으로 활용하려 했다.

한편 지구적 차원의 국제주의 확대와 1988년의 서울 올림픽 등을 거치면서 한국인의 상상 속 선진국은, 시민 의식의 수준을 포함한 모든 분야에서 본받아야 할 존재로 이상화되는 경향을 띠었다. 반면에 한국의 문화적 역량을 강조하며 맹목적인 선진국 추구를 경계하는 태도도 적지 않게 나타났다.

1980년대 선진국 담론의 이런 특징은 노태우 정부 시기인 1990년대 초까지 지속적으로 나타났다. 다만 시간이 갈수록 선진국에 대한 이상화와 맹목적 추구의 경향은 강화되고 그 한계에 대한 반박은 점차 약화된 점이 주목할 만하다. 이런 추세는 1990년대 중반 김영삼 정부의 세계화 담론과 맞물려서 더욱 뚜렷해졌다.

세계화와 선진국 담론
1993~1997년

1990년대에도 한국 경제는 큰 성장세를 지속했다(표 5.3 참조). 1990년부터 외환 위기 직전인 1996년까지 GDP 실질 성장률은 평균 8.5퍼센트였다. GDP는 1990년 2,793억 달러에서 1996년 5,979억 달러로, 1인당 국민 소득도 1990년 6,505달러에서 1996년 13,077달러로 각각 약 2배씩 증가했다.

산업화와 민주화를 이룬 1990년대 한국에서는 김영삼의 문민정부 출범과 함께 한 차원 높은 수준의 국가로 도약해야 한다는 인식이 지배적이었다. 집권 초기에 국민의 절대적 지지를 받은 김영삼 정부는 이전 시기의 급속한 산업화 과정에서 생긴 여러 부작용과 모순을 해결해야 한다는 인식 아래, 새로운 국가 발전 전략을 의욕적으로 추구했다.

지구적 차원에서 신자유주의 이념은 지구화(또는 세계화) 담론과 맞물려 강화했으며, 국제기구가 주도한 신자유주의 정책도 더욱 폭넓게 시행됐다. 한국 사회에서는 산업화와 민주화로 상징되는 성공적 근대화의 성과 위에서 국제·지구적 차원의 도전에 현명히 대처할 수 있도록 한국을 업그레이드해야 한다는 인식이 일었다.

김영삼 정부는 출범 초기부터 국제적 환경에서 경쟁력을 갖추기 위해 나라를 전면적으로 개혁할 것을 주장했다. 지구적 차원의 신자유주의 세계화 담론을 적극적으로 수용하고 지구적 추세에 맞춰서 나라를 변화시킬 것을 강조했다. 이 주장의 근거는 지난날 급속한 근대화 과정에서 만들어 낸 한국의 사회·경제 체제가 세계화로 상징되는 새로운 시대에 걸맞지 않다는 가정이었다.

표 5.3. 1990년대 한국의 주요 경제 지표

연간지표별	1990	1991	1992	1993	1994	1995	1996	1997	1998	1999
GDP(억 달러)	2,793	3,256	3,500	3,869	4,555	5,563	5,979	5,576	3,749	4,850
1인당 GNI(달러)	6,505	7,508	7,983	8,720	10,168	12,282	13,077	12,059	7,989	10,282
GDP(실질 성장률, %)	9.8	10.4	6.2	6.8	9.2	9.6	7.6	5.9	-5.5	11.3
농림어업(%)	-5.6	3.2	9.0	-4.2	0.1	7.0	4.3	4.5	-7.4	5.4
광공업(%)	11.1	12.0	5.6	6.8	11.5	12.7	8.3	5.5	-7.6	21.0
제조업(%)	11.6	12.3	6.0	6.9	11.5	12.9	8.4	5.6	-7.5	21.2
전기, 가스 및 수도 사업(%)	16.2	10.6	13.7	12.6	13.2	6.5	10.8	8.8	0.8	10.8
건설업(%)	23.6	11.5	-1.6	8.8	4.6	5.2	6.5	0.9	-11.5	-7.4
서비스업(%)	9.3	10.2	8.0	8.2	9.5	9.0	7.6	6.7	-2.7	8.9

자료: 한국은행, 통계청

김영삼은 당시 한국에서 나타나는 여러 정치·경제·사회적 문제점을 한국병이라고까지 명명하며 변화의 필요성을 역설했다. 그는 한국병을 치유하지 않으면 선진국이 될 수 없다며 자신이 추진한 개혁 정책에 정당성을 부여했다.

정책적인 면에서 김영삼 정부는 "우리 경제의 발전 단계로 보아 중앙 계획 기구가 필요 없고 자원 배분은 시장에 맡기는 것이 옳다는" 판단에 따라 개방·자유화를 가속화했다(김적교, 2012: 55-56). 정부는 관세율을 대폭 낮추고 수입 제한 조치를 철폐하여 수입 자유화를 가속화했다. 서비스 산업을 대폭 개방해 외국인 직접 투자를 촉진했으며, 1995년 말 195개였던 외국인 직접 투자의 제한 품목을 1997년 말에는 52개로 크게 줄였다(김적교, 2012). 이런 정책과 함께 금융 산업의 규제를 완화해서, 자본 시장을 본격적으로 개방했다.

글로벌 스탠더드와 선진국

김영삼 대통령은 취임 초기 '신한국 창조'라는 구호 아래 국가의 전면적 개혁을 시도했으며, 1995년에는 세계화 구호와 정책을 표방하며 국제·지구적 도전에 한국 사회가 적극적으로 대응할 것을 강조했다. 김영삼의 세계화는 한국의 국가 발전 전략에 '세계'를 명시적으로 끌어들인 최초의 사례다.

이런 구호는 한국 사회가 자신의 눈높이를 세계에 맞추고 각 분야에서 세계적 수준·추세를 지향하는 경향을 크게 강화했다. 정부는 다양한 영역에서 글로벌 스탠더드global standard에 맞는 국가 경쟁력을 길러야 한다는 명분 아래 정책을 추진했다.

이런 환경에서 선진국 개념의 사용과 함의가 변화했다. 첫째로 선진국 개념의 추상적 사용이 크게 증가한다. 선진국이 특정한 국가나 국가 집단을 지칭하기보다, 한국 사회가 발전 과정에서 여러 긍정적 가치들을 투사한 하나의 표상으로 사용되는 경향이 커졌다.

이전 시기에는 선진국 개념을 특정 국가나 국제기구, 국제 무대에서 국가의 지위 등 특정한 맥락으로 제한해 쓰는 경향이 상대적으로 강했다. 1990년대에는 세계화 구호와 함께 한국이 세계적 수준에 부합해야 한다는 인식이 일면서, 선진국 개념의 적용 범위가 사회의 다양한 분야로 확대됐으며 그 의미도 구체적 지칭 대상을 넘어서 점차 추상화됐다고 할 수 있다.

둘째로 선진국 개념의 추상화와 관련해서 선진국의 표상이 크게 이상화됐다. 선진국은 이제 선진 공업국 또는 선진 자본주의국 등의 함의를 넘어서 사회의 모든 분야에서 앞선, 모범적이며, 본받아야 할 이상적인 존재로 표상화되는 경향이 더욱 짙어졌다.

선진국 개념의 적용 범위는 한국 사회가 전통적으로 자부심을 느

껐던 정신·문화 분야까지 확장됐다. 산업화에 수반한 비인간화, 환경 오염, 범죄 증가 등 선진국 또는 선진 공업국의 부정적 이미지를 지적하는 경향은 크게 감소한다. 또한 선진국 개념과 선·후진국 구분에 대한 저항, 그리고 한국의 정체성을 선진국 담론의 틀 안에서 규정하려는 경향에 대한 반박 등도 약화됐다.

이런 경향에 따라 상위 개발 도상국인 한국과 선진국 사이의 인식 상 격차는 한층 커졌다. 선진국인 서구 국가 등은 한국 사회보다 모든 분야에서 한층 성숙하다고 보는 경향이 강화됐다. 더 나아가 한국과 선진국 사이에 질적으로 무언가 넘지 못할 벽이 있는 것처럼 여겨졌다. 서구 선진국이 국가 발전의 보편적 모형이라는 인식 아래, 한국을 선진국과 비교하는 경향도 커졌으며 이 과정에서 이들 간 역사·사회적 맥락의 차이는 자주 무시됐다.[4]

셋째로 국제적 사안에서 신흥 산업국인 한국과 선진국 간의 상이한 이해관계에 대한 인식이 약화됐다. 이 배경에는 한국이 성공적인 산업화와 민주화로 사실상 선진국 수준에 가까워졌다는 인식이 있다.

이런 인식에 따라서 선진국과 한국의 이해관계를 동일시하는 경향이 커졌다. 한국이 선진국에 진입하려면 그들의 수준에 맞춰야 한다는 인식도 더욱 증가한다. 이전 시기에 종종 서방 국가의 모임으로 지칭됐던 G7은 대표적인 선진국 집단으로 자리매김한다.[5]

동시에 국제적 사안에서 선진국의 정책과 전략에 대한 비판적 시선이 감소했다. 오히려 선진국은 한국 사회가 그 지위에 도달하기 위해 반드시 따라야 할 국제 사회의 추세 또는 대세를 창출하는 존재로 여겨졌다.

예컨대 선진국의 시장 개방 압력과 관련해 한 기사는 "자유화와 대외 개방은 이미 국제 사회의 거스를 수 없는 대세다. 문제는 자유화와 개방 시대에 걸맞은 정책과 제도를 우리 내부에서 스스로 빨리 갖추는 것"이라고 말한다(1995년 3월 29일). 이전 시기에는 압력으로 인식했던 선진국의 요구를 글로벌 스탠더드로 여기는 경향도 더욱 뚜렷해졌다.

선진국의 문턱에서……

국가 정체성과 관련해 1990년대에는 한국이 선진국에 가깝다는 인식이 크게 대중화된다. 1970년대 후반에 한국이 선진국 진입을 눈앞에 두었다는 인식을 소수 여론 주도층이 이끌었다면, 1990년대에는 이런 인식이 더 넓은 공감대를 형성했다. 『조선일보』 기사들은 한국이 그동안 선진국 지위를 향해 성공적으로 이동해 왔으며, 한국 사회의 문제점만 잘 극복한다면 조만간 선진국에 진입할 것이라고 주장했다.

「국민성과 선진국」이라는 제목의 칼럼은 김영삼 정부의 과거사 청산에 대해 "나쁜 과거와 확실히 결별하고 선진국으로서 여명이 트는 시대가 지금부터 시작되려" 한다며 "다시 한번 국민 한 사람 한 사람이 사치를 버리고 근면하게 노력함으로써 우리나라는 진정한 선진국으로 첫발을 디디고 성장해 나갈 수 있을 것"이라고 말했다(1995년 12월 20일). 이 기사는 "88년 서울 올림픽 때는 한국도 드디어 선진국 대열에 끼어들었다고 생각했던 국민들도 상당히 많았다."라면서 "그러나 한국의 경제 발전은 유감스럽게도 내실이 동반되지 않는 측면이 있었다."라며 과거의 선진국 진입은 국민적 착각이었다고 해석했다.

이런 인식에는 당시 한국 사회의 경제 발전과 민주화의 성취에 대한 자신감이 반영돼 있다. 온전한 선진국의 지위를 국가의 추상적 목표가 아니라 가까운 시일 내에 이룰 수 있는 가시적인 청사진으로 보는 경향이 강했다.

1996년 12월 한국이 OECD에 가입하면서 이런 인식은 한층 두드러졌으며, 이 가입을 선진국이 됐다는 증거로 보는 시각도 나타났다. 이 가입을 계기로 한국 사회의 모든 분야를 선진국 수준에 맞춰야 한다는 인식도 더불어 강화됐다. 한 기사는 "OECD 가입으로 한국도 경제 선진국이 됐으니 방송에서도 선진국이 돼야 하지 않을까."라고 말했다(1997년 11월 24일).

선진국을 발전 모형으로 보는 인식이 대중화되면서 그들의 사례를 배워 한국을 업그레이드하자는 캠페인형 연재 기사가 크게 증가했다. 이 기사들은 선진국과 선진 시민이 되는 것을 시급한 국가적 과제로 여기면서, 선진국을 문화유산, 시민 의식, 환경, 에너지 절약, 교통 문제 등 다양한 분야의 모범 사례로 소개했다(1997년 1월 1일).

한국 사회의 모든 영역이 선진국과 비교·검토하는 대상이 됐으며, 이 과정에서 한국과 선진국 간의 위계는 뚜렷했다. 선진국 수준에 미치지 못한다고 판단되는 한국의 모습은 강하게 비판됐고, 후진국 수준으로 비하되기도 했다. 선진국은 한국의 변화 방향을 제시할 긍정적 준거 집단의 대표로 자리 잡았으며, 그 권위는 이전 시기에 비해 크게 강해졌다.

한 사립 대학교 총장이 쓴 칼럼은 1990년대 중반의 선진국 개념에 대한 사회적 인식을 잘 보여 준다.

우리는 다가오는 21세기에 선진국이 되기를 모두 갈망하고 있다. 또 반드시 선진국이 되어야 한다. …… 우리나라는 1960년대의 1인당 국민 소득 80달러라는 후진국에서 95년 말에는 1인당 국민 소득 1만 달러를 눈앞에 둔 경이적인 경제 발전을 이룸으로써 선진국의 문턱에 도달하였다. …… 결국 우리나라가 선진국으로 나아가는 길은 기술 개혁, 생활 개혁, 그리고 교육 개혁이 아니고서는 불가능하다. 정직을 생명으로 아는 깨끗한 인성, 부지런하고 이웃을 섬길 수 있는 봉사 정신, 첨단 국제 경쟁 시대에 알맞은 언어 구사 능력 및 컴퓨터 활용 능력을 갖춘 인력을 양성하는 것이야말로 선진국으로 가는 길을 더욱 탄탄히 하는 왕도가 될 것이다(1995년 7월 24일).

이 기사는 "다가오는 21세기에는 반드시 선진국에 진입해야 한다."라는 당시의 국가적 열망을 잘 보여 준다. 선진국 담론의 틀에서 선진국을 국가 목표로 제시하며 한국의 현재 정체성을 선진국 문턱으로 규정했다. 또한 선진국 문턱이라는 지위의 주요 판단 기준으로 국민 소득 1만 달러를 제시한다.

이 기사의 필자는 선진국은 양적인 경제 역량을 갖췄을 뿐 아니라 첨단 기술과 산업을 창출할 수 있는 나라라고 정의하면서, 이런 나라가 되기 위해 한국 사회는 기술, 생활, 교육 등에서 "개혁"이 필수라고 주장했다. 이 주장과 같이 경제 외적 분야의 개혁과 경제 향상의 관계가 밀접하다는 인식은, 한 사회의 가치관과 신념 등 문화적 요소가 경제적 근대화 여부를 결정한다는 근대화 이론의 시각을 일정 부분 반영한다. 나아가 이 기사는 정직, 깨끗한 인성, 봉사 정신 등을 선진국의 덕목으로 시사하며 선진국의 지위에 정당성을 부여했다.

*

이 장에서는 1980년대와 1990년대의 시대적 환경에서 선진국 담론이 보여 준 특징과 변화를 살펴보았다.

1980년대는 신자유주의가 지구적 차원에서 부상하며 선진국 담론의 인식이 국제주의와 연계되는 시기로서, 선진국이 되려면 국제적 기준과 요구에 맞춰야 한다는 인식이 부상한다. 예컨대 전두환 정부는 국제적 압력 속에서 시장 개방이 불가피하다 보고, 이것을 선진국이 되기 위한 조건으로 제시하며 관련 정책에 정당성을 부여했다. 반면 한국은 신흥 산업국으로서 국제적 사안에서 선진국과 이해관계가 다르다는 인식도 두드러졌다.

이전 시기에 산업·경제 등의 분야에 국한해서 앞선 나라로 여겨졌던 선진국은 1980년대에 정신·문화 영역에서도 모범적인 국가로 인식되는 경향이 강화됐다. 이런 변화에 따라 한국과 선진국 간의 위계가 갈수록 명확해졌으며, 한국 사회의 결핍 정체성도 더욱 두드러졌다. 이런 상황에 대응해서 선진국 개념과 선·후진국 구분에 대한 비판과 함께, 한국 스스로 자부심을 지켜야 한다는 주장도 적지 않게 나타났다.

한편 전두환 정부는 민주화를 향한 대중적 요구를 무마하기 위한 정치적 수단으로 선진국 담론을 활용했다. 이 정부는 한국이 현재 선진국으로 순조롭게 이행 중인데, 민주화 시위가 선진국 진입의 발목을 잡을 수 있다는 주장을 내세워서 정권 유지를 노렸다.

1990년대는 김영삼 정부의 세계화 정책과 함께 선진국의 함의가 더욱 추상·이상화되면서, 선진국 담론에 내포된 서구 중심적 보편주의가 더욱 강해졌다. 서구 국가의 경험과 주장이 세계·보편적이고 선진국이 되려면 이것들을 따라야 한다는 인식도 더 부각된 시기였다.

김영삼 정부는 세계화의 구호 아래, 사회 각 분야에서 글로벌 스탠더드를 채택해서 세계 수준에 맞는 국가 경쟁력을 확보하는 것이 선진국 진입의 필수 조건이라고 주장했다. 여론 주도층은 선진국을 다양한 분야의 모범으로 설정해서, 이것을 배워야 할 필요성을 강조했다. 1990년대 중반 이후 한국의 여론 주도층은 21세기를 선진국 진입

의 시기로 설정하고 국가적 개혁 정책과 동원 체제 유지에 정당성을
부여했다.

제6장 / **발전주의의 담론 구조와 국가 동원**
: 근대화, 세계화, 선진화

　　동아시아 국가들의 발전과 관련한 사회학적 논의는 주로 발전 국가developmental state에 대해서 이루어졌다. 발전 국가를 정당화한 이념이 발전주의였다는 점에서 이 둘의 관계는 밀접하다.[1] 발전 국가는 시장과 시민 사회로부터의 자율성 또는 배태된 자율성 embedded autonomy을 유지한 채로 경제 성장이라는 목표를 위해 필요한 모든 국가적 자원과 역량을 동원할 의지와 역량을 가진 국가라고 할 수 있다(Kim, 1999, 2007).

　　한국의 경우에 1960~1970년대의 급격한 발전 또는 경제 성장을 주도한 발전 국가는 1980년대 신자유주의의 부상과 민주화 등을 거치며 쇠퇴하다가, 1990년대에 이르러서는 포스트 발전 국가 또는 시장 지향적 국가 등으로 성격이 변화했다는 의견이 적지 않다(이병천, 2000; Kim, 2007; 윤상우, 2009; 박상영, 2012; 김인영, 2013).

　　발전 국가의 쇠퇴는 1997년 말 IMF의 구제 금융에 따른 신자유주의적 구조 조정을 거치며 더욱 뚜렷해졌다. 자본이 자유롭게 활동하면 국가의 경제는 더욱 효과적으로 발전할 것이라는 신자유주의적 믿음이 퍼지자, 시장의 역량이 상대적으로 크게 증가했다. 발전 국가의 쇠퇴는 상대적으로 시장의 지배력 강화를 의미한다.

　　발전 국가의 시대가 지났다고 이해되는 현재 시점에서 발전주의는 어떤 상태인가? 일부 논자들은 발전주의의 변화를 신자유주의와의 관계에서 논한다. 윤상우는 1997년의 IMF 외환 위기 이후 한국의 발전 경험을 "발전주의적 신자유주의화"로 규정하고, 한국에서 신자유주의가 기본적으로 대외 개방, 자유화, 규제 완화 등을 추구하면서도 필요한 경우에는 발전주의적 개입 정책을 띠기도 했음을 강조했다(윤상우, 2009).

이런 논의는 언뜻 보면 신자유주의와 상호 배타적인 듯한 발전주의가, 현실에서는 얼마든지 신자유주의와 결합 가능하다고 전제한다는 점에서 주목할 만하다. 발전 국가를 정당화하는 이념으로 등장한 발전주의가 발전 국가 이후에도 여전히 영향력을 유지할 가능성을 인식한 것이다.

그러나 위와 같은 윤상우의 논의는 기본적으로 발전 국가의 지배이념인 발전주의가 포스트 발전 국가에서는 신자유주의로 변화했다는 점을 강조함으로써 이 둘을 동등한 수준의 이념으로 전제한다. 그의 언급대로 "신자유주의 정책 그 자체가 국가 경쟁력과 발전주의적 목표(높은 성장률, 수출 증대, 따라잡기 등)를 달성하는 동원 전략으로 활용"됐다면(윤상우, 2009: 55), 발전주의와 그 목표를 위한 전략적 이념으로서의 신자유주의를 차별화하는 시도도 가능할 것이다.

이 문제와 관련해 조희연은 현실에서 발전주의가 다양한 양태로 나타날 수 있음을 지적하고, 국가 개입적인 유형을 "보호주의적 발전주의"로, 시장 자율주의적인 유형을 "개방주의적 발전주의"로 구분하기도 했다(조희연, 2002). 윤상우와 조희연은 둘 다 발전주의와 신자유주의를 개념적으로 융합함으로써 현재 한국 사회가 지닌 발전 경험의 복합성을 반영하려 시도한다는 점에서 평가할 만한데, 전자는 신자유주의의 다양성을, 후자는 발전주의의 다양성을 강조한다는 점이 다르다(윤상우, 2009; 조희연, 2002).

포스트 발전 국가 시기의 신자유주의 정책이 궁극적으로 발전주의 적 목표를 추구한다는 점에서 발전주의는 궁극적 목표를 제시하는 상위 수준의 담론, 신자유주의는 그 목표 달성을 위한 전략적 하위 담론으로 차별화할 수 있다.[2] 이 차별화를 한국의 발전 국가 논의와 관련해서 본다면, 포스트 발전 국가로 전환되면서 발전 국가의 시대가 끝났더라도 여전히 발전주의 시대는 진행 중일 수 있다. 이렇듯 발전주의는 반드시 발전 국가에만 결합하는 것이 아니며, 발전 국가 없는 발전주의도 가능하다.

한국에서 발전주의는 시대에 따라 다양한 구호로 제시됐다. 1960~1970년대 박정희 정권의 발전 국가에서 근대화를 추진했다면, 1990년대 세계무역기구(World Trade Organization, WTO) 출범 등 국제 환경의 변화에 대응해서 김영삼 정부가 내세운 구호는 세계화였으며, 2000년대 신자유주의적 정책 기조가 강화되는 가운데 이명박 정부는 선진화를 대표 구호로 내걸었다.

이 장에서는 근대화, 세계화, 선진화 등 시대별로 제시된 대표적인 발전주의 구호를 둘러싼 담론을 분석해서 한국 발전주의의 담론 구조를 밝히려 한다. 분석 대상은 이 세 담론이 각각 두드러지게 나타난 박정희·김영삼·이명박 정부의 대통령 연설문이다.[3]

발전주의 담론을 분석하는 초점은 첫째는 어떤 국가 정체성과 청사진을 제시하는가, 둘째는 시대별로 어떤 발전 전략을 어떻게 강조하는가, 셋째는 어떻게 그 정당성을 확보하는가이다. 특히 각 시대에 공통적으로 나타나는 담론 요인들에 주목함으로써 한국 발전주의의 담론 구조와, 그것이 정당성을 확보하는 맥락을 밝히고자 한다.

발전주의의 목표와 문제 인식

목표: 선진국

한 사회에서 지배 담론은 그 사회의 목표와 정체성을 규정하며, 지배 담론의 변화는 그 사회의 세계관도 변화시킨다. 박정희 정권 시기에 한국의 국가 정체성과 세계관을 규정하는 대표 담론이 발전 담론으로 변화하면서, '발전된 상태'를 국가의 목표이자 청사진으로 추구해 왔다. 한국인들은 발전된 상태를 선진국이라 명명하고, 국가의 발전주의적 열망을 이 개념에 투사해서 국가 변화를 추진해 왔다.

박정희·김영삼·이명박 정부 시기의 대통령 연설문을 분석한 결과, 세 시기에서 공통적으로 국가 발전의 목표를 선진국으로 설정하는 경향이 나타났다.

오직 온 국민이 한 덩어리가 되어 국력 배양에 박차를 가해 나갈 때 어떠한 어려움도 뚫고 우리는 기필코 선진국 대열에 참여할 수 있으리라고 나는 확신합니다. …… 이것이 바로 우리 세대가 짊어진 역사적 사명입니다(박정희, 민주공화당 창당 제16주년 치사, 1979년 2월 26일).

우리는 이 경쟁에서 반드시 이겨야 합니다. 그리하여 우리 모두가 염원하는 선진국 진입을 기어코 달성해야 합니다(김영삼, 대전 지하철 1호선 기공식 연설, 1996년 10월 30일).

그들의 실패를 거울로 삼아서 우리는 선진국의 꿈을 반드시 실현해야 합니다. …… 선진국으로 성큼 들어서기 위해서 변화는 선택이 아니라 필수입니다(이명박, 제28주년 5·18 민주화 운동 기념사, 2008년 5월 18일).

이 연설문들에서 박정희·김영삼·이명박은 각각 "선진국 대열 참여", "선진국 진입", "선진국의 꿈"을 국가 발전의 궁극적 목표로 제시했다. 국가적 목표를 각각 "사명, 염원, 필수" 등으로 표현하고, "기필코, 기어코, 반드시" 등의 부사를 사용해서 목표 달성의 중요성과 절박함을 강조한다. 또 목표를 이룰 주체를 "우리"로 설정함으로써, 발전주의 목표가 특정 집단이나 계층의 목표가 아닌 모두의 것이라는 의도를 표현했다.

선진국이라는 목표가 세 대통령의 연설문에서 나타나는 것은 이것이 달성되지 않은 채 지속적으로 추진됐다는 사실을 반영한다. 그런데 선진국의 표상은 국내외 환경에 대한 인식 변화에 따라 시기별로 조금씩 다르다.

박정희 시기의 선진국이 산업화가 진전된 잘 사는 나라, 부강한 나라라면, 김영삼과 이명박 시기의 그것은 경제를 비롯한 모든 분야의 경쟁력이 세계 수준에 이른 1류 국가로 가정된다. 이런 차이에 따라 박정희는 선진국을 선진 공업 국가로, 다른 두 대통령은 세계 1류 국가나 선진 1류 국가 등으로 서로 다르게 표현하기도 했다.

시대별로 선진국의 함의가 달랐지만, 선진국을 판단하는 중요한 기준으로 국가의 경제 수준과 규모, 그중에서도 국민 소득이 제시됐다. 박정희 시대에는 국민 소득 1,000달러 달성을, 김영삼 시대에는 1만 달러 달성을 자축했지만 아직 선진국 수준에는 미치지 못한다고 인식했다. 이명박 시대에는 2만 달러 달성에 긍지를 느끼면서도, 다음 목표로 국민 소득 3만 달러를 제시하기도 했다.

이제 우리 경제는 겨우 1인당 국민 소득 1,000불 선을 넘어섰습니다. 우리가 선진국 수준으로 부상하자면 적어도 3,000불 내지 5,000불대로 올라가야 합니다(박정희, 소비 절약 추진 범국민 대회 치사, 1979년 3월 27일).

수출 산업의 주도에 힘입어 우리는 세계 12위의 무역 국가로 뛰어오르면서, 세계 11위의 경제 규모와 국민 소득 1만 달러의 나라가 되었습니다. ······ 우리는 21세기 초까지는 반드시 명실상부한 선진 경제 대국이 되어야 합니다(김영삼, 제32회 무역의 날 연설, 1995년 11월 30일).

선진화를 이루고 세계 1류 국가로 나아가는 길을 찾아내야 합니다. 국민 소득 3만 달러 시대를 열고, 쾌적한 환경과 능동적 복지 속에 삶의 질의 선진화를 반드시 이루어야 합니다(이명박, 제18대 국회 개원 연설, 2008년 7월 11일).

박정희 대통령의 연설문에서 "선진국 수준"은 "부상하다"라는 동사와, 국민 소득의 증가는 '넘어서다, 올라가다' 등의 동사와 결합함으로써 이 변화가 지위의 향상을 동반함을 암시한다. 국민 소득의 증가는 선진국 수준의 필요조건으로 제시됐다.

김영삼 대통령의 연설문에서 국가 목표는 "선진 경제 대국"이다. "세계 12위의 무역 국가"가 된 것을 '뛰어오르다'라는 동사로 표현함으로써 지위의 향상을 강조했다. 여기서 선진 경제 대국의 중요한 기준으로 제시된 것은 수출, 무역, 경제 규모, 국민 소득 등이다. 이명박의 연설문에서도 국가 목표인 "세계 1류 국가"가 "나아가다"라는 미래 지향적 동사와 결합됐다.

한국에서 선진국이라는 목표는 1960년대 박정희 정부 시기에 발전주의의 부상과 함께 세워졌다고 말할 수 있다. 그러나 1960년대 초기에는 경제 기반이 부족한 상태여서 국가 정체성이 후진국으로 규정되고 후진국 탈피에 발전의 초점이 맞춰졌다. 이런 점을 고려하면 선진국 진입의 목표가 보다 명시적으로 추구된 때는 국가의 선진국 진입이 눈앞이라고 인식될 즈음인 1970년대 후반부터라고 할 수 있다. 실제로 박정희는 1980년대를 선진국 진입의 시기로 설정했다.

박정희가 선진국 대열에 올라서는 1980년대를 기약했지만, 이후 김영삼·이명박 시대까지 한국은 아직 명실상부한 선진국에 이르지 못했다고 인식된다. 그러므로 선진국 진입의 목표는 여전히 유효한 상태로서, 한국의 발전주의를 구성하는 중요한 담론적 요소다.

문제: 미완의 선진 1류 국가

발전과 저발전의 이분법이 바탕인 발전 담론의 틀에서, 이상적인 상태의 전자와 대비된 후자가 문제화되면서 발전의 필요성이 제기된다. 에스코바르는 이것을 "가난에 대한 문제화"로 표현했다(Escobar, 1995). 발전주의는 가난과 저발전, 부와 발전을 등치하며, 이 두 영역을 구분해 전자에서 후자로의 이행을 추구한다.

한국의 발전주의에서 저발전의 문제는 목표로 삼은 선진국과의 관계에서 인식된다. 한국의 국가 발전 수준은 선진국 수준에 미치지 못하는 상대적 저발전 상태로 여겨진다. 선진국에 비해 한국이 불완전한 존재로 표상화되면서, 서구 오리엔탈리즘의 시각을 자신을 포함한 세계 인식에 적용하는 "자체 오리엔탈리즘"이 야기된다(Mora, 2009).

저발전의 문제화는 한국의 자아 정체성과 깊이 연관되는데, 이것은 시대별로 변화한다. 박정희 시기에 한국의 문제는 후진국 수준의 저발전 상태였다. 박정희의 연설문에서 "후진국"이라 불린 저발전 상태는 빈곤, 퇴영, 침체, 나약 등 부정적인 성격의 단어들과 함께 쓰였다. 박정희는 한국을 문명국으로 규정하려는 자세를 "우물 안 개구리"

식의 인식이라 비판하고, 주저 없이 한국을 "후진국"이라 불렀다. 그의 연설에서 "선진국"은 "자력, 자립, 떳떳하게, 꿈, 자신, 용기" 등 긍정적 의미의 단어와 연결됐다(박정희, 진해제4비료공장 기공식 치사, 1965년 5월 2일).

박정희가 한국을 후진국으로 규정할 수밖에 없었던 가장 큰 이유는 빈곤이다. 그는 빈곤을 당시 한국에서 나타나는 모든 문제의 근원으로 꼽았다. 이런 문제 진단에 따라서 그는 빈곤 탈피를 가장 중요한 국가적 목표로 삼았다.

한국의 저발전 상태를 가난 또는 후진국으로 표현한 시기는 박정희 집권 초기가 유일하다. 이후 경제 발전의 성과가 나오면서 선진국 수준에 미치지 못하는 상대적 저발전 상태가 문제화된다. 김영삼·이명박 시대에 문제가 된 저발전 상태는 주로 "선진국 문턱"으로 표현하는 미완의 성공 상태다.

선진국 문턱을 넘는 과정에 대한 인식은 시기별로 다소 다르다. 박정희는 이것을 시기의 문제로 보는 경향이 강했다. 1960~1970년대의 경제 발전 추이가 지속된다면 1980년대에는 애초 목표한 선진국 진입이 실현될 것으로 상상했다고 본다. 여기에는 자신이 추진한 경제 발전 성과에 대한 자신감과 자부심, 그리고 그 목표 달성에 대한 의욕이 반영됐다.

이런 인식에 비해 김영삼·이명박은 선진국 문턱을 넘는 과정이 국가의 질적 향상이라고 인식하는 경향을 보였다. 이 과정이 그동안의 발전 경험과는 한 차원 다른 질적 도약이라고 상정함으로써, 달성 여부에 대한 판단 근거가 박정희 시기보다 더 모호해졌다.

김영삼·이명박은 국가 전반에 아직까지 남은 미흡한 요소들을 문제화하는데, 이것들을 한국이 온전한 선진국 대열에 끼지 못하고 문턱에 머무르게 하는 주요 원인으로 지목한다. 김영삼 대통령은 취임 초기에 한국의 현실을 "한국병"이라고 부를 정도로 시급한 조치가 필요한 상태로 인식했다.

> 내 몫만을 요구하는 집단 이기주의야말로 한국병 중의 한국병입니다. 이 한국병을 고치지 않고는 결코 선진국에 도달할 수가 없습니다(김영삼, 제165회 정기 국회 시정 연설, 1993년 9월 21일).

이 연설문에서 한국의 정체성은 아직 선진국에 도달하지 못한 상태로 규정된다. 문장 구조에서 "한국병"과 "선진국에의 도달"이 대비되는데, 전자는 후자를 가로막는 요인으로 지목된다.

이명박 대통령도 비슷한 인식을 나타냈다.

> 그러나 지금 한국 사회는 낡은 시대의 갈등이 되살아나고 사회적 신뢰의 붕괴가 나타나고 있습니다. 또 기름값이 급등하면서 경제 상황도 점점 나빠지고 있고, 선진 1류 국가로의 도약과 발전은 지체되고 있습니다(이명박, 국민성공실천연합 비전 선포식 축사, 2008년 7월 12일).

이 연설문에서도 한국의 정체성은 아직 "선진 1류 국가"에 미치지 못하는 상태이며, 이 목표를 향한 도약과 발전이 지체되는 상황을 문제화한다. 이명박은 이 상황을 갈등의 부상과 신뢰의 붕괴, 경제 상황의 악화 등과 연관해 언급하는데, 특히 갈등은 낡은 시대와 결부돼서 선진 1류 국가라는 미래의 목표와 대비된다.

뚜렷한 발전 목표(선진국)와 이에 미치지 못하는 현재의 저발전 상태(후진국 또는 선진국 문턱)의 대비 구조는 필연적으로 변화의 필요성을 제기한다. 특히 전자로의 이행을 가로막는다고 문제화한 요소들에 대한 제거 조치와 정책들이 정당성을 얻는다. 선진국이라는 목표는 국가·민족적 사명으로 강조되는 만큼 이것을 이루기 위한 변화의 노력은 국가·민족 수준에서 대대적으로 제기된다.

현재의 국가 현실에 대한 부정적 인식이 클수록 더욱 큰 변화가 요구된다. 역대 대통령들은 정부 차원의 개혁 정책과 함께 국민에게 "인간 개조(박정희), 의식 혁명(김영삼), 의식의 선진화(이명박)"와 같은 강도 높고 광범위한 수준의 의식 변화를 요구했다.

이렇게 보면 한국 사회는 근대화 사업 시작 이후 줄곧 급격한 변화의 바람 속에 놓였다고 할 수 있다. 특히 정부가 바뀔 때에 한국 사회는 매우 큰 변화가 일어났는데, 발전 담론과 선진국 담론은 이것을 정당화하는 구실을 했다. 선진국이 되려면 큰 변화가 불가피하며 이 변화에 따른 고통은 미래의 행복을 위해 감내해야 한다는 논리가 널리 퍼졌다.

발전주의의 동원 구조

위기의 조성: 적자생존, 중간자, 마지막 기회?

한국의 발전주의는 위기를 조성한다. 위기를 이용해 목표를 향한 긴장감을 높임으로써 발전주의적 국민 동원을 용이하게끔 이끈다. 대통령 연설문들에는 위기의식의 제고가 크게 두 가지 방식으로 나타난다. 첫째는 국제 환경의 치열함에 대한 인식이며, 둘째는 국제 무대에서 한국의 중간자적 위치(갈림길, 샌드위치, 또는 너트크래커nutcracker4)에 대한 인식이다.

식민주의가 바탕인 서구의 패권이 지구적 차원에서 부상한 후로 국제 환경은 치열한 생존 경쟁의 장이었다. 식민주의 시기에 군사력을 앞세운 정치적 생존 경쟁이 주였다면, 포스트 식민주의 시기에는 경제력을 중심으로 한 자본의 패권 경쟁이 상대적으로 두드러졌다. 한국의 발전주의에는 이런 냉엄한 국제 환경이 잘 반영됐다. 치열한 생존 경쟁 속에서 각국은 오직 자국의 실리를 추구한다고 본다.

부단한 변화와 노력이 없으면 나라의 생존이 위험할 수 있다는 논리 위에서, 사회 각 분야는 국가 경쟁력 제고에 동원된다. 엄중한 국제 현실에 대한 인식 위에서, 국민적 단합·단결이 강조되며 미래의 국가적 영광을 위해 현재 국민들의 삶은 희생하도록 요구된다. 선진국 진입은 국가가 생존하기 위한 방향으로 제시된다.

지금 우리는 치열한 경쟁과 놀라운 변화와 무한한 발전을 거듭하는 국제 사회 속에서 살고 있습니다. 우승열패하고 적자생존하는 생존 경쟁이 그 어느 때보다도 준엄한 국제 환경 속에 살고 있는 것입니다. 이 가열한 경쟁의 시대에 우리 민족이 그 생명을 보전하고 영광된 미래를 쟁취하기 위해서는, 우리는 보다 굳건한 단결과 노력으로 전진을 계속해야 하겠습니다(박정희, 대통령 후보 지명 수락 연설, 1967년 2월 2일).

이 연설문은 사회 진화론의 개념을 적용해 "우승열패하고 적자생존하는 생존 경쟁"이 치열한 장으로서 국제 사회를 인식한다. 현재의 "가열한 경쟁의 시대"와 "영광된 미래"의 대비 속에, "굳건한 단결과 노력"으로 "전진"하는 것이 후자를 쟁취하는 방법으로서 강조된다. 또 세계를 약육강식의 무대로 설정함으로써, 내부 단합의 필요성을 높인다. "영광된 미래"는 단순히 좋은 미래가 아니라 민족의 명운이 걸린 중대한 문제로 나타난다.

국제 환경 변화에 대한 한국인의 민감함은 20세기 초에 식민지로 전락했던 역사적 경험에서 비롯된다. 이것은 한국의 발전 담론에서 국제 환경의 냉혹함을 뼈저리게 느끼는 역사적 트라우마의 구실을 한다. 지난날의 식민지 경험은 안주와 무사안일, 그리고 세계의 흐름을 좇지 못한 데서 비롯됐다고 해석한다.

이것은 국가의 생존과 발전을 위해 부단한 변화와 개혁의 노력을 기울여서 세계적 흐름을 따라잡아야 한다는 논리를 정당화한다. 전 지구적 상황에 민감하게 대응하지 않으면 나라가 다시 쇠락의 길에 들어설 수 있다는 의미다. 김영삼 대통령은 다음과 같이 말한다.

역사적 당위성이란 100년 전 개화기에 역사의 조류를 이해하지 못하고 잘못 대응했던 실패를 다시 되풀이하지 말자는 것입니다. 시대적 필연성이란 세계가 격변을 겪고 있으므로 살아남기 위해서는 변화해야 한다는 것입니다. 세계는 지금 정보 혁명과 과학 기술 혁명을 통하여 지금까지의 세계와는 전혀 다른 세상으로 바뀌고 있으며, 각국과 민족이 이 변혁의 주도권을 잡기 위해 치열한 경쟁을 벌이고 있는 것입니다. 이러한 문명사적 변혁기에 적극적으로 대처하지 않을 때 우리는 또 다시 역사의 낙오자가 되고 말 것입니다(김영삼, 『세계일보』 특별 회견, 1995년 2월 27일).

이 연설문에서 세계는 각 나라와 민족이 치열하게 경쟁하는 무대이며 여기서 살아남는 것이 각 나라의 목표다. 김영삼은 승리하기 위해서 세계를 따라 변화해야 한다고 강조한다. 그는 실패한 역사적 경험을 언급하면서, 식민화의 원인을 "역사의 조류를 이해하지 못하고 잘못 대응"한 데서 찾았다.

이명박 대통령의 경우는 식민지 피해자의 의식과 사회 진화론적 색채가 비교적 덜 나타난다. 특히 2010년에 서울에서 G20 정상 회의를 개최한 이후에는 세계 중심 국가로서의 자신감이 두드러진다. 이전 대통령들에 비해서 세계 무대가 공정한 규칙을 따라 운용된다는 인식이 상대적으로 강하지만, 여전히 이 무대를 치열한 경쟁의 장으로 본다.

이제 대구는 국내뿐만 아니라 세계를 향해 나아가야 합니다. 세계와의 경쟁에서 이길 수 있어야 합니다. 열린 사회에서는 세계와 경쟁하기 때문에 문을 닫고 있으면 이길 수 없습니다(이명박, 대구성서5차첨단산업단지 기공식 축사, 2008년 5월 21일).

이 연설문은 도시 차원에서 "세계와 경쟁"할 것을 요구한다. 경쟁을 "세계를 향해 나아가다."라고 표현함으로써 진취적인 느낌을 준다. 또 "문을 닫고 있는 것"과 "패배"를 한편으로 삼고, 다른 한편에는 "세계를 향해 나아가는 것"과 "이기는 것"을 배치함으로써 개방과 경쟁을 강조했다.

다음으로 대통령들은 나라가 선진국 진입의 기로에 있다고 강조하는 방식으로 위기의식을 조성했다. 국가적 상황이 선진국 진입과 후진국 전락의 갈림길에 섰으며, 그 결과는 향후 몇 년 동안 우리가 어떻게 하느냐에 달렸다는 식으로 동원 효과를 극대화하려 한다. "선진국을 향해 앞으로 나아갈 것인가, 후진국으로 전락할 것인가."라는 인식은 단선적 발전론의 사상을 잘 보여 준다.

후진의 낙인 속에 가난에 시달리고 설움을 겪으면서 끝없이 방황할 것인가, 그렇지 않으면 이 침체된 현실에서 과감히 벗어나 자유와 번영의 새 역사를 창조할 것인가, 실로 긴장된 기로에 지금 우리는 서 있는 것입니다(박정희, 제19주년 광복절 경축사, 1964년 8월15일).

이 연설문은 현재 한국이 처한 현실을 "기로에 서 있는 것"에 비유했다. 더욱이 이것을 "긴장된 기로"로 표현하며 긴박감을 더했다. 그 기로는 두 갈래 방향이다. 하나는 "끝없는 방황"이고, 다른 하나는 "새 역사 창조"다. 전자는 "후진의 낙인 속에 가난에 시달리고 설움을 겪는" 반면, 후자는 "자유와 번영"의 방향이다. 이 텍스트에서는 우리가 선택할 두 방향을 극명히 대비시킴으로써, 긴장감을 일으킴과 동시에 목표를 향한 노력의 중요성을 강조한다.

김영삼·이명박의 연설에서도 이것과 비슷한 인식이 나타난다.

우리는 지금 전진이냐, 아니면 후퇴냐 하는 중대한 민족사적 갈림길에 서 있습니다. …… 우리나라가 세계의 중심 국가로 떠오르느냐, 아니면 세계사의 뒤편으로 떨어지느냐는 바로 지금 우리가 어떻게 하느냐에 달려 있습니다(김영삼, 12·12사태 발생 16년째 되는 날을 맞아 국민에게 드리는 말씀, 1995년 12월 12일).

바로 이 시점에 우리가 선진국에 진입하지 못하면 영영 기회가 없을지도 모릅니다. 지금 우리는 선진국에 진입하느냐, 못하느냐 하는 그야말로 역사의 분기점에 서 있습니다(이명박, 국민에게 드리는 말씀, 2008년 5월 22일).

김영삼의 연설문도 우리가 처한 현실을 "갈림길"에 비유했다. 그것도 "중대한 민족사적" 갈림길이다. 갈라지는 두 방향은 "전진과 후퇴"다. 전자는 "세계의 중심 국가로 떠오르는" 방향이며, 후자는 "세계사의 뒤편으로 떨어지는" 방향이다. 전자의 "중심, 떠오르다" 등의 단어가 후자의 "뒤편, 떨어지다"와 극명한 대비를 이룬다. 여기에서 선택은 바로 "우리가 어떻게 하느냐에 달려있다."라고 언급함으로써 "우리"에게 막중한 민족사적 임무를 부여한다.

이명박의 연설문 역시 "우리"가 역사의 분기점에 섰다고 인식한다. 이 분기점은 "선진국 진입"과 "선진국 진입 실패"를 가른다. 선진국이 되는 것을 "진입"이라고 표현함으로써 발전 경로의 최종 관문에 들어간다는 인상을 준다. 그는 이 분기점에 다시 설 수 없다고 말함으로써, 현재의 상황이 매우 엄중하다는 사실을 상기시킨다.

한편 김영삼·이명박의 연설문에서는 한국이 선진국 문턱에 선 상황에서 선진국과의 격차가 줄곧 좁혀지지 않고, 후발 주자격인 개발도상국은 한국을 바짝 추격한다는 인식이 공통적으로 나타난다. 선진국도 아니고 후진국도 아닌, 선진국 문턱을 앞둔 국가라는 정체성은 마치 비정규직 노동자의 처지처럼 불안정하다. 한국이 선진국과 후발 개도국 사이의 샌드위치, 혹은 "너트크래커에 낀 호두" 신세라는 표현은 중간자의 불안한 심리를 반영한다.

이런 상황 인식 속에서 대통령들은 향후 몇 년이 선진국 진입 여부를 결정하는 마지막 기회라는 발언으로 위기 의식을 극대화했다.

제2차 세계 대전 이후 독립한 국가들 중에 선진국으로 진입한 나라는 없다고 합니다. 선진국 문턱에서 좌절해 추락한 나라도 적지 않다고 합니다. 그렇기 때문에 앞으로 5년이 결정적으로 중요한 시기라고 하겠습니다. 이 5년이 선진국 진입 여부를 결정하는 중대한 시기가 될 것입니다(이명박, 제18대 국회 개원 연설, 2008년 7월 11일).

이 연설문은 선진국 문턱에서 좌절했다고 여겨지는 역사적 사례를 언급함으로써 위기가 실제 일어날 수 있다고 밝힌다.[5] 이명박은 이 사례에 근거해서 자신의 임기인 향후 5년을 선진국 진입 여부가 결정될 "중대한 시기"로 설정한다.

이렇게 보면 한국인들은 1960년대에 등장한 발전주의와 이에 따라 추진된 국가 경제의 급속한 발전 이후로 줄곧 선진국 진입을 위한 마지막 기회에서 살아 온 셈이다. 특히 1970년대 후반부터는 선진국 문턱이라는 불완전한 국가 정체성 위에서, 선진국 진입이라는 민족적 사명을 이루기 위한 마지막 기회를 놓치지 않기 위해 노력할 것을 강요당해 왔다.

'민족사적 갈림길'에서

지금까지 거론한 발전주의의 목표, 문제, 위기 조성 등의 담론 요소는 국민들의 어깨를 무겁게 짓눌렀다. 자칫 목표 달성을 회피하고 싶은 패배주의까지 초래할 수 있다. 한국의 발전주의는 이런 문제를 해결하고 국가적 동원을 극대화하기 위해 '저력의 상기'라는 요소를 도입한다.

위에서 언급한 담론 요소들이 목표 달성의 막중함을 암시한다면, 저력은 목표 성취의 가능성을 표현한다. 경쟁이 치열한 국제 환경과 추격당하는 위치에서 선진국을 이루어야 할 한국의 상황은 엄중하다. 그러나 역사적으로 나타난 국가·민족적 저력을 고려할 때 목표 달성은 충분히 가능하다는 논리다.

발전주의 담론에서 한국의 자아 인식은 긍정과 부정이 섞여서 나타난다. 이런 인식은 개발 도상국도 아니고 선진국도 아닌 선진국 문턱이라는 과도기적 정체성에 잘 내포됐다. 현재의 상황은 시급한 변화가 필요하다고 부정적으로 인식하면서도, 변화해서 더 나은 미래를 이룰 가능성을 민족의 역사, 급격한 발전적 성취 등에서 찾았다.

박정희의 경우에 한국의 과거를 고난과 시련, 퇴영과 침체의 역사로 규정하고 변화의 필요성을 제시하면서도 민족적 역량을 함께 강조했다.

> 기름진 강토와 보배로운 천혜의 조건 아래서 세계의 어떤 민족에게도 뒤지지 않는 유구한 역사와 아름다운 전통과 지혜의 바탕을 갖춘 우리 민족이 남보다 나을지언정, 못살아야 하는 무슨 이유가 있을 것입니까 (박정희, 제46주년 3.1절 경축사, 1965년 3월 1일).

1970년대 후반에 박정희는 그간의 경제 발전 성과를 다음과 같이 강조하며 1980년대를 선진국 진입의 시기로 설정했다.

> 중화학 공업의 발전으로 수출은 100억 불을 돌파했으며, 국토의 개발 정비와 고속도로망의 확충으로 전국은 1일 생활권으로 되어 도시와 농촌이 다 같이 경이적인 발전을 거듭해 나가고 있습니다. …… 우리는 멀지 않아 80년대 초에는 고도 산업 사회를 이룩하여 선진국 대열에 올라서게 될 것입니다(박정희, 하와이 이민 75주년 기념 메시지, 1978년 1월 13일).

나라가 과거에 자랑스러운 발전적 성취를 이루었으며 현재 선진국 진입을 눈앞에 두었다는 인식은 김영삼 시기에도 계속된다.

> 오늘의 대한민국은 개발 도상국 중에서 민주주의에 가장 성공한 나라가 되었습니다. …… 우리의 경제는 세계에서 가장 빠른 성장을 거듭

하여 이제 선진국 진입을 눈앞에 두고 있습니다(김영삼, 6·25 참전 용사 위로연 연설, 1993년 6월 25일).

이런 인식을 바탕에 둔 그는 "우리나라가 정치, 경제, 문화, 그리고 도덕성에서까지 세계 7대 선진국 수준까지 가야 한다."라고 역설한다(김영삼, 여의도 클럽 회원의 날 연설, 1993년 6월 17일). 특히 김영삼 시기에는 국민 소득 1만 달러 달성과 OECD 가입을 계기로 선진국 대열에 진입했다는 의견이 나오면서도, 아직 진정한 선진국은 아니라는 의견이 더욱 강했다.

이런 인식은 한국의 발전 과정에 대한 긍지와 자부심을 반영하며, 곧잘 민족적 역량에 대한 믿음과 자신감으로 연결된다. 이렇게 보면 선진국 진입이라는 목표는 변화와 희망의 두 축을 중심으로 설정된다. 미완의 성공이라는 현재 인식이 변화와 노력의 필요성을 역설하는 한편, 과거에 대한 자부심은 이 목표가 얼마든지 실현 가능하다고 인식하게끔 한다.

민족적 저력에 대한 인식은 이명박 연설문에서도 나타나는데, 한국은 선진국 대열에 진입했다는 인식이 이전 시기보다 두드러진다는 점에서 특이하다. 이런 인식은 그의 임기가 끝나가는 2012년 무렵부터 특히 강하게 나타난다.

대한민국은 이제 글로벌 사회의 중심 국가가 되었습니다. 원조를 받던 나라에서 원조를 주는 나라로 발전하였습니다. …… 세계에서 일곱 번째로 인구 5000만 명, 1인당 국민 소득 2만 달러가 넘는 선진국 대열에 들어섰습니다(이명박, 제19대 국회 개원 연설, 2012년 7월 2일).

그러면서도 아직 진정한 선진국은 아니라는 의견도 나타나며 두 인식이 상충되는 양상을 드러낸다.

2018년이 되면 우리나라는 최소한 1인당 국민 소득이 3만 달러를 넘을 것입니다. 우리가 선진국에 도입하는 바로 그 시점에 평창 동계 올림픽을 개최하는 것입니다(이명박, 원주-강릉 간 철도 건설 기공식 치사, 2012년 6월 1일).

여기서 국가·민족적 저력은 위기는 기회가 될 수 있다고 강조하는 근거가 된다. 국내외 정세가 어렵고 선진국 진입의 목표는 엄중하지만, 지금까지 성과를 거둔 저력을 고려하면 어려운 상황은 우리에게 좋은 기회로 작용할 수 있다는 논리도 자주 등장한다.

지금 세계는 국경 없는 무한 경쟁 시대에 접어들었습니다. 이 무한 경쟁은 우리에게 어려운 시련이면서 동시에 선진국으로 도약할 수 있는 기회이기도 합니다(김영삼, 제28회 국가 조찬 기도회 연설, 1996년 4월 30일).

발전주의의 전략 담론
근대화, 세계화, 선진화

박정희는 집권 초기에 국가의 낮은 산업화 수준을 이유로 국가 정체성을 후진국이라고 규정하며, 여기서 벗어나기 위한 전략적 담론으로 근대화를 내세웠다. 산업화와 공업화로 가난을 몰아내고 후진국의 지위에서 탈피해 궁극적으로 선진국에 도달하는 과정을 그는 근대화로 표현했다.[6]

그다음에 우리는 3차 5개년 계획을 한번만 더 하면 됩니다. 그러면 완전히 근대 공업 국가로서 선진 국가의 대열에 우리는 따라갈 수 있는 겁니다. 이것이 지금 우리가 말하는 조국의 근대화입니다(박정희, 전주 유세 연설, 1967년 4월 18일).

이 연설문은 국가 목표를 "근대 공업 국가"로 설정하고, 이것을 "선진 국가"와 비슷한 의미로 사용한다. 연설문은 "근대 공업 국가"를 만들어 "선진 국가의 대열"에 따라가는 것을 "조국의 근대화"라 정의했다. 근대화라는 전략적 구호를 조국과 연계시켜서 민족주의적 발전주의의 성격을 뚜렷이 드러낸다. 또 근대화가 선진국을 "따라가는" 것이라고 표현함으로써 단선적 발전 경로에서의 따라잡기 전략을 주창한 근대화 이론의 명제를 잘 보여 주었다. 경제 발전 5개년 계획은 그 구체적인 실행 계획으로 성격이 규정됐다.

박정희는 공업화 수준을 국력의 척도로 보고, 경제적 근대화의 중요한 요소로 산업화와 공업화를 강조했다. 그는 20세기 초에 한국이 일본의 식민지가 된 근본 원인을 근대화, 그중에서도 공업화가 늦었던 점에서 찾았다(박정희, 부산연합철금공장 준공식 치사, 1967년 9월 29일).

또한 박정희에게 근대화는 정신적 변화까지 꾀하는 국민 운동적인 성격을 지닌다. 그는 근대화 추진의 일환으로 자립심을 키우기 위한 인간 개조를 국민에게 요구했다(박정희, 제2경제 운동 실천 국민 궐기 대회 치사, 1968년 9월 28일).

근대화를 실행 주체의 측면에서 보면, 발전 국가로 개념화되는 국가 주도의 발전주의 전략에서 비롯된 담론 구호의 성격이 강하다. 근대화 담론은 박정희 집권 초기부터 경제 개발 5개년 계획에 반영된 수출 주도형의 국가 발전 전략에 정당성을 부여했다. 지구적 담론 패권의 측면에서 박정희 시기 한국의 근대화 담론은, 미국 학자들이 주도한 근대화 이론의 패권을 반영한다(Latham, 2000; 김철규, 2002; 박태균, 2004).

김영삼 시대에 추진한 세계화 전략은 박정희 시대와는 달라진 시대 상황의 인식을 반영한다. 우선 국가가 주도한 발전 전략의 성과로 산업화가 상당한 수준까지 진행됐다고 평가됨에 따라, 발전 수준에 대한 자신감이 1970년대에 비해서 한층 강화됐다. 한편으로 국가 정체성이 '선진국 문턱'에 도달했다는 이때의 인식은 1970년대 후반과 비슷하다.

이런 인식의 맥락에서 김영삼 시기에 세계화 전략이 출현하도록 영향을 끼친 요인은 국내외적으로 다양하다. 예컨대 국내적으로는 자본이 성장하면서 국가의 '상대적 자율성'이 쇠퇴했다는 점, 국외적으로는 자본의 지구화 추세에 따라 '국가의 후퇴'가 일어났다는 점 등이 있을 것이다(김인영, 2013: 33).

대통령 연설문에 나타난 바로는, 국제 경제 환경의 변화에 대한 인식이 세계화 전략 출현의 가장 중요한 요인으로 분석된다. 김영삼 시기에 「관세 및 무역에 관한 일반 협정」GATT의 우루과이 라운드로 WTO가 1995년에 출범하고, 국가 간 무역 장벽이 낮아지면서 세계 경제가 하나로 통합된다는 인식이 강화됐다. 김영삼은 세계의 흐름에 발 빠르게 대응하지 않으면 뒤처진다는 판단 아래, 세계의 흐름을 좇아 경쟁에서 이겨야 한다는 명분으로 세계화 전략을 제시했다.

이 시기에는 한국의 국가·자본 역학 관계에서 자본의 상승이 두드러진다. 지구적 차원에서는 워싱턴 합의Washington Consensus에 반영된 신자유주의가 영향력을 확대한 시기다. 이런 점에서 세계화 전략은 국내적으로 "국가 주도 발전 역량의 약화, 자본의 성장", 그리고 국외적으로는 "세계 경제의 통합, 신자유주의의 등장" 등의 추세를 복합적으로 반영해 나타났다고 이해할 수 있다.

세계화 담론은 각 분야의 주체가 세계적 수준의 경쟁력을 갖출 것을 요구했다. 이것이 달성되도록 정부는 규제를 완화하고 개방과 개혁을 촉진하겠다고 강조한다.

김영삼은 기자 회견에서 "세계화와 국제 경쟁은 이제 더 이상 사치스런 말이 아니라 우리 앞에 다가온 현실이 되었습니다."라며 "우리는 우물 안의 좁은 시야를 온 세계를 향한 넓은 시야로 바꿔야 합니다." 라고 역설한다(김영삼, 1994년 연두 기자 회견문, 1994년 1월 6일). 이 연설문에서 세계화는 국제 경쟁력 강화를 위한 수단으로 강조되며, 그 주요 방향은 자율화, 개방화, 합리화로 설정됐다. 그는 전면적인 개혁으로 국민의 의식과 각 분야의 관행을 세계 수준에 맞추도록 요구했다. 우리의 시야를 "세계로, 미래로" 넓힐 것도 강조했다. 이런 요구를 위해 "권위주의 시대"와 "근대화"를 등치시키고, 이것을 다시 "정보화와 세계화 시대"의 "세계화"와 대비하기도 했다.

세계화의 절박함에 대해 김영삼은 다음과 같이 말한다.

세계화는 우리를 '21세기 1류 국가' 건설로 이끄는 지름길입니다. …… 정치·외교·경제·사회·교육·문화·체육 등 모든 분야에서 세계화를 이루기 위한 것입니다. 그러기 위해서는 시야와 의식, 제도와 관행이 세계 수준으로 뛰어올라야 합니다. …… 세계화는 하루아침에 저절로 이루어지는 것이 아닙니다. 세계화는 우리 모두에게 피땀 어린 노력과 눈물겨운 인내, 그리고 진정한 용기를 요구합니다. 우리에게는 이 길만이 있을 뿐, 다른 선택은 없습니다. 이에 따라 저는 '세계화'를 올해의 국정 목표로 제시하고자 합니다(김영삼, 1995년 연두 기자 회견문, 1995년 1월 6일).

이 연설문은 세계화를 "21세기 1류 국가로 이끄는 지름길"이라고 지칭함으로써 목적지를 향한 효율적 방법으로 제시했다. "세계 수준" 과 "한국 수준"의 암묵적 대비 속에서, "세계 수준으로 뛰어오를 것"을 강조한다. 이것은 국민들의 사고와 행동의 기준을 국내가 아닌 세계에 두도록 자연스럽게 요구한다.

세계 또는 세계 수준은 그 기준이 모호하므로 정치적 수단으로 활용될 여지가 크다. 특정 계층의 이해관계를 세계 수준으로 포장해서 그 방향으로의 변화를 당연하게 여기도록 하는 것이다. 세계화가 "피땀 어린 노력과 눈물겨운 인내"를 요구할 정도로 힘들지만 다른 선택의 여지가 없는 유일한 길로 가정함으로써 이 길에 대한 저항을 차단한다.

세계화는 이전의 국제화보다 더욱 체계적이고 광범위한 수준의 변화를 의미한다(김영삼, 1995년 연두 기자 회견문, 1995년 1월 6일). 결국 김영삼의 세계화 담론은 무한 경쟁 시대에 모든 분야가 세계와 상대할 수 있도록 국가 경쟁력을 강화하는 전략으로서 세계화가 필요하며, 이것이 국제 무대에서의 승리, 궁극적으로 21세기 선진국을 이루는 유일한 방법이라는 논리를 전개했다.[7]

국가 발전 수준과 정체성, 국제 환경 등에 대한 이명박 시기의 인식은 김영삼 시기와 유사점이 많다. 급속한 경제 발전의 성과로 한국은 세계 10위권의 경제 대국이자 국민 소득이 2만 달러에 이르는 고소득 국가로서 선진국 문턱에 있다는 평가가 일반화됐고, 국제 환경은 여전히 국가 간 경쟁이 치열하다고 인식됐다. 또 이명박의 선진화 담론은 그간의 성과에 대한 자신감을 근거로, 각 분야가 세계 수준에 맞는 국제 경쟁력을 갖춰야 한다고 강조한다.

지구적 차원의 담론에서 본 선진화 담론은 시장의 자유를 강조하는 신자유주의적 사고를 짙게 반영하며, 국가보다는 민간이 책임지는 발전의 중요성을 어느 때보다 강하게 주장한다. 경제 주체를 비롯한 각 분야의 주체들이 세계와 경쟁할 수 있을 정도의 능력을 갖췄을 때 선진국이 된다고 보는 점에서, 세계화 담론과 여러모로 유사하다.

이명박은 취임 초기부터 선진화라는 구호를 내세웠다. 산업화와 민주화라는 경제·정치 분야에서의 근대화를 성공적으로 이루었다는 평가를 바탕으로 삼아서, 이제는 선진화로 '명실상부한 선진국'을 이루어야 한다는 것이었다. 정부는 규제 완화와 개방 정책을 적극적으로 추진하겠다는 약속 아래, 정부보다는 민간 중심의 자율, 그리고 국내 시장의 보호보다는 개방 등에 따르는 국가 경쟁력의 제고를 강조했다.

*

이 장에서는 박정희 시기 이후 한국의 발전주의 담론이 목표, 문제 제기, 위기 조성, 저력 상기, 전략이라는 5개의 주요 요소로 구성됐음을 살펴봤다.

목표로서의 선진국은 모든 시기에 궁극적으로 추구됐지만, 국가 정체성이 후진국으로 규정됐던 박정희 집권 초기에는 후진국 탈피가 더 시급한 목표로 여겨졌다. 박정희 시기의 선진국이 공업화가 진행된 선진 공업국의 함의가 강했다면, 김영삼과 이명박 시기에는 국가의 모든 분야가 세계 수준에 이른 1류 국가의 의미가 두드러졌다.

발전주의는 저발전 상태를 문제화하는데 박정희 집권 초에는 후진국 상태가, 이후에는 선진국에 미치지 못하거나 선진국 문턱에 머무는 상태가 그 대상이었다. 한국에서 발전주의의 패권은 선진국 담론이라는 하위 담론과 밀접하게 연관됨으로써 지지되는 측면이 상당하다. 발전주의의 관점에서 선진국이라는 목표와 아직 그것에 못 미치는 현실의 간극은 시급한 변화의 필요성을 제기하며, 이 변화를 위한 정책적 노력을 정당화한다.

국제 경쟁이 치열한 와중에 한국이 선진국 진입과 탈락의 갈림길에 선 데다 후발 개도국에게 쫓기는 상황이라는 인식은 위기감을 조성한다. 그런 까닭에 향후 몇 년이 선진국 진입의 마지막 기회라는 식의 논리를 내세워 변화의 중요성을 극대화했다.

이런 담론 요소들이 목표 달성의 막중함을 표현한다면, 민족·국가적 '저력의 상기'는 그 가능성을 뜻한다. 한민족은 역사가 유구하며 세계에 유례가 없는 짧은 기간에 근대화와 민주화를 완성했다는 논리로, 선진국의 목표 달성도 충분히 가능하다는 자신감을 심어 준다.

앞서 논의한 미완의 현실이 국가 정체성의 부정적 측면을 강조한다면, 저력의 상기는 긍정적 측면에 초점을 맞춘다. 전자는 변화의 필요성을, 후자는 목표 달성의 희망을 뜻한다.

한국의 발전주의는 전략적으로 근대화, 세계화, 선진화 등을 구호로 내세웠다. 박정희 시기의 근대화는 국가가 주도하는 산업화 전략으로서의 성격이 강했다. 김영삼 시기에는 WTO 출범으로 세계가 하나로 통합된다는 인식이 확산되면서, 한국 사회의 각 분야가 세계와 경쟁해 이길 수 있는 전략으로 세계화 담론이 부상한다. 신자유주의가 지구적 패권 담론으로 자리를 잡아가는 동안에 한국의 세계화 담론은 규제 완화와 개방을 정책적으로 추진한다.

이명박 시기의 선진화 담론도 선진국 문턱이라는 정체성 위에서, 신자유주의적 정책으로 세계 수준의 1류 국가라는 목표를 이루려 한 전략적 담론이었다는 점에서 세계화 담론과 유사점이 많다.

표 6.1. 한국 발전주의의 담론 구조

목표
선진국 진입
선진국 담론: 서구중심주의

전략
근대화, 세계화, 선진화
발전 국가: 근대화 이론 / 포스트 발전 국가: 신자유주의

문제	위기
후진국, 선진국 문턱	국제 경쟁, 갈림길
선진국 담론: 자체 오리엔탈리즘	사회 진화론: 단선적 발전론

저력
유구한 역사, 산업화, 민주화
민족주의

이상의 논의를 그림으로 요약하면 위와 같다(표 6.1 참조).

상술한 바와 같이 발전주의는 다양한 담론 요소들을 이용해서 국가적 동원을 추구한다. 그 과정에서 각 분야의 기능을 선진국 진입이라는 잣대로 평가함으로써 가치관을 획일화한다.[8]

발전주의의 부상 이후로 한국인들은 항상 선진국 진입이라는 목표를 향해 나아가는 중대한 시기에 살면서, 국가의 역사적 사명을 위해 변화·개혁함으로써 지구적 변화에 민감하게 대응하도록 요구받았다.

결론 /　'발전주의 선진국'을 넘어서

　　　　　이 책에서는 현재 한국 사회의 지배적인 국가 정체성과 세계관을 제시하는 선진국 담론의 특징과 전개 과정, 그리고 그 구성의 역사적 배경과 계보를 알아보았다.

　　선진국 담론은 이상화한 선진국과 주변화한 후진국 개념을 중심으로 형성된 한국 사회의 대중적 담론 체계로서 발전주의적, 서구 중심적 국가 정체성과 세계관을 구성한다. 이 담론은 경제 성장, 국민 소득 등으로 측정되는 국가 발전을 선진국의 요건으로 설정한다는 점에서 발전주의적이며, 서구가 이룬 산업화와 근대화의 모습을 선진국의 전형으로 상상한다는 점에서 서구 중심적이다.

　　한국의 서구중심주의 계보를 볼 때 선진국 담론은 19세기 말의 서구 문명을 기준으로 문명과 야만을 구분함으로써 세계를 위계화했던 서구 중심적 문명·개화 담론과 맥을 같이 한다(표 7.1 참조).

박정희 시대에서 벗어나기

선진국 담론의 틀에서 서구는 선진국으로 이상화되며, 비서구는 후진국으로 주변화된다. 선진국의 이상화, 후진국의 주변화는 그 나라의

표 7.1. 지구적·한국적 차원에서 서구 중심 담론의 시대적 변화

		식민주의 시기 (1880~1940년대)	포스트 식민주의 시기 (1950년대~현재)
지구적 담론	주요 개념	문명	발전
	이분법	문명/비문명	발전/저발전
	패권	유럽	미국
한국적 담론	주요 개념	개화·문명	발전(또는 선진국)
	이분법	개화국/미개화국 또는 문명국/야만국	발전/저발전 또는 선진국/후진국
	패권	근대적 개화·문명파	발전주의자
	서구의 표상	개화국, 문명국	선진국
	자아 정체성	(전통적) 문명국 → 반개화·반문명 국 → (도덕·평화적) 문명국	후진국 → 중진국 → 상위 중진국 (NICS) → 선진국 문턱

이미지뿐만 아니라 언어, 관습, 제도, 사고방식, 행동 방식 등 모든 분야에서 이루어진다. 우리는 언제나 근대성의 원형이 우리 밖에, 선진국에 있다고 여기며 살아왔다.

현재 한국 사회는 선진국 담론의 틀에서 자신의 정체성을 선진국 문턱으로 규정하고, 선진국 진입을 빠른 시일 안에 이루어야 할 역사적 사명으로 설정했다. 선진국 담론은 한국의 국가 목표와 미래 청사진을 제시하며, 국가 변화의 방향도 규정한다. 한국의 현재는 미래에 선진국을 성취하기 위해 동원된다.

20세기 중반 이후로 한국인은 선진국에 대해 결핍 정체성을 가져왔다. "선진국에서는", "선진국의 경우" 등 한국 사회의 선진국 운운 화법은 이상화한 선진국에 대한 결핍 정체성의 표현이다.[1] 선진국에 대한 열등감은 곧 후진국에 대한 우월감을 의미한다. 예컨대 선진국 담론은 한국 사회의 외국인 차별 의식을 이루는 주요 근원으로서, 한국 사회의 선진국 출신 외국인에 대한 선망과, 후진국 출신 외국인에 대

한 무시를 야기한다(김종태·한기덕, 2013). 이런 점에서 선진국 담론은 서구의 오리엔탈리즘과 유사한 인식 체계다.

현재 한국 사회에서 당연시되는 선진국 담론의 인식 틀은 어느 시대, 어느 공간에나 적용되는 보편적인 것이 아니다. 그것은 이 책에서 살펴본 바와 같이, 1960~1970년대에 조국 근대화를 내걸고 급격한 국가 변화를 추구했던 박정희 정부 시기의 역사·사회적 구성물이다. 그때 이후 한국 사회는 발전의 열망을 선진국이라는 개념에 투사해 왔다. 결국 박정희가 추진한 조국 근대화 사업의 목표는 후진국 탈피였고, 궁극적으로는 선진국 진입이었으며 이것은 현재까지도 미완의 목표로 남았다.

현재 한국에서 선진국 담론의 인식 틀이 당연시된다는 것은 아직 박정희 시대의 인식 틀을 벗어나지 못했음을 의미한다. 지구적 차원에서 보면 미국 패권의 절정기로서 서구 중심의 발전주의가 최고조에 달했던 1950~1960년대의 인식 틀이, 아직 한국 사회에서 지배적인 인식 틀로 구실하고 있다.

앞서 살펴봤듯 후진국 경제 개발을 내세운 미국 주도의 발전 담론은 미소 냉전의 시대 상황에서 사회주의적 진보 사관에 대응하기 위한 자본주의 세계의 전략적 산물이었다. 이런 점에서 자본주의 세계의 발전 담론은 반공주의가 바탕인 안보 담론과 곧잘 결합했다. 한국의 경우에 박정희 시기의 발전 담론은 "일면 국방, 일면 건설"식의 발전·안보 담론으로 표출됐으며, 이 시기에 형성된 정치·경제 기득권층은 크게 발전(또는 성장)과 안보라는 두 담론 틀로 스스로를 정당화했다.[2] 한국 사회의 발전·안보 담론은 박정희 시기에 반공 발전 국가를 정당화한 지배 담론이라는 역사성이 있다.

우리는 지난 2016년의 '박근혜·최순실 게이트'에서 최씨 일가의 급격한 계층 상승과 재산 축적 과정을 보며, 박정희 개발 독재 체제에서 절대 정치권력과 연결된다는 것이 정치·경제적으로 얼마나 큰 특혜를 안겨 주는 기회였는지 확인했다. 이른바 정경 유착은 자본주의의 한국적 일탈이 아니라, 자본주의의 한국적 본질인 것이다.[3] 박정희 시대가 한국의 정치·경제 체제에 끼친 막대한 영향을 고려하면, 현재 한국 사회는 이 시대에서 여전히 자유롭지 않다.

2016년 말부터 2017년 초까지 진행된 촛불 집회는 무능하고 부패한 대통령을 권좌에서 끌어내리는 데 성공했지만, 이른바 보수 기득권 세력은 여전히 한국 사회의 정치뿐 아니라 경제, 언론, 교육, 종교 등 많은 영역을 지배하고 있으며, 발전·안보 논리로 스스로를 정당화한다. 예컨대 박정희 시대를 상징하는 샐러리맨의 신화인 이명박은 지난 2007년 대선에서 이른바 747 공약이라는 발전 구호를 내세우며 집권에 성공했다. 자유라는 개념을 만들어 본 적도, 이에 대해 진지하게 성찰한 적도, 또 실천해 본 적도 없는 보수 정치 세력은 여전히 "자유 대한민국을 지키겠습니다!" 식의 구호를 내걸고 국민에게 호소 중이다. 이 세력들이 정치적 위기에 처했을 때 내놓는 논리는 여전히 "경제가 어렵고, 안보가 위중하다."라는 것이지만, 박정희 시기 이후 권력자들의 담론에서 그렇지 않은 시기는 없었다.

한국이 성장·냉전 시대의 인식 틀과 정치·경제 체제에 계속 머무를지, 그 시대를 넘어 변화할지가 사회 발전론의 차원에서 현 시대의 큰 문제 중 하나다. 바로 이런 이유로 한국 사회에서 기존 발전 담론의 진지한 재성찰이 필요하다. 성장주의 발전 담론과 그 하위 담론인 선진국 담론의 인식 틀을 넘어서는 것은 박정희 시대에 형성된 한국 사회의 지배적 인식 체계뿐만 아니라, 이 체계가 정당화한 정치·경제 체제와 그 체제에 안주한 세력으로부터 벗어나는 첫걸음이다.

역사적으로 선진국 담론이 발전 사업에 정당성을 제공해서 급속한 경제 발전과 이에 따른 국민 생활 수준의 향상에 기여한 점은 부인할 수 없다. 그러나 발전의 목적이 무엇인지 모호한 까닭에 발전의 교착 상태라 일컬어지는 현 시점에서, 세상의 다양성을 진지하게 평가하고 한국 사회의 질적 성숙을 추구하는 인식 틀로 선진국 담론이 얼마나 적절한지는 의문이다.

포스트 식민주의의 관점에서 볼 때 선진국 담론은 서구의 비서구 지배라는 식민주의의 권력 매트릭스에 사로잡혀 있으며, 비서구의 다양성·주체성을 중시하는 탈식민적 전환을 전혀 반영하지 않았다(Quijano, 2000; Grosfoguel, 2007; Ndlovu-Gatsheni, 2012). 또한 탈발전주의에서 보는 선진국 담론은 지속 불가능한 서구 중심적 발전 게임에 여전히 집착한다(Sachs, 1992; Escobar, 1995).

선진국 담론은 발전에 대한 상상력을 제한한다. 선진국 담론의 틀 속에서 한국 사회는 세계를 실재보다 훨씬 단순하고 위계적으로 상상한다. 선진국 담론은 선·후진국의 위계 관계라는 색안경을 제공해서, 다양한 색상의 지구촌 사회에 대한 맥락적 이해를 방해한다. 이것은 선진국의 제도와 사회 현상, 행동 양식이 근대성의 전형으로서, 한국 또는 다른 사회에 그대로 적용될 수 있다는 착각에 빠지게 한다.

선진국 담론에서 선진국으로 지칭되는 가장 대표적인 나라는 미국이다. 8·15 광복 이후 미 군정과 6·25 전쟁, 그리고 발전 시대를 거치며 형성된 한국의 지배층은 미국을 국가 발전의 모형으로 상정했다. 이 과정에서 미국은 그 실상보다 훨씬 더 성숙하고 앞선 이미지로 한국 사회에서 상상됐다.

그러나 미국은 내부적으로 극심한 경제·사회적 불평등과 소비주의, 암묵적인 인종주의, 내재된 폭력성, 고도의 감시·통제 체계가 존재하며, 대외적으로는 자유와 민주주의의 수호자라는 자기 정체성을 바탕에 깔고 일방주의와 군사 패권주의의 행태를 보인다. 미국은 자신을 세계의 보편적 기준으로 정의하려 하지만, 실제로는 역사적 형성 과정과 정치·경제, 사회·문화적 측면에서 세계의 매우 특수한 사례다.[4]

우리는 미국을 객관적으로 바라봐야 한다. 미국이 주창한 발전주의와 근대화 이론은 "지구상의 모든 나라가 '성공적' 근대화를 이루려면 지구는 5~6개가 필요할 것"이라는 탈발전주의자들의 주장으로 그 타당성을 심각하게 의심받았다(Sachs, 1992: 2). 지구 기후 변화의 주범인 미국은 최근 파리기후변화협정의 탈퇴를 UN에 통보할 정도로 자신과 근대성에 대한 성찰이 부족하다. 이제 지구적 시민 사회는 발전의 초점을 성장에서 지속 가능성, 삶의 질, 연대, 다양성, 평등성 등의 가치로 옮길 것을 요구하고 있다(International Forum on Globalization 2004).

선진국 담론에서 각 국가는 이미지로 재현되며 선진국 또는 후진국으로 규정되는 순간부터 그 사회는 고유의 정체성을 잃고 만다. 예컨대 선진국 담론에서는 부탄의 국민 총행복Gross National Happiness의 추구 같은 독자적 발전 노력에 관심을 갖지 않는다. 코스타리카의 높은 행복 지수도 한국 사회와는 거리가 먼 얘기로 치부한다. 선진국 담론은 한국 사회가 비서구 국가들에서 배운다는 가능성을 차단한다.

각 국가가 제시하는 발전의 청사진은 단일하지 않다. 예컨대 말레이시아의 경우 1991년에 마하티르 빈 모하맛Mahathir bin Mohamad 총리의 주도 아래 비전 2020(Wawasan 2020) 계획을 수립하고 "2020년까지 완전히 발전된 국가"를 이루겠다는 청사진을 제시했다(Mahathir, 1991). 그런데 이 비전 2020이 말하는 발전국a fully developed country은 한국의 선진국과는 사뭇 다르다.

무엇이 '완전히 발전된 국가'인가? 우리는 현재 '발전된 국가'라고 여겨지는 19개 나라들 중 어느 한 나라처럼 되고 싶은가? 우리는 영국이나, 캐나다, 네덜란드, 스웨덴, 핀란드, 일본처럼 되고 싶은가? 물론 세계의 160개 국가들 중 이들 19개 나라는 저마다의 장점이 있다. 그러나 이들은 저마다의 약점도 갖고 있다. 이들 중 하나의 복사본이 되지 않더라도 우리는 발전 상태가 될 수 있다. 우리는 우리 자체의 틀로써 발전된 국가가 돼야 한다(Mahathir, 1991).

이처럼 말레이시아는 서구중심주의에 대한 비판적 관점에서 서구 발전국들의 약점을 보완하는 대안적 발전의 경로를 제시했다.

말레이시아의 비전 2020이 추구하는 9개 전략은 "통합된 국가, 심리적으로 자유롭고 안전하고 발전된 사회, 성숙한 민주 사회, 완전히 도덕·윤리적인 사회, 자유롭고 관용적인 성숙한 사회, 과학·진보적인 사회, 돌보는 사회, 경제적으로 공평한 사회, 경제적으로 번영한 사회"이다. 말레이시아는 자신의 역사·사회적 맥락에서 필요한 요소들에 초점을 맞춰서, 경제·정치·사회·정신·심리·문화 차원에서 골고루 발전된 국가를 꿈꾸고 있다.

각자가 행복한 선진국

한국 사회는 지난 반세기 동안 줄곧 선진국 진입이라는 추상적인 국가 목표를 향한 긴장감 속에서 살아 왔다. "하면 된다." 식의 목표 지향적 생활 방식 속에서 물질적 풍요를 이루었지만 인간성, 사회적 여유, 공동체 의식 등 적지 않은 사회적 가치를 잃었다. 그런데도 발전주의 구호들은 여전히 한국 사회에서 정치적으로 큰 영향력을 발휘한다. 1960년대 이후 고속 경제 성장을 경험했던 우리 국민은 아직까지 또 다른 발전주의 신화를 기대하기 때문이다.

박정희 시대 이후로 발전주의자들은 선진국을 국가 목표로 제시하며, 이것을 이루면 모든 국민이 잘 살게 된다고 선전했지만, 이른바 선진국 문턱에 있다는 현재의 한국 사회는 이상적인 상황에 얼마나 가까운가? 국력은 증대되고 기업은 성장하고 국민 소득은 올라갔지만, 국민 행복도는 전 연령층에서 OECD 최저 수준이며, 자살 인구는 최고 수준이다. 가진 자가 더 갖고, 없는 자는 더 적게 받는 경제·사회적 양극화는 점점 심화된다. 젊은 세대는 삶에 대한 불만족을 "헬조선" 등의 용어로 표출한다.

현재 한국 사회의 이런 문제들은 성장주의적 발전으로 해결할 수 없다. 이제 사람과 이들의 삶에 대한 보다 따뜻한 상상이 필요하다.

애초에 발전주의자, 성장주의자들은 사람들의 삶에 별 관심이 없다. 낙수 효과 이론이나 신자유주의 사상이 보여 주듯이, 기업의 수익을 더 늘리고 경제의 규모를 키우는 것이 이들의 주요 관심사다. 이런 점에서 발전주의는 기본적으로 강자의 논리이다. 이들은 분배가 자칫하면 경제 위기를 불러온다고 위기의식을 조성한다. 남아메리카 국가나 그리스에 경제 위기가 닥친 원인을 쉽게 복지병 탓으로 돌리며 자신들의 주장을 정당화한다.

한국 사회가 성장과 발전, 그리고 선진국에 집착할수록 발전주의자들의 입지는 강화된다. 그러면 국가·기업 논리는 강해지지만 사람 논리는 주변화되기 쉽다. 미래에 회사가 초1류 기업이 되기 위해, 나라가 선진국에 진입하기 위해, 현재의 노동자에게 또는 국민에게 조금만 더 참자는 논리가 공감을 얻고 패권을 형성하는 것도 이런 까닭이다.

앞서 살펴봤듯이 한국 사회의 선진국은 이 사회가 발전 과정에서 이루고자 했던 희망 사항들을 투영한 표상이다. 우리는 미국, 영국 등을 선진국이라 부르지만, 이 국가들의 현실은 한국 사회가 상상하는 선진국과는 거리가 멀다. 선진국은 한국 사회가 발전 과정에서 스스로 만들어 낸 상상이며, 이 발전을 발전주의자들이 주도하면서 이들의 이해관계가 깊이 반영됐다. 발전주의자들은 "조금만 더 참고 노력하면 선진국이 될 수 있다."라는 식의 논리로 발전 국가와 포스트 발전 국가 체제를 정당화해 왔다.

한국 사회는 지난 1970년대 말부터 이른바 선진국 문턱에서 선진국을 좇고 있다. 마치 닿을 듯 닿지 않는 신기루 같은 선진국이 한국의 경제 발전을 이끌었다. 그러나 발전주의가 기본적으로 국가·경제의 논리라는 점에서, 한국이 선진국을 좇을수록 사람은 주변화되고, 현실의 중요한 문제들은 잊힐 수 있다. 근래에 노동자의 해고가 쉬워지고 비정규직이 양산되며, 경제·사회적 양극화가 심화된 것도 결국 기업의 생존·성장과 국가의 선진국 진입이 명분이지 않았나?

현재 한국 사회의 여러 문제들은 선진국이 아니어서가 아니라, 오히려 선진국에 집착한 데서 비롯된다. 현재 발전을 이룬 한국 사회의 낮은 행복 지수를 담론 차원에서 보면, 그 원인의 상당 부분은 선진국 진입의 목표와 미완의 성공인 현실 사이의 격차에 있다.

이제 한국 사회는 발전주의자들이 만들어 낸 선진국을 넘어서, 사회의 다양한 가치를 반영한 '다른 선진국'을 상상해야 한다. 사회 각 분야의 다양한 세력·구성원이 각자 중시하는 가치에 따라서 선진국의 모습이 다양하게 표출될 수도 있어야 한다. 미국, 유럽 등의 서구만 선진국으로 상상하며 비서구 사회들을 차별하고 배제하는, 상상력의 빈곤에서도 벗어나야 한다.

경제 성장의 중요성은 사회의 물질적 필요성에 따라 변해야 한다. 한국의 경우에 후진국 탈피를 꿈꾸었던 1960년대와 현재는 물질적 기반이 크게 다르다. 경제 성장 위주의 발전은 물질 기반이 취약한 특정한 역사적 환경에서 유용할 수 있지만, 그 자체가 보편적 가치는 아니다. 경제 성장 중심의 발전은 국가 또는 사회 발전의 충분조건이 아니다. 경제 성장을 위해 다른 가치들을 희생해야 하는 발전은 진정한 발전이라고 할 수 없다.

새로운 발전의 청사진에서 경제 성장과 국민 소득은 가장 중요한 목표가 아니라, 국가 발전을 위한 여러 요소 중 하나로 취급돼야 한다. 현 시점에서 바람직한 발전은 사회·문화·경제적 가치 중 어느 하나를 위해 다른 가치들을 희생시키기보다, 이 모두의 균형을 맞춰서 고양하는 것이다. 발전주의자들은 경제·성장·경쟁 논리를 내세우지만, 이 논리들이 국가의 모든 분야를 지배해서는 안 된다.

우리가 지향점으로 삼는 선진국은 정치적으로 공동체 의식이 자리 잡아서 효과적으로 정책에 적용되고, 경제적으로 부가 편중되지 않으며, 사회·문화적으로는 구성원들의 개성과 능력, 시민 의식이 성숙하게 발현되는 나라일 것이다. 이런 국가에서는 인간성이 넘치고 사회적으로 여유 있으며, 시민들은 각자 살아가는 방식에서 행복감을 느낄 것이다.

현 시점에서 우리에게 필요한 선진국은 국가와 자본의 논리에 침윤된 냉혹한 나라가 아니라, 그동안 국가와 자본의 성장에 집착하면서 주변화한 것들을 보다 따뜻하게 포용하는 나라다. 이 책에서는 이런 선진국을 "각자가 행복한 선진국"으로, 이 목표를 지향하는 사회 발전은 "각자가 행복한 발전"으로 지칭해 보았다.

각자가 행복한 선진국은 사회 구성원들 저마다가 상상한 한국이 서로 타협하고 조화를 이루면서 실현되는 나라다. 시민 각자의 지향이 결합한 이 나라는 구성원 한 사람 한 사람을 더욱 존중하고, 그들의 삶을 외면하지 않는 선진국일 것이다. 이제 선진국은 더 이상 발전주의자와 안보 지상주의자들의 막연하며 집단·동원적인 목표가 아니다. 한국 사회를 구성하는 모두가 상상할 수 있는, 그들 각각의 삶이 좀 더 구체적으로 행복해지는 나라다.

기존의 인식 틀에서 벗어난 선진국과 발전을 상상하는 역량을 키우려면, 한국 사회는 자신의 근대성에 대한 자존감을 회복해야 한다. "선진국 문턱에 있는 한국은 아직 서구 선진국에 미치지 못한다."라는 인식이 지배한다면, 우리는 서구 따라잡기(또는 서구 흉내 내기)에 급급할 수밖에 없다. 세계의 다양성을 정당하게 인식하는 새로운 상상력은 우선 스스로를 정당하게 파악·평가하는 데서 시작한다.[5]

동양적 문화의 토대 위에 서구적 근대성을 쌓은 한국 사회의 융합성은 서구 사회와 다른 점이다. 지난 2016년 말 촛불 집회와 이후의 정치권력 교체 과정에서 봤듯이 시민 의식과 민주주의도 우리의 생각보다 훨씬 더 성숙했다. 이 과정에서 한국 사회 근대성의 본질적 문제로 생각했던 것의 상당 부분이 이 사회의 리더십 문제, 기득권·지배층 수준의 문제라는 사실도 확인했다.

우리는 지난 1990년대에 성수대교와 삼풍백화점의 붕괴 참사, 외환 위기 등을 겪으며 한국적 근대성의 모순을 앞다퉈 토로했다. 최근에는 세월호 참사를 겪기도 했다. 이런 아픈 경험들을 우리는 뼈저리게 반성해야 하지만, 이것이 한국적 근대성의 본질적 모순이라고 자학하는 것도 옳지 않다.

독일 사회학자 울리히 베크Ulrich Beck의 지적처럼, 서구가 부상하면서 전 세계에 역사적 현실로 나타난 근대성은 그 자체에 '위험'이 내포돼 있다(Beck, 1992). 미국의 다리·도로 붕괴와 경제 위기, 일본의 후쿠시마 원전 사고, 영국의 고층 아파트 화재 사건 등에서 보듯 현대 근대성의 위험은 우리가 선진국이라고 생각했던 나라들에도 온전히 내포됐다. 더욱 큰 문제는 현대 과학 기술의 힘을 믿고 진화하는 이런 근대성이 앞으로 지구상에 어떤 위험을 초래할지 아무로 모른다는 것이다.

20세기 중반에 발발했던 제2차 대전의 참상 후로 서양 문명, 특히 과학 기술 문명의 위험성에 대한 경각심이 전 세계에서 크게 일었지만, 미국 주도의 발전 담론이 부상하면서 그 경각심은 다시 서구와 과학 기술에 대한 믿음으로 바뀌었다. 현재는 서구의 자신만만한 근대성을 제어할 담론의 힘이 너무 약하다. 우리는 과학 기술에 대한 맹신과 물질적 욕망으로 거침없이 질주하는 근대성, 특히 미국·서구적 근대성에 다시 경각심을 가져야 한다.[6] 서구 근대성의 어설픈 모방으로는 사회에 잠재된 위험을 피할 수 없다.

한국 사회는 외세의 침략과 개입, 개발 독재 등 순탄치 않은 경로를 겪으며 근대성을 이루어 왔다. 근대 한국의 역사적 불운에 비하면, 성공적인 산업화와 민주화를 바탕으로 삼은 현재의 근대성은 꽤나 운좋은 성취라고 할 수 있다.[7] 현재 한국 사회에서 나타나는 근대성은 서구의 그것들과는 구분되며, 고유한 장단점이 있다. 한국의 근대성이 서구의 근대성을 압축했다든지, 장차 서구의 근대성처럼 변할 것이라는 인식은 세계의 근대성들modernities 중 한 갈래인 이 근대성의 성격을 간과한 것이다.[8]

미국의 패권 아래서 서구 중심적 발전주의는 지구적 패권 담론으로 부상했지만, 미국의 리더십이 한계에 이르렀고 세계는 다극화되는 상황에서 이것을 대체할 만한 담론이 부상하지 않고 있다(Nederveen Pieterse, 2017). 세계는 지금 새로운 질서와 담론이 필요하다.

한국을 비롯한 아시아 사회가 새로운 담론과 세계 질서의 창출에 기여할 여지는 적지 않다. 예컨대 서구 근대성은 과학 기술에 대한 지나친 자신감과 물질적 욕망으로 위기에 빠질 수 있는 까닭에, 동양 사상이 강조한 절제·중용의 원칙, 자연과의 공존 정신이 그 한계를 성찰케 하는 지혜로 유용할 수 있다. 이런 지점에서 보더라도 세상은 더 이상 서구 중심적이어서는 안 된다.

근래 한국 사회에서는 발전주의의 문제를 극복하기보다 더 심화하는 방향으로 변화가 진행됐다. 1990년대 말의 외환 위기 이후로 한국 사회에도 신자유주의적 발전주의가 엄습했다. 발전주의자들은 신자유주의가 선진국의 요건이라고 주장했다. 이른바 선진화 사업은 사회 각 분야의 신자유주의적 구조 조정을 정당화했다. 그 결과 한국 사회는 더 치열한 경쟁의 무대가 됐고, 승자 독식을 정당화하는 사회 분위기 속에서 경제·사회적 양극화는 심화했다.

약자 또는 '불운한 자'가 받는 경제·사회적 대우와, 강자 또는 '운 좋은 자'가 받는 대우 사이의 격차가 지나치게 크며, 갈수록 더 커지고 있다. 전자가 겪는 고통은 생존 경쟁에서 당연하다거나 국가 경쟁력 강화를 위해 불가피하다는 주장들이 힘을 얻으면서 사회적 정의감은 더욱 희미해졌다.

발전주의가 정당화한 지나친 경쟁 체제를 한국 사회가 극복하려면 학교에서든, 직장에서든, 아파트 분양권 추첨에서든, 그 밖의 어떤 경쟁에서든 승자와 패자 간 보상의 격차가 줄어야 한다.[9] 각 분야에서 여유롭게 경쟁하고, 패자는 승자가 받는 보상의 정당성을 흔쾌히 인정할 수 있는 사회여야 한다. 승자 또는 운 좋은 자는 패자 또는 운 나쁜 자와의 격차를 줄이기 위해 자신들이 운 좋게 얻은 기득권을 양보할 수도 있어야 한다.

발전주의 기득권층은 온 사회를 치열한 경쟁으로 몰고 가지만, 이런 논리를 정작 자신들에게는 적용하지 않는다. 적어도 수억대 또는 수십 억대 연봉을 받는 자들이 "최저 임금이 오를 경우 경제가 우려된다."라든지, "철밥통" 자리에 앉은 자들이 "비정규직을 정규직화할 경우 고용 창출이 어렵다."라는 식의 주장을 하는 상황이 더 이상 용인되면 안 된다.

2017년 5월 10일 출범한 문재인 정부가 추구하는 "사람이 먼저"인 사회는 한국의 발전 방향에 큰 시사점을 준다. 이것은 단순한 정치 구호가 아니라, 발전 담론의 한계를 극복할 대안적 발전 청사진을 제시했다는 점에서, 이른바 진보·보수의 진영 논리를 넘어 한국 사회가 진지하게 생각할 주제이다.

지금껏 한국 사회는 발전·안보 담론의 인식 틀 속에서 사람의 존재 가치를 제대로 인식하지 못했다. 발전 담론의 틀에서 기업 성장과 선진국 진입을 위한 희생을 당연시해 왔고, 안보 담론의 틀에서 자유 대한민국을 위한 차별·배제는 관행으로 여겨 왔다. 그러다 보니 이른바 갑질, 블랙리스트 등 반지성·반인간적 사고와 행태도 한국 사회에 적지 않게 배었다.

자본과 국가의 이익을 위한다는 명분 아래 주변화한 사람은 이제 도구의 지위에서 벗어나 중심 또는 주인의 지위를 되찾아야 한다. 이런 점에서 문재인 정부의 사람 담론은 이른바 보수 세력의 발전·안보 담론에 대한 중대한 도전이며, 기득권 지배 담론을 넘어서기 위해 현 집권 세력이 표현한 상상력이기도 하다. 사람에 대한 관심은 각자가 행복한 선진국의 주요 요소이기도 하다.

문재인 정부가 "사람이 먼저"인 사회를 추구함으로써, 포스트 발전 국가인 한국의 성격을 바꿀 수 있을지 주목해 본다. 1960년대에 국가 주도의 경제 성장을 이끌었던 발전 국가가 1990년대의 신자유주의 부상과 함께 포스트 발전 국가로 전환됐다면, 이제는 다시 "사람 중심"으로 변화를 시도 중이다. 이 정부의 사람 중심 패러다임이 한국 사회에서 큰 경향으로 자리 잡는다면, 한국의 발전은 1960년대 발전 국가, 1990년대 이후 신자유주의적 포스트 발전 국가를 거쳐서, 2017년부터 사람 중심의 포스트 발전 국가로 변화했다는 개념화도 가능할 것이다.

문재인 정부의 새로운 상상력이 실제 한국 사회에서 얼마나 큰 공감을 얻고, 사회를 변화시킬 수 있을지는 아직 알 수 없다. 그러나 이것이 시민 저마다가 사람의 존재 가치를 진지하게 성찰하는 계기가 된다면 발전에 대한 이 사회의 상상력은 더 커질 것이며, 그만큼 한국은 각자가 행복한 선진국에 더 가까워질 것이다.

선진국 담론의 해체와 재구성

한국은 제2차 대전 후로 세계에서 가장 성공적이라고 평가되는 급속한 경제 성장과 민주화를 달성했고, 현재는 이른바 선진국 클럽에 끼기를 가장 강하게 열망하는 국가라는 점에 역사적 특수성이 있다. 이런 측면에서 선진국 담론은 한국 사회를 이해하고 그 발전을 연구할 때에 매우 흥미로운 주제이다.

그런데 한국이 현재의 선진국 담론을 유지하는 한, 앞서 개념화한 각자가 행복한 선진국이 되기 어렵다는 점은 이 담론의 딜레마다.

첫째로 선진국 담론에서 이상화한 선진국은 발전주의자들이 제시한 발전의 표상일 뿐 현실에서 도달 가능한 목표가 아니다. 한국이 지난 1970년대 후반 이후 40년 동안 선진국 문턱에 머무른 것도 이런 점을 반영한다. "서기 2000년이 오면 우주로 향하는 세상"이라는 옛 유행가의 가사처럼, 발전주의의 한계가 명확한 상황에서 이것과 결합한 환상을 추구한다면 그 끝은 매우 허무할 가능성이 크다.

둘째는 방법론적인 측면에서 볼 때, 선진국이라는 목표를 향해 정신없이 질주한다면 그 사회는 각자가 행복한 선진국이 될 수 없다. 그런 사회는 자신의 약하고 아픈 부분을 세세히 살필 새가 없기 때문이다. 각자가 행복한 선진국은 찬찬히 스스로를 성찰하고 돌볼 줄 아는 나라다. 선진국은 달성하는 것이 아니라, 스스로에 충실한 동안에 이루어지는 것이다. 우리 안에서 선진국의 가능성을 찾아야 한다.

셋째로 서구 중심적인 단선적 발전론에 사로잡힌 나라는 그 사상·인식적 미성숙 때문에 각자가 행복한 선진국이라 할 수 없다. 발전주의 선진국이 강자의 시선에서 약자를 차별·배제한다면, 각자가 행복한 선진국은 세계의 다양한 사회에서 나타나는 현상들을 맥락적으로 이해하고, 각 사회의 고유한 가치를 정당히 평가할 줄 안다.

국민 소득 2만 7000달러의 나라가 3만 달러의 목표를 향해 뛰는 것은 숫자의 장난에 놀아난 결과일 뿐이다. 한국의 발전주의자들은 2000년대 들어 국민 소득 3만 달러라는 자의적 기준을 선진국의 조건으로 새롭게 내걸었다. 국민 소득 3만 달러뿐 아니라, 1만 달러나 2만 달러도 선진국이 되기에 부족하지 않은 조건이다. 문제는 그 구성원들 삶의 질이다. 승자 독식을 정당화하고 경제·사회적 격차가 극심한 상황에서 모두가 승자가 되기 위해 치열한 생존 경쟁을 해야 하고, 패자는 억울함이나 자괴감 속에서 힘겨운 나날을 보낸다면 국민 소득이

3만 달러이든, 30만 달러이든 무슨 소용인가.

각자가 행복한 선진국이 되려면 한국은 기존의 선진국 담론을 넘어서야 한다. 이것은 기존의 발전주의 인식·시대를 넘어서는 것과 같다. 이것은 1960년대부터 지속됐던 선진국을 향한 국가 동원 체제의 해체다. 또한 서구 패권 아래서 우리가 스스로 구성한 식민주의적 인식 틀과 서구에 대한 결핍 정체성에서 탈피해, 자신감과 주체성을 회복하는 것이다.

탈식민주의·탈발전주의적 인식 전환을 반영하도록 선진국 담론을 해체·재구성해야 한다. 우선 선진국을 상상의 나라에서 현실의 나라로 끌어내려야 한다. 서구 국가들이 자본주의 산업화를 일찍 시작했다는 점에서는 선진국이라고 부를 수 있다. 그러나 이 국가들이 축적한 부는 서구중심주의자들이 얘기하는 것처럼, 이른바 청교도 정신으로 상징되는 합리성과 진취성의 결과물만은 아니었다.

역사적으로 근대 서구의 부상은 1492년 콜럼버스가 아메리카 대륙에 도착한 이후로 전쟁과 정복, 착취와 공동체 파괴를 동반했던 근대 식민주의에 힘입은 바가 적지 않다.[10] 이후 서구의 산업·근대화 과정은 물질주의, 인간성 소외, 기계·기능주의 사고, 환경 파괴, 위험의 일상화 등 여러 문제점을 야기했다.[11] 현재 서구의 현실도 한국 사회가 상상하는 선진국의 이상과는 거리가 멀다. 앞서 언급했듯이 한국과 마찬가지로 미국, 일본, 영국도 저마다 여러 문제가 있다. 한국 사회에 있는 문제들이 선진국에는 없다고 착각한다면 이것은 선진국을 상상의 나라로 올려놓는 태도이다.

개념적인 면에서 선진국은 서구 국가들 간의 차이와 다양성을 무시하는 이른바 과대 개념blanket term이다. 서구 국가들이 산업화에 일찍 나섰다는 점에서 이들을 선진국으로 묶을 수 있지만, 현재 이 사회들에서 나타나는 근대성의 모습은 단일하지 않다. 유럽 각국과 미국, 일본 등 이른바 선진국들의 사회 구조와 현상이 서로 비슷하다고 여긴다면 큰 착각이다. "선진국에서는 운전 중 휴대 전화 사용을 금지하고 있다."라는 주장은 한두 선진국의 사례를 전체 선진국의 사례인 양 호도하는 일반화의 오류를 범한다. 후진국 개념도 이것과 비슷한 맥락에서 과대 개념이다.

선진국, 후진국 등의 과대 개념을 사용하지 않아야 더 정확한 표현이 될 때가 많다. 선진국을 운운하는 화법 대신 "미국, 중국, 일본 등은……", "인도와 브라질은……"과 같은 식으로 화자가 의도하는 국가명을 구체적으로 지칭하면 의사소통이 더욱 정확해질 것이다. 우리는 세계 각 사회의 고유·특수성, 그리고 이들 간의 다양성을 맥락적으로 이해할 필요가 있다.

요컨대 선진국을 현실의 나라로 끌어내리는 방법은 서구의 근대적 성취를 탈서구 중심적으로 인식하고, 이 인식을 토대로 삼아서 선진국 개념을 산업화, 경제 발전 등의 측면에 제한해 사용하는 것이다. 이런 인식 전환과 함께 이 책에서 각자가 행복한 선진국으로 지칭했던, 한국 사회가 지향할 새로운 선진국을 저마다 상상해야 한다.

그렇다면 선진국은 어디에 있을까? 그동안 한국 사회는 항상 미래 혹은 서구에 존재하는, 한국이 아닌 다른 나라로 선진국을 구성했다. 그러나 이제 한국 사회는 밖의 선진국을 좇는 대신 안의 선진국을 상상하며 이것에 천착하는 방법을 찾아야 한다. 그동안 주변화했던 것들에 보다 따뜻한 관심을 보낼 여유와 역량이 있는 각자가 행복한 선진국의 가능성은 결국 한국 안에 있는 까닭이다.

      선진국 담론은 현재 한국 사회에서 세계 각국의 정체성과 표상을 구성하는 주요 지배 담론 가운데 하나다. 예컨대 시골에 사는 사람의 정체성을 촌사람으로 규정할 수 있지만 많은 경우에 이 개념은 부정적 함의를 내포하듯이, 어떤 나라를 후진국으로 규정하는 것은 단순히 그 국가의 상태나 지위를 객관적으로 지칭하지 않고 저발전, 빈곤, 후진성 등과 관련한 부정적 인식을 내포한다. 반대로 어떤 나라를 선진국으로 규정한다면 이것은 한국 사회가 발전과 관련해 열망하는 바를 모두 이룬 국가에 대한 존경과 찬사를 내포한다.

    한국의 선진국 담론은 일반적으로 미국, 서유럽 각국, 일본 등을 대표적인 선진국으로 부른다. 이 국가들은 일찍이 근대화를 선도했고 오랜 근대화 과정을 거치며 많은 부를 축적해 물질·경제적 기반을 충실히 갖추어서, 합리적이고 성숙한 정치·경제·사회·문화 체제를 이루었다고 인식된다.

    발전 담론이 20세기 중반 이후의 지구적 패권 담론이라는 점에서 이것은 한국만의 현상이 아니다. 세계 각국은 저마다의 발전 담론을 구성하고 그 틀로 다른 국가를 인식했다.

    이 장에서는 한국 사회의 발전 담론 또는 선진국 담론이 이웃 국가인 중국과 일본을 어떻게 인식하고, 이 국가들과의 관계 속에서 자기 정체성을 어떻게 규정하는지 구체적으로 고찰하고자 한다. 또한 중국·일본의 발전 담론이 동북아시아 3국을 어떻게 인식하는지 알아보고자 한다.

우선 한국의 발전 담론에 담긴 동북아시아 3국 인식을 살펴보기 위해 한국의 신문 사설들을 분석 자료로 활용했다. 박근혜 정부가 출범한 2013년 2월 25일부터 이 장의 연구를 시작한 2015년 6월 30일까지 약 2년 4개월을 분석 기간으로 삼았다.[1]

분석의 초점은 다음과 같다. 첫째로 한국의 발전 담론을 구성하는 주요 개념이라 할 수 있는 선진국, 후진국과 관련해서 일본의 정체성과 표상은 어떻게 구성되는가. 둘째로 선진국, 후진국과 관련해서 중국의 정체성과 표상은 어떻게 구성되는가. 셋째로 중국·일본의 정체성 및 표상과 관련해서 한국의 자아 정체성과 표상은 어떻게 구성되는가.

다음으로 중국·일본의 발전 담론에 나타난 국가 정체성과 동북아시아 3국 인식에 관해서는 정일준·박정현·김종태·송병권(2015)의 연구 내용을 참고해서 논의하고자 한다.[2]

선진국 담론 속 동북아 3국 관계

한국의 선진국 담론에 반영된 한국·중국·일본의 정체성은 각각 신흥국emerging countries, 신흥국, 선진국으로 나타난다. 한국은 흔히 선진국 문턱에 있는 나라로서 선진국에 가까운 수준으로 인식되지만 국제 경제 차원에서, 또 이 3국 간의 관계에서는 신흥국으로 규정되는 사례가 적지 않다. 예컨대 『한국일보』는 "신흥국 경제의 일원인 우리 경제가 직면하게 될 구조적 위기 상황을 직시하고" 대책 마련에 나설 것을 정부에 촉구한다(『한국일보』, 2013년 7월 20일).[3]

한·중·일 3국 간 발전 정체성의 차이에 따라, 경제와 산업 기술 측면에서 시간적 선후 관계가 나타난다. 『동아일보』 사설은 "삼성을 부러워하던 중국 기업들은 한국을 곧 따라잡는다고 장담하고, 일본은 재도약의 칼을 갈고 있다."라고 주장했다(『동아일보』, 2013년 6월 7일). 이 사설은 경제적 측면에서 3국의 경쟁 관계를 암시하는데, 특히 중국은 한국을 쫓고, 일본은 한국에 쫓기는 상황에서 주춤했다가 재도약을 도모한다는 인식이 나타난다.

비슷한 맥락에서 『문화일보』 사설은 "중국 등 후발국의 추격이 거센데도 한국의 주력 수출 품목은 10년째 그대로다."라고 주장했다(『문화일보』, 2015년 6월 2일). 다른 사설은 국가 기술력과 관련해 "45개 기술에서는 선진국과의 격차가 벌어졌고, 중국과의 격차는 2010년 2.5년에서 지난해 1.4년으로 좁아졌다."라고 지적한다(『문화일보』, 2015년 5월 4일).

한국이 일본을 쫓고, 중국에는 쫓긴다는 인식은 한국 사회의 위기의식을 조장한다. 한국은 중국의 중저가 제품 공세와 선진국의 앞선 기술력 사이에서 자칫 경쟁력을 잃을 수 있다는 우려들이 나온다.

신문들은 끊임없는 기술 개발과 혁신, 경제적 노력 없이는 이런 경쟁 구도에서 살아남을 수 없다는 점을 강조한다. "'부담스러운 추격자'였던 중국 제품이 순식간에 경쟁자로 올라설 만큼 글로벌 시장은 급변하고 있다."라거나(『동아일보』, 2014년 7월 9일), "반도체, 스마트폰 같은 IT 분야는 물론 중공업·화학·조선 등 한국의 주력 산업은 중국에 따라잡히면서 위기에 처해 있다."라고 주장했다(『경향신문』, 2014년 10월 8일).

한편 선진국에 대해서는 "시장 선도 제품에서는 선진국과의 격차를 좁히지 못하고 있다."라면서 한국이 발전 경로상에서 같은 위치에 머무는 상태임을 시사했다(『경향신문』, 2014년 10월 8일). 한국은 선진국에 버금가는 위상을 짧은 기간에 이루어 냈지만, 앞으로의 기술·경제 경쟁에서 이기지 못하면 선진국 문턱을 넘지 못하고 결국 중진국이나 후진국으로 후퇴할 수밖에 없다는 인식이 나타났다.

신문들은 한국이 선진국을 추격하는 위치라고 규정했지만, 선진국을 그대로 모방하는 전략으로는 효과를 볼 수 없다고 강조하기도 했다. 『경향신문』은 "무엇보다 선진국을 모방·추격하던 전략에서 벗어나 기술 개발을 통해 차별화된 경쟁력을 확보해야 한다."라고 주장했다(『경향신문』, 2015년 5월 11일). 그 구체적 방법으로 "고기술, 고부가가치 품목을 발굴해 경쟁력을 높여야" 하고, "범국가적인 차원에서 산업 구조 재편 등을 통한 경쟁력 강화 작업도 필요하다."라고 강조했다.

한편 경제적 측면에서 한·중·일 3국이 기본적으로 경쟁 관계라고 인식했지만 지나친 자국 이기주의는 3국 모두를 곤란에 빠뜨릴 것이라는 경계심도 함께 나타냈다. 특히 지난 2012년 12월 집권한 일본 아베 신조安倍晉三 내각의 경제 정책에 대한 우려가 두드러졌다. 신문들은 아베 내각의 엔화 약세 정책이 세계 경제의 불안정을 야기하며 한국 경제뿐 아니라, 아시아·세계 경제의 발목을 잡는다는 인식을 표출했다.

『한겨레』는 다음과 같이 주장했다.

엎친 데 덮친 격으로 일본 아베 총리의 노골적인 엔화 약세 유도 전략도 우리 경제의 발목을 잡고 있다. …… 엔-달러 환율이 100엔을 넘어서면 철강·석유 화학을 중심으로 일본과 경쟁 관계에 있는 우리 기업의 수출이 3퍼센트 이상 줄고 110엔대에선 10퍼센트 이상 줄어들 수 있다고 한다. 인위적인 환율 정책이 한국이나 중국의 경쟁력을 떨어뜨려 근린 궁핍화를 초래하고 시장 불안을 야기하면 일본에도 부메랑이 될 수밖에 없다(『한겨레』, 2013년 4월 10일).

이 신문은 일본이 자신의 경제적 이익을 위해 엔화 약세 정책을 펴면서 한국 경제의 발목을 잡았다는 점을 비판하고, 이것이 결국은 일본 자신에도 악영향을 끼칠 것이라는 우려를 나타낸다. 경제적인 면에서 동북아 3국은 경쟁 관계지만, 지나치게 자신의 이익만 추구할 경우 공멸할 수 있다는 인식을 선명히 드러냈다.

선진국 담론의 일본 인식

한국의 발전 담론에서 일본은 미국, 유럽 국가들과 함께 주로 선진국으로 분류된다. 예컨대 『동아일보』는 "이런 흐름은 미국, 일본, 유럽 등 선진국에서도 마찬가지다."라고 언급한다(『동아일보』, 2014년 3월 4일).

일본은 한국·중국보다 일찍 근대화에 나서서 이들 두 나라에 비해 높은 경제 수준과 합리적인 정치·사회 체제를 갖추었다고 평가받는다. 일본은 주로 경제적 사안에서 선진국으로 언급되는데, 이것은 일본이 근대화가 앞서서 서구 국가들과 비슷한 경제 수준을 이루었다는 인식을 반영한다.

앞서 논의했듯이 한국의 선진국 담론에서 선진국은 국가 발전의 목표로 상정되면서 여러 분야의 속성이 이상화된다. 예컨대 장세진이 『상상된 아메리카』에서 지적하듯 한국인들이 선진국으로 상상하는 미국의 모습은 그 실재와는 괴리된 이상화의 결과일 가능성이 크다(장세진, 2012). 한국 사회에서 일본도 미국, 서유럽의 국가들과 함께 대체로 선진국으로 규정되므로 일본에 대한 이상화 경향도 존재한다.

일본이 선진국으로 지칭될 때는 대체로 긍정적으로 표상화되며 한국의 상황을 판단하는 중요한 준거점 역할을 한다. 한국의 신문들은 자신들의 주장을 뒷받침하는 구체적 사례로 일본을 인용하는 경우가 적지 않다.

예컨대 『한국일보』 사설은 안전띠 의무화 필요성을 주장하며, 한국의 안전띠 착용률은 73퍼센트 정도로 "일본, 독일 등 교통 선진국들이 전체 90퍼센트 이상, 뒷좌석도 70~80퍼센트인 것에 크게 못 미치는 형편"이라고 언급한다(『한국일보』, 2013년 7월 20일). 이 신문의 다른 사설은 기업 어음 발행과 관련해 투자자 보호의 필요성을 제기하면서 "미국과 일본 등 선진국이 오래 전부터 투자자 보호 차원에서 개정될 규정과 비슷한 제도를 시행"해 왔다고 주장한다(『한국일보』, 2013년 9월 30일). 『한겨레』는 한국에서 낮은 전기 요금 때문에 전력 사용량이 증가하는 점을 지적하며 "독일이나 일본, 미국 등 대부분의 선진국은 오히려 소비량이 줄었다."라고 언급한다(『한겨레』, 2013년 11월 18일).

그러나 일본에 대해서는 다른 선진국에 대한 인식과는 다른 부정적 인식도 적지 않게 나타난다. 우선 일본이 지난 20년 동안 저성장 불황에 빠졌다고 인식함으로써, 한국 경제가 오히려 반면교사로 삼아야 할 사례로 보는 태도가 있다. 예를 들어 『동아일보』는 다음과 같이 주장했다.

30년 뒤면 광복 100주년이 된다. 그 이전에 대한민국은 세계사를 주도하는 선진국이 되어 통일 한반도의 번영을 누리고 있을 것인가, 아니면 분단 상태 그대로 일본의 '잃어버린 20년' 전철을 밟다가 다시 '백마白馬 타고 오는 초인超人'을 기다릴 것인가(『동아일보』, 2015년 1월 1일).

이 신문 사설은 일본을 "잃어버린 20년"으로 상징되는 불황을 겪은 국가이자, 한국이 앞으로 닮아서는 안 되는 침체의 대명사로 인식한다. 한국의 미래 목표를 선진국으로 규정하면서도 일본의 전철은 피해야 한다고 인식함으로써, 한국의 국가 목표인 선진국과 현재 선진국인 일본의 지위를 다르게 규정하는 점에 주목할 필요가 있다. 다시 말해서 경제적으로 일본은 산업 기술 등에서 앞선 선진국이라는 표상과, 지난 20년을 잃어버린 침체의 표상을 함께 가졌다.

일본은 선진국이지만 그 이미지는 주로 침체와 불황을 겪는 나라로 구성되는 한편, 여기서 벗어나기 위해 공격적인 양적 완화 등 무리한 경제 정책을 시행해서 이웃 국가와 세계의 경제를 위협하는 국가다. 이런 면에서 선진국 일본에 대한 인식은 긍정이자 부정의 이중성이 강하다.

그런데 일본이 가장 부정적으로 인식되는 사안은 역사와 영토 문제이다. 신문들은 일본의 역사 인식 퇴행을 북한의 핵무기, 미·중의 주도권 경쟁, 중·일 마찰의 증대 등과 함께 동북아시아 정세 불안의 주요 요인으로 취급했다.

역사와 영토 문제는 일본의 선진국 지위를 지속적으로, 그리고 가장 강력하게 위협하는 요인이다. 일본은 일찍이 산업화에 성공해서 앞선 기술과 경제 수준에 이른 선진국이지만, 일제 강점기에 대한 역사 인식과 독도 등 영토 문제에서는 지난날에 대한 반성 없이 끊임없이 침략적 근성을 드러내는 후진국 수준에 머물렀다고 여겨진다.

한국의 후진국 개념에 내포된 부정적 의미를 감안하면, 이것은 일본에 대한 반감과 분노를 반영한다. 예컨대 『세계일보』 사설은 일본의 역사 인식을 비판하며 "침략의 역사를 부정하는 것도 모자라 미화까지 서슴지 않는 '역사 후진국' 일본은 두 나라(영국과 독일)에서 과거사를 청산하는 방법을 배워야 한다."라고 주장한다(『세계일보』, 2013년 5월 8일). 이 사설은 이어 "일본의 미래 세대는 '몰염치한 일본'의 유산만 떠안게 생겼다."라고 우려한 뒤 "영국의 국격, 일본의 국격은 하늘과 땅 차이다."라고 비판했다. 이처럼 일본의 역사의식은 영국과 독일 등 서구 선진국들의 "선진국다운" 의식과 대조적이라고 인식된다.

한국의 늦은 산업화에서 비롯된 선진국 일본에 대한 열등감은, 역사 인식과 관련해서는 후진국 일본에 대한 우월감으로 바뀐다. 이런 면에서 한국 사회의 일본은 대체로 선진국으로 규정되면서도 다른 선진국에 비해 크게 존경받지는 못하는 나라다. 일본의 선진국 지위가 미국과 서유럽 등 다른 선진국보다 불완전하다고 설정되는 점이 흥미롭다.

또한 일본은 2011년의 후쿠시마 원전 사고 이후로 안전 문제와 관련해서 종종 비판적으로 언급된다. 『동아일보』 사설은 경상북도의 구미산업단지에서 일어난 유독 가스 폭발 사고를 인재人災형 사고라고 비판하며 "'안전대국'으로 불리는 일본이 얼마 전 35년 된 터널을 제때 보수하지 않아 9명이 사망한 사고를 반면교사로 삼아야 한다."라고 언급했다(『동아일보』, 2013년 3월 8일). 이 사설은 유해 화학물질과 관련해서 한국이 사용은 선진국이나 관리는 후진국이라고 규정했다.

이런 점에서 일본은 한국인들에게 다소 예외적인, 또는 불완전한 지위의 선진국이다. 산업·근대화를 앞서 경험한 나라로서 경제·기술적으로 한국보다 앞선 "따라잡기"의 대상이지만 정신적으로는 선진국 수준에 아직 미치지 못한다고 인식된다. 그중에서도 역사·영토 인식은 한국 사회가 일본을 부정적으로 보는 중요한 이유다.

선진국 담론의 중국 인식

제2차 대전 후 미소 냉전 체제 아래 미국의 패권을 정당화하는 구실을 한 주요 담론이 발전 담론과 근대화 담론이라는 점에서, 이 담론들은 자본주의적 근대화를 보편적인 발전 경로로 상정한다. 미국의 대표적 근대화론자인 로스토는 1960년에 출판한 저서『경제 성장의 단계들The Stages of Economic Growth』의 부제를 비공산당 선언A Non-Communist Manifesto으로 명명함으로써 자신의 근대화론은 마르크스의 공산주의 진보 이론에 대항하는 이데올로기적 성격이 있음을 분명히 했다.

지구적 차원의 발전 담론은 발전과 저발전의 이분법으로 자본주의와 공산주의의 이분법에 대항했다. 이것은 미국을 비롯한 서구 자본주의를 발전의 목표로 상정하는 한편, 사회주의 사회는 서구 사회보다 진보의 단계가 늦다고 가정함으로써 자본주의의 우월성을 설파했다. 한국의 발전 담론도 사회주의 국가들을 후진국 또는 개발 도상국으로 인식하는 경향을 띤다.

이런 맥락에서 한국의 신문 사설에 반영된 중국의 정체성은 대체로 선진국과 대비되면서도, 일반적 의미의 후진국 또는 개발 도상국과는 다른 몇 가지 개념이 중첩됐다.

첫째로 중국은 국제 경제 차원에서 신흥국 중 지도적 위치에 있는 국가로 여겨졌다. 예컨대『한국일보』사설은 중국을 "신흥국의 맏형"이라 명명하고 "중국이 IMF가 권고한 구조 개혁에 실패할 경우 2017년에 신흥국발 경제 위기가 정말 올 수도 있다."라고 주장했다(『한국일보』, 2013년 7월 20일).

최근 브릭스(BRICS, 브라질·러시아·인도·중국·남아프리카공화국의 통칭)로 대표되는 비서구 국가들의 부상이 지구적 차원에서 논의되자 국제적으로 신흥국 개념이 자주 등장한다. 다극화로 상징되는 '21세기 지구화'의 진전과 세계 경제의 변화에 따라 기존의 발전과 저발전 또는 선진국과 후진국의 구분이 모호해졌다(Nederveen Pieterse, 2012). 높은 경제 성장을 이룬 비서구 국가들이 기존의 개발 도상국보다는 역동성과 잠재성의 함의가 강한 신흥국으로 규정되는 등 관련 개념이 다양화됐다.

둘째로 중국을 후발국으로 규정하는 사례가 있다. 예컨대 『문화일보』 사설은 "중국 등 후발국 추격이 거센데도 한국의 주력 수출 품목은 10년째 그대로다."라고 언급한다(『문화일보』, 2015년 6월 2일). 선발국과 후발국은 보편적 발전 경로를 상정한다는 점에서, 중국에 대한 후발국 규정은 서구 중심의 근대화 이론을 충실히 반영했다.

동북아시아 3국의 인식에서 중국은 한국을 추격하는 후발국으로, 한국은 다시 일본의 뒤를 쫓는 후발국으로 가정된다. 그러나 앞에서도 지적했듯이 중국 등 비서구의 부상으로 상징되는 21세기 지구화의 국면에서 일본의 불황, 중국의 급부상과 같은 상황이 맞물려서 단선적 발전론의 틀이 흐려지는 경우도 적지 않게 나타난다.

셋째는 중국이 후진국으로 불린 경우다. 『경향신문』 사설은 중국에 대한 불신을 표현한 한 정치인의 발언에 대해 "중국이 후진국이어서 발뺌하고 있다거나, 특정한 의도로 한국 사법 절차에 개입하려 했다는 뜻으로 들린다."라고 비판한다(『경향신문』, 2014년 2월 20일). 사설에서 밝힌 바로는, 이 정치인은 중국의 외교적 처사와 관련해 "선진국이 안 된 국가들에서는 정부 기관에서 발행한 문서가 나중에 문제가 생기면 '우리는 그런 적 없다'고 발뺌하는 경우가 있다."라고 말했다.

중국의 외교적 행위와 관련한 이 논란은 한국 사회의 선진국 담론에 내포된 선진국에 대한 존경과 후진국에 대한 비하 의식을 잘 보여준다. 해당 정치인도 선진국에 무한한 신뢰를 보내는 한편, 중국 등 "선진국이 안 된 나라"에 대한 불신을 표현했다. 이 발언에 대해 위의 사설은 "이게 집권당 국회 의원이 수교국이자 최대 교역국에 할 소리인가."라면서 "중국 정치인이 한국을 향해 이런 말을 했다면 참을 수 있겠는가."라고 강한 어조로 비판했다. 이 사설은 중국을 "후진국"으로 규정하기보다, "수교국이자 최대 교역국"이라고 표현하며 중국의 중요성을 강조한다.

최근 국제 정치·경제 등 다방면에서 중국의 중요성이 높아지자, 중국에 대한 후진국 표현을 자제하는 분위기가 한국 사회에 형성됐다. 역사적으로 보면 1992년의 한·중 수교로 중국에 대한 인식이 크게 바뀌었으며, 2000년대 들어서 중국에 대한 인식은 또 한번 큰 변화를 겪고 있다(정문상, 2007, 2011, 2012).

최근 한국의 대중 담론에서 중국은 주요국, 경제 대국, 강국 등 다양한 명칭으로 불린다. 특히 최근 미국에 버금가는 중국의 위상에 초점을 맞춰서 미국과 함께 G2 국가라는 인식도 퍼지고 있다.

하지만 현재 한국에서 선진국 담론이 차지한 지배적인 위치와 반공적 이념의 잔재를 감안하면, 중국에 대한 부정적인 인식은 여전히 작지 않다. 선진국 담론의 틀에서 중국의 지위는 여전히 선진국과 구별된다. 한국인들이 중국에 대해 "두려우면서, 매력적이면서, 야만스러운" 복합적 이미지를 갖고 있다면(장세길, 2011), 한국에서 냉전·발전 시대에 형성된 반공 이념과 선진국 담론은 "두렵거나 야만스러운" 이미지의 중요한 담론적 근원이라고 말할 수 있을 것이다.

한국의 발전 담론에서 중국은 일본과 매우 대조적인 표상을 지닌다. 일본은 일찍이 근대화에 나서서 선진국의 지위에 올랐지만 잃어버린 20년으로 장기 불황에 빠졌다고 인식된다면, 중국은 근대화에 늦은 후발국이지만 최근 국제 무대에서 G2라 불릴 정도로 부상한 나라라고 표상화된다. 일본이 정체됐거나 하락의 길을 걷는 나라라면, 중국은 새롭게 부상하는 강대국, 주요국의 표상이 지배적이다.

중국의 표상은 역동성이 매우 강하다. 예컨대 신문들은 중국에 대해 "(한국, 혹은 선진국을) 따라잡고 있는", "무섭게 부상하는", "거세게 추격하는" 등의 이미지를 만들어 낸다. 현재 중국은 잠재성과 가능성이 매우 큰 나라라고 인식된다.

『동아일보』 사설은 한국 전자 기업의 실적 부진과 관련해서 "선진국은 포화 상태이고 중국 시장이 중요한데 중저가 제품으로 무장한 중국 기업의 거센 추격과 미국 애플 등 선진국 기업의 견제가 겹친 탓"이라 진단했다(『동아일보』, 2014년 7월 9일). 여기서는 포화 상태인 선진국 시장과 대비되는 중국 시장의 잠재력과 함께, 거세게 추격하는 중국 기업의 역동성을 내비쳤다. 다른 사설은 "중국은 지난해 구매력 평가 기준 GDP에서 미국을 제치고 세계 1위에 올라 아편 전쟁 이전 중화中華의 지위를 회복했다."라고 밝혔다(『동아일보』, 2015년 1월 1일).

이런 점에서 중국은 기존 선진국 담론의 선진국과 후진국 또는 발전과 저발전의 이분법으로 규정하기 어려운 중요성을 지녔다고 인식된다. 발전 단계에서는 선진국이 아니면서도, 한국 사회의 처지에서 선진국이 아니라는 이유로 무시하거나 관심 밖에 둘 수 없는 대표적인 국가가 바로 중국이다. 한국 사회의 인식 틀인 선진국 담론이 급변하는 지구적 변화 또는 새로운 21세기 지구화의 국면에 적절하지 않다는 사실을 보여 주는 사례 중 하나가 중국에 대한 한국 사회의 복합적 인식일 것이다.

중국·일본과의 관계에서 한국의 자아 정체성

현재 한국은 선진국 담론의 틀에서 대체로 선진국에 가깝지만 온전한 선진국은 아닌, 선진국 문턱의 상태로 규정된다. 급속한 경제 성장과 민주화로 선진국의 외형을 갖췄으나, 아직 내적으로 성숙하지는 못했다는 인식이 이런 자아 정체성에 반영됐다.

예컨대『문화일보』사설은 한국에 대해 "지난 60여 년 동안 건국→산업화→민주화의 길을 앞만 보고 달려오면서 겉으로는 선진국에 버금가는 성취를 이루어냈으나 속으로는 허점투성이"라고 지적한다(『문화일보』, 2014년 10월 31일). 2014년 4월 16일의 세월호 참사에 관한 이 사설은 선진국 담론의 틀에서 한국 사회에 대한 실망감을 "무늬만 선진국"이라고 표현했다.

비슷한 맥락에서『동아일보』사설은 "한국은 그동안 삼성 스마트폰 등 첨단 정보 기술과, 케이팝 드라마 등 한류에 힘입어 선진국 문턱까지 왔다고 자부하지만 지난해 분위기가 변했다."라면서 세월호 참사와 대한항공의 이른바 "땅콩 회항" 사건을 천민 자본주의에 빗대어 지적했다(『동아일보』, 2015년 1월 1일).

중국·일본과의 관계에서 암시된 한국의 지위는 두 나라의 사이에 있다는 인식이 지배적이다.『경향신문』사설은 "한국 제품의 기술력은 선진국과 후발국에 끼어 있어 설 자리가 애매하다."라고 언급했다(『경향신문』, 2014년 12월 1일). 한국이 중간에 낀 애매한 위치라는 인식은 "너트크래커 사이의 호두"나 "샌드위치" 신세라는 표현에서도 잘 드러나는데, 이런 인식은 국가의 지위와 관련한 긴장·위기감을 자극한다.[4] 후발국에 쫓기고 선진국과 격차는 좁히지 못하는 상황에서 선진국 진입의 목표 달성이 요원해질 수 있다는 인식으로 연결되기 때문이다.

신문 사설들은 "45개 기술에서는 선진국과의 격차가 벌어졌고, 중국과의 격차는 …… 좁아졌다."라거나, "중국 등 후발국 추격이 거센데도 한국의 주력 수출 품목은 10년째 그대로다."라는 등의 인식하에 국가 혁신·변화의 필요성을 자연스럽게 제시했다(『문화일보』, 2015년 5월 4일, 2015년 6월 2일). 이 필요성과 관련해 『동아일보』 사설은 "지금 국가 개혁의 골든타임을 놓치면 선진국으로 도약은커녕 '중진국의 함정'에 빠지거나 아르헨티나처럼 주저앉을 수도 있다."라고 말한다(『동아일보』, 2014년 7월 29일).

근래에 국제 무대에서 위상이 높아졌음을 평가하기 위해 한국에 대해 "세계 10대 경제 대국", "G20 회원국" 등의 표현도 자주 사용하고 있다. 『동아일보』는 "우리도 경제 규모 세계 15위권의 나라답게 교육 방법을 바꿀 때가 됐다."라며 경제 성장의 성취에 대한 자부심을 드러내면서도, 온전한 선진국 진입을 위한 변화와 혁신을 갈구한다(『동아일보』, 2014년 2월 25일).

한편 한국의 정체성을 후진국으로 규정하는 사례도 발견된다. 『동아일보』 사설은 한국을 유해 화학 물질의 "관리 후진국"으로 규정한다(『동아일보』, 2013년 3월 8일). 『국민일보』 사설은 한국의 철도 사고를 비판하며 "철도 안전 관리 후진국"으로 명명했다(『국민일보』, 2013년 9월 2일).

이런 인식은 세월호 참사를 "후진국형 참사"로 규정하는 데서도 잘 드러난다. 한국에 대한 후진국 규정은 자아에 대한 실망감과 분노를 표출하는 담론 수단이다. 여기에는 후진국의 것으로 규정되는 한국 사회의 현상이나 행태를 하루빨리 바꿔야 한다는 의도가 강하게 내포됐다.

한국·중국·일본의 발전 담론 속 상호 인식 비교

한국의 경우

위에서 한국의 신문 사설에 나타난 발전 담론의 인식 틀에서 동북아시아 3국의 정체성과 표상이 어떻게 구성되는지, 또 이들 간의 관계가 어떻게 설정되는지 소개했다.

일본은 선진국이라는 정체성이 지배적이어서 산업, 기술, 경제 등 다방면에서 대체로 한국보다 앞섰다는 인식이 두드러졌다. 그러나 일본은 미국, 서유럽 각국 등 함께 선진국으로 분류되는 서구 국가들에 비해서는 선진국으로서의 위상이 다소 떨어진다고 인식된다.

한국 사회는 일본을 선진국으로 규정하지만 이상화의 경향은 그리 크지 않다. 특히 역사·영토 문제와 관련해서 일본이 여전히 침략성을 드러낸다고 인식한다. 이 점과 관련해서 한국 신문들은 예를 들어 일본을 "역사 후진국"으로 규정하기도 한다. 경제적 측면에서 일본은 선진국으로서 앞섰지만 잃어버린 20년을 겪으며 장기 불황과 침체에 빠졌던 나라로도 인식된다. 또 양적 완화 등을 시행해 이웃 국가와 세계 경제의 불안정을 초래하는 국가라는 인식도 나타난다.

중국의 경우에는 신흥국으로서의 정체성이 가장 많이 나타났다. 중국은 또 주요국, 강국, 미국과 더불어 G2 국가, 최대 교역국 등으로 규정되면서, 신흥국 개념의 표면적인 의미보다 훨씬 더 중요한 나라로 인식된다.

한편 중국은 산업·기술 수준의 측면에서 한국에 아직 미치지 못하는 나라로 표상화되는데, 이것은 중국이 한국을 "무섭게 뒤쫓고 있다."라는 등의 표현에서 잘 나타난다. 한국에서 중국의 위상과 중요성이 높아짐에 따라 중국을 후진국으로 표현하는 경우는 드물지만, 주로 인권이나 민주화 등 중국 내부의 정치·사회 문제와 관련해서 후진국 규정이 나타난다.

한국의 정체성은 선진국에 가깝다는 인식이 지배적이다. 한국을 지칭하는 "세계 10대 경제 대국", "G20 국가" 등의 표현에는 과거의 급속한 경제 성장 과정과 민주화에 대한 자부심이 내포돼 있다. 신문들은 가까운 시일 내에 선진국에 진입하기 위해 국가적 혁신·노력을 늦추지 말아야 한다고 강조한다.

국제 경제 면에서 한국은 앞서가는 일본과 쫓아오는 중국 사이에 낀 너트크래커의 호두나 샌드위치와 같은 처지로 묘사된다. 한국이 이른바 중진국의 함정에 빠지지 않고 선진국에 진입하려면, 선진국을 모방하는 전략에서 탈피해 혁신적 전략을 추구해야 한다는 주장도 나온다. 한편 세월호 참사 등과 관련해 신문들은 이런 유형의 사고를 후진국형 사고, 한국은 후진국으로 규정함으로써 자국 사회에 대한 수치심과 실망감을 표출하기도 했다.

중국의 경우

중국의 대중 담론 공간에서는 선·후진국 개념이 거의 쓰이지 않는다. 반면에 발달 국가發達國家, 발전 중 국가發展中國家, 최불발달 국가最不發達國家 등의 개념을 중심으로 발전 담론이 형성돼 있다.[5] 발달 국가는 서구 국가들을, 발전 중 국가 및 최불발달 국가는 아시아 등 비서구 국가들을 지칭한다는 점에서 한국의 선진국 담론과 유사하지만, 이들 개념이 내포한 의미에는 중요한 차이가 있다.

중국의 발달 국가 담론은 경제·사회 발전 과정에서 국가의 정체성과 세계관에 대해 지배적인 해석 틀을 제공한다. 동시에 중국이 따라잡아야 할 목표로 설정된 발달 국가는 중국 발전의 준거점이자 극복할 대상이다.

중국은 발달 국가를 국제기구 기준 등에 따라 객관적으로 구분하고, 발달 국가 진입의 기준도 여기에 맞추어 설정하려는 경향이 강하다. 발달 국가의 지위 성취와 관련해서 중국의 지도자들은 경제 성장, 중진국 함정의 탈출, 기술 혁신, 산업 고도화 등과 같은 용어들을 자주 사용했다. 특히 경제 성장률, 국민 소득 등의 지표로 나타나는 국가 경제 성장을 중요하게 인식한다.

그런데 중국이 추구하는 발달 국가 수준의 경제는 서구 발전 담론이 제시하는 자본주의 경제 체제가 아니다. 중국은 발달 국가의 성취가 사회주의 시장 경제에 바탕을 둔 중국 특색의 사회주의를 완성하는 길이라고 해석한다. 중국의 발달 국가 담론은 중국적 사회주의를 완성한다는 국가 목표에 정당성을 제공하고 있다. 이런 점에서 이 나라의 발달 국가 목표는 서구 자본주의의 발달 국가와는 다른 발전 경로를 상정한다.

이 발달 국가 담론에서 중국은 발전 중 국가로 규정된다.[6] 그들은 이 규정을 근거로 삼아 발달 국가 수준으로의 발전을 지향하면서, "중등 수입 국가의 함정"에 빠지지 않으려 고민한다. 이 문제를 해결하기 위해 기술 혁신과 끊임없는 개혁을 요구하고, 중국식 사회주의의 발전을 강조해 왔다. 일찍이 자본주의적 산업화에 나서서 100년 이상의 산업화 과정을 거친 발달 국가와 다른 역사적 맥락과, 세계 질서를 발달 국가가 주도하는 환경 아래서 중국의 발전 과정은 당연히 기존의 발달 국가와 다르다는 논리를 내세운다.

발달 국가가 시간상으로는 발전 중 국가에 비해 앞섰지만, 이것이 반드시 전자의 우월성을 의미하지는 않는다. 이 판단에는 두 가지 면에서 중국의 처지가 반영됐다.

하나는 중국이 후발자의 우세를 누리므로 발달 국가를 추월해서 주도적인 국가가 될 수 있다는 자신감이다. 다른 하나는 중국이 단기간에 성장하면서 과거에 발달 국가가 경험했던 문제가 동시에 복합적으로 출현할 수 있기 때문에, 발달 국가와는 다른 방식(예를 들어 중국 특색의 사회주의)으로 문제를 해결할 수밖에 없다는 차별성이다.

발전 중 국가인 중국은 발달 국가보다 아직 부족하다는 인식이 존재하지만, 다른 한편으로는 경제 성장으로 세계 2대 경제 대국이 되었다는 자부심, 후발자의 우세를 이용해서 발달 국가를 추격 중이라는 인식, 세계 최대의 제조 국가로 국제 경제·시장에서 중요한 구실을 한다는 인식 등도 현저히 드러난다. 특히 2008년의 세계 금융 위기 이후 중국은 다른 나라보다 위기에서 빨리 탈출해 높은 경제 성장률로 세계 경제를 안정시켜서 발달 국가보다 더 크게 기여했다는 인식이 강하다.

1949년에 중화인민공화국이 수립된 이후 사회주의 노선을 택한 중국은 경제와 산업화 측면에서 서구 국가들이 앞섰다는 사실을 인정하면서도, 따라잡기식 경제 발전보다는 중국 특색의 사회주의를 향한 경제 발전을 추진함으로써 서구식 발전 담론의 틀을 제한적으로 수용했다. 중국이 추구한 혁명적 근대성revolutionary modernity은 국가의 주권과 자립을 위한 국가주의, 평등과 사회 정의를 목표로 한 사회주의, 그리고 경제적 후진성 극복을 위한 발전주의를 동시에 추구하는 성격이 강했다(Lin, 2006).

이런 맥락에서 중국의 사회주의식 발전 담론은 서구의 발전과 다른 경로를 제시함으로써 단선적 진화론의 인식을 부정할 뿐만 아니라, 이 국가들을 이상으로 상정하지도 않는다. 중국은 근대성을 자본주의와 일치시키려는 서구의 근대화론을 반박한다.

중국의 지배 담론에서 나타나는 서구 인식은 자본주의 발전 담론과는 크게 다르다. 덩샤오핑鄧小平의 개혁·개방 정책 이후인 1980년대의 반反전통주의에서 나타난 "서구 배우기 열풍"은 1990년대 초에 신좌파가 주창한 신국가주의의 비판을 받았다.

신국가주의는 중국식 사회주의, 전통의 가치, 정체성을 강조하며 서구가 경제적 번영을 이루었지만 문화적으로는 부족하다고 인식한다. 서구의 자본주의적 근대성에 갈등·차별·착취적인 사회·경제 관계가 내포됐으며, 그러므로 서구가 주도하는 국제 질서는 경쟁과 갈등, 전쟁으로 점철돼 인류를 재앙으로 몰아간다는 것이다(Zhao 1997).

이런 맥락에서 중국의 신국가주의 담론은 평등과 분배를 중시하며, 조화로운 근대성을 이루기 위해 유학과 같은 중국의 전통 사상·문화, 그리고 사회주의 사상에 내재된 조화와 평등의 정신을 재조명한다. 이런 담론의 틀에서 중국은 서구의 자본주의 근대성에 대한 대안적 근대성의 주도자로 인식된다.

중국의 발달 국가 담론에는 발전 중 국가인 자국이 서방 자본주의의 발달 국가보다 경제 발전의 수준이 열등하다는 "정체성의 딜레마"가 존재한다. 이것을 중국식 사회주의 등 고유의 발전 경로로 더 나은 모형을 창출할 수 있다는 자신감으로 극복한다. 서구보다 열등한 위치의 정체성을 인정하고, 서구를 따라잡아야 한다는 인식을 보인 한국의 선진국 담론과 대조적이다.

중국이 지닌 자신감의 배경에는 앞선 발달 국가의 경로를 자국이 뒤쫓아 간다는 식의 단선적 발전론을 부정하고, 중국식 사회주의라는 전혀 다른 길로 발달 국가의 수준에 도달할 수 있다는 인식이 존재한다. 여기에는 중국식 사회주의의 경로로 발달 국가의 수준에 이르는 자국이 서방보다 더 평등하고, 평화로우며, 조화로운 발달 상태일 것이라는 자신감도 있다. 이런 점에서 발전 중 국가인 중국의 정체성 딜레마에 대한 그들의 고유한 해법은 서구 발전 담론의 패권, 또는 서구가 주도하는 세계 질서에 대한 중대한 도전일 것이다.

물론 중국의 발달 국가 담론에는 중국 공산당의 지배 체제를 정당화하는 이데올로기적 요소가 짙다. 현재의 자본주의 발달 국가를 극복의 대상으로, 발전 중 국가인 중국 스스로를 대안적 발전의 주도자로 설정함으로써, 자본주의에 대한 사회주의 이념의 우위를 분명히 한다. 뿐만 아니라 이 담론은 현재 중국에서 드러나는 권위주의, 관료의 부패, 부의 편중화, 인권 논란 등 여러 현실적 문제들을 주변화하는 효과를 낸다. 발달 국가 담론에 나타난 국가 청사진을 중국이 얼마나 달성할지는 예측하기 어렵다. 그러나 중국이 고유한 역사적 환경과 문제의식에 입각한 경로로 신념을 갖고 나아간다는 사실은 분명하며, 이런 점에서 그들의 향후 발전 경로를 주목할 필요가 있다.

일본의 경우

일본은 한국과 같이 선진국(先進國, せんしんこく)과 후진국(後進國, こうしんこく)의 이분법을 바탕에 둔 선진국 담론이 대중적으로 유통된다. 제2차 대전 패전 직후에는 중진국으로 자신을 인식했던 일본은 1950년대 들어서 자신의 위치가 선진국 문턱이라고 본격적으로 규정했다. 1960년대부터는 경제 발전에 대한 자신감에 힘입어서 명실상부한 선진국으로 스스로를 인식했다.

여기에는 지구적 차원에서 부상한 발전 담론이 일본을 서구와 같은 선진국으로 분류한 점도 반영됐다. 서구와 일본은 지역·문화적인 차이가 드러나지만, 일찍이 식민화를 기반으로 삼아 산업·군사적 근대화에 나서 국제 무대에서 경쟁할 정도의 역량을 갖춘 문명국이었다는 공통점이 있다. 이런 점에서 서구와 일본은 과거 식민지를 경험했던 비서구 국가들에 대해 동류의식을 지닌다.

한편 일본은 전반적으로는 자신이 선진국이라고 인식하지만, 개별적인 부분에서는 후진적인 측면이 남았다고 보기도 한다. 일본의 선진국 담론에서는 그들이 개별적인 부분의 후진성을 극복하지 못하면, 기존에 확보한 선진국 지위가 흔들릴 수도 있다는 인식을 드러낸다.

일본의 타자 인식 대상으로서, 선진국 담론 속에 나타난 한국은 대체로 1980년대부터 선진국 대열에 진입하려는 중진국으로 인식됐다. 2000년대 초에 한국이 IMF의 구제 금융 사태를 극복하면서 본격적으로 선진국 문턱에 진입했으며, 일부 부문은 이미 선진국 수준에 도달했다고 본다. 그러나 한국은 선진국 문턱을 넘을 수 없는 구조적인 문제들이 여전히 존재한다는 지적도 함께 나온다.

2010년대에 들어서는 한국에 대한 인식이 크게 세 가지로 나뉜다. 먼저 선진국 수준에 이미 진입했거나 개별 분야에서 선진국이라는 인식이다. 신흥국에서 선진국으로 도약한 한국을 평가하거나 "인권 선진국, 카드 선진국, 재능 교육 선진국, 스마트 선진국, 환경 선진국, 네트워크 선거 선진국" 등과 같이 개별 분야에서 선진국의 성격을 보인다고 평가한 담론이 그것이다.

다음으로는 선진국이 된 한국의 새로운 당면 과제에 주목하는 태도가 나타났다. 미국과의 FTA를 살펴보면서 "FTA 선진국"은 됐으나 농업 문제가 부상한 모습을 소개하거나, 향후 과제를 전망하는 등 한국이 선진국의 문제들에 직면했다는 점을 강조했다.

마지막으로 한국을 선진국으로 인정하지 않는 담론이다. 선진국 문턱에서 좌절한 미개한 나라라거나 선진국에서 탈락했다는 인식과 함께 "민주화 이후 정치적으로 낙후한 나라", "감시 선진국" 등 비아냥

조로 한국을 다루는 모습도 보인다.

일본의 선진국 담론에서는 2010년대에 들어 중국을 신흥국, 중진국으로 인식하면서, "중진국의 굴레"와 관련한 중국의 고민을 분석하는 글들이 자주 나타난다. 이런 분석의 연장선상에서 선진국과 대칭되는 중국을 상정하는 사례가 등장하는데, "중국에 대한 선진국의 반응"이나 "선진국에 대응하는 중국의 반응" 등이 소개됐다. 이런 담론은 중국은 선진국이 아니라는 관점을 전제로 한다.

중국이 아직 선진국은 아니지만 선진국을 향해 나아가고 있다는 인식도 나타났다. 중국을 "우주 선진국, 소프트웨어 선진국, 전자 저널 선진국, 환경 선진국" 등 개별 분야의 선진국으로 인식하거나, 선진국에 도전하는 국가, 또는 선진국 문턱에 다다른 국가로 보는 시각도 존재한다. 한편 한국에 대한 인식과 마찬가지로, 도저히 선진국이 될 수 없다는 주장도 보인다.

*

국가 정체성의 차원에서 한국·중국·일본의 발전 담론에 반영된 이 국가들의 상호 정체성은 동질성보다는 이질성이 더 크다.

한국·일본의 선진국 담론에서 일본은 기술과 경제 수준 등이 앞선 선진국이며, 중국은 기술과 경제는 개발 도상국, 인권 등은 후진국으로 인식된다. 한국은 기술과 경제 수준, 국민 의식 등에서 대체로 일본과 중국 사이의 중간적 지위라고 정체성이 규정된다. 즉 한국·일본의 지배적 담론 틀에서 동북아시아의 주요 3국은 지위가 서로 동등하지 않다.

중국·일본 인식에 관한 한국의 선진국 담론은 아시아의 역사적 경험, 중국의 국가적 특성 등 다양한 요소들과 결합해서 양상이 한층 복잡하다. 일본은 선진국이지만 과거 식민주의적 침략의 역사를 반성하지 않고 오히려 왜곡하는 역사 후진국의 면모를 보인다. 중국은 개발 도상국이지만 국제 무대에서의 정치·경제적 영향력은 G2로 대변될 정도의 강국, 대국의 정체성을 지닌다.

한국은 일본의 선진국 지위에 못 미치지만 역사의식에서는 우월감이 있으며, 중국에 대해서는 경제의 발전 수준이 아직 뒤떨어졌지만 경제 규모와 정치적 영향력이 강국의 수준에 이르렀다고 인식한다.

한국은 일본을 경제적으로는 선망하지만 역사·정치적으로는 멸시하며, 중국의 경제 발전 수준을 무시하더라도 경제 규모와 국제 정치의 영향력은 결코 무시하지 못한다. 한편 동북아시아 전체의 역사를 놓고 보면, 한국은 일본 제국주의의 피해 국가라는 측면에서는 중국과 정체성을 공유하고, 한국 전쟁 이후에는 일본과 함께 자유 진영에 속해서 오랫동안 중국과 이념적으로 대립해 왔다.

한국·일본은 서구를 긍정적 준거 집단으로 설정하는 경향이 강하다. 현재 일본이 자신을 "아시아에서 유일한 서구권 국가"로 인식한다면, 한국은 일본의 뒤를 이은 "아시아 제2의 서구권 국가"가 되기를 열망한다. 일본은 선진국 담론에서 스스로를 선진국으로, 한국·중국은 뒤처진 국가로 규정함으로써 우월감을 유지한다.

한국·일본의 중진국 또는 개발 도상국 개념과 달리, 중국의 발달 국가 담론에서 발전 중 국가라는 그들의 정체성은 열등감을 강하게 내포하기보다는 후발 주자로서의 잠재성과 이점이 강조된다. 이런 담론 틀에서 발전 중 국가인 중국은 기존 발달 국가의 약점을 극복한 대안 체제를 만드는 데 유리하다는 인식을 역설한다.

중국식 사회주의의 성공에 대한 기대와 희망도 이런 담론의 틀에

서 정당화된다. 중국의 발달 국가 담론은 한국·일본의 선진국 담론과
형태가 비슷하지만 내용에서는 주목할 만한 차이가 있다.

서론 「South Korea's Developmentalist Worldview: Re-presentations and Identities in the Discourse of Seonjinguk」. Asian Journal of Social Science(2014).

제1장 「The Origins of Korea's Eurocentrism: A Study of Discourses on Gaehwa and Munmyeong」. Seoul Journal of Korean Studies(2012).

제2장 「근대 문명 담론의 정치성 연구: 일제강점 초기 『매일신보』를 중심으로」. 『한국학연구』(2017).

제3장 「이승만 정부 시기 문명 담론과 선진국 담론에 나타난 국가 정체성과 서구관: '대통령 연설문'과 『조선일보』를 중심으로」. 『한국사회학』(2012); 「발전 시대 이전 발전 담론의 위상: 1950년대 대중 매체의 발전, 문명 인식」. 『한국사회학』(2015).

제4장 「박정희 정부 시기 선진국 담론의 부상과 발전주의적 국가 정체성의 형성: '대통령 연설문'과 『조선일보』를 중심으로」. 『한국사회학』(2013).

제5장 「South Korea's Historical Constructions of 'Advanced Country': The Discourse of Seonnjinguk from the 1980s to the Present」. 『사회와 이론』(2011).

제6장 「한국 발전주의의 담론 구조: 근대화, 세계화, 선진화 담론의 비교」. 『경제와 사회』(2014).

보론 「한국 언론에 나타난 한국, 중국, 일본의 정체성과 표상: 선진국 담론을 중심으로」. 『사회과학연구』(2014); 「한국, 중국, 일본의 발전 담론 속에 나타난 국가 정체성과 상호 인식 비교」. 『경제·인문사회연구회 인문정책연구총서 2015-22』(정일준·박정현·김종태·송병권 공저).

서론 "선진국 담론"이란 무엇인가?

1 http://www.businesspost.co.kr/news/articleView.html?idxno=38572.

2 http://www.gasengi.com/main/board.php?bo_table=commu07&wr_id=753425.

3 국립어학원. 『표준국어대사전』. 인터넷 자료: http://www.korean.go.kr/.

4 문세영. 1938. 『조선어사전』. 서울: 박문서관.

5 문세영의 『조선어 사전』에는 후진국이 등재돼 있지 않다. 다만 후진(後進)에 대해서는
   "뒤에서 나아가는 사람", "연소한 신진자" 등으로 설명한다. 선진(先進)에 대해서는 "선
   각"(先覺), "선배"(先輩) 등과 같은 뜻이라 설명한다. 이 설명에 비춰 보면 이들 개념이
   애초 사람을 대상으로 쓰이다가 차차 그 범위가 넓어지면서 선진국, 후진국 등에 사용
   된 것으로 보인다.

6 이 연구를 위해 『조선일보』, 『동아일보』, 『한겨레』 등 대표적인 세 일간지를 분석했다.
   『조선일보』 온라인 기록 보관소와 한국통합뉴스데이터베이스시스템(KINDS)에 수록된
   이들 세 신문의 2000~2008년 사설 가운데 본문 또는 제목에 선진국 또는 후진국을
   포함한 것 525개를 수집해 분석 대상으로 삼았다. 한국 사회에서 1920년에 창간된 『조
   선일보』와 『동아일보』는 대표적인 주류 언론으로, 1988년 창간된 『한겨레』는 대표적인
   진보 언론으로 여겨진다. 신문 기사는 체계적이고 구조화된 정보를 제공한다는 점에서
   행위자 지향적인 분석보다는 구조 지향적인 담론 분석에 적합하다(Baumgarten and
   Gruel, 2009). 또한 신문 기사는 기록 보관이 잘 돼서 역사·통시적 분석에 적합하다.
   신문은 대중적 여론에 큰 영향을 끼치지만 단지 하나의 담론 공간일 뿐 모든 대중 매체
   를 대표하지는 않는다. 그러나 지배 담론의 경우에 담론의 개념과 관계들이 신문을 비
   롯한 여러 매체의 텍스트에서 발견되는 만큼, 대표적 신문들의 기사를 분석해 대중 공
   간 전반에 퍼진 담론의 모습을 어느 정도는 고찰할 수 있을 것이다.

7 한국과 러시아는 일반적으로 선진국이라 여겨지지 않지만, 한국의 경우 정보 통신 기
   술과 축구, 러시아의 경우 우주 기술 등과 같은 특정 분야에서 제한적으로 선진국이라
   불렸다.

8 일본은 자신의 정체성을 아시아보다는 서구의 일원으로 설정하는 경향이 강하다
   (Ashizawa, 2008; Miyaoka, 2011).

9 이 『조선일보』 기사는 이어 "이대로 가면 대한민국은 돈푼이나 있다고 거들먹거리는 얄

팍한 나라가 되고 말 것이다."라고 우려한다.

10   아니발 키하노(Anibal Quijano)는 "노동, 생산, 착취의 모든 유형이 자본과 세계 시장을 축으로 결합해 있는데, 노예 제도, 농노 제도, 쁘띠 상품 생산, 호혜성 및 월급제 등이 그것이다."라고 지적한다(Quijano, 2000: 216).

11   신자유주의는 여러 이론가들로부터 비판받는다. 예컨대 장하준은 신자유주의가 성장, 평등, 안정 등 경제의 모든 주요 목표에서 실패했다고 비판했다(Chang, 2008).

12   한국적 담론 상황에서 어떤 주장을 펼 경우, 선진국의 권위에 의존하는 것만큼 쉬운 방법은 드물다. 특히 주장에 자신감이 없으면 선진국의 권위에 의존해서 이를 해소하려는 경향이 있으며, 이렇게 제시된 선진국의 정보가 왜곡된 경우도 적지 않다.

13   가장 자주 후진국으로 규정된 나라가 한국이라는 점이 흥미롭다. 이것은 특정 면모에 대해 한국 사회가 취하는 냉소적 자기비판의 자세를 보여 준다. 어떤 현상에 대해 한국을 후진국으로 규정하는 것은 그런 현상이 자국에 있어서는 안 된다고 주장하는 자기비판의 방식이다. 이런 점에서 한국은 일반적인 후진국이라기보다는, 부정적으로 인식되는 특정 사안과 관련해서 후진국으로 명명된다.

14   이 문제와 관련해 이옥순은 복제 오리엔탈리즘이라는 개념을 이용해서, 한국 사회가 서구의 오리엔탈리즘적 시각으로 인도를 구성하는 방식을 지적했다(이옥순, 2002). 그러나 한국 사회가 담론적으로 구성한 인도의 표상은 인도의 자아 정체성과는 다르다. 예컨대 디파 오라팔리(Deepa Ollapally)의 주장을 보면, 인도 사회가 자신의 정체성을 규정하는 방식의 바탕은 3개의 주요 신념과 태도인데 그것은 문명적 예외주의, 탈식민주의적 국가주의, 민주주의 전통이다(Ollapally, 2011: 206). 복제 오리엔탈리즘의 시각에서 한국 사회도 자유롭지 않다.

15   네이버 국어사전. http://krdic.naver.com/detail.nhn?docid=8833100.

16   주류 언어학에서 담론 혹은 언설은 문장보다 긴 의미의 집합체를 의미하는 경우가 많으며, 텍스트가 지닌 의미론적 요소들이 연구의 초점이 된다(이기형, 2006: 106).

17   상대주의의 가치는 모든 주장의 상대적 타당성을 인정하는 것이 아니라, 자신만이 옳다고 주장하는 절대주의와 근본주의의 오만함과 폭력성을 비판하는 데 있다. 상대주의는 경험적 증거나 논리성 위에서 어느 주장이나 지식이 더 타당한지 구분하지만, 현재 타당하다고 여겨지는 주장이나 지식도 오류 가능성을 내포한 불완전한 상태임을 전제한다는 점에서 겸손한 태도를 지닌다.

18   라클라우와 무프의 시각에 대해 홀은 "모든 것을 담론으로 해체하려 한다."라고 비판한다(Wood, 1998: 404).

19   쉽게 말하면 담론은 특정한 패러다임, 인식 틀, 해석 틀, 세계관 등이다.

20   비판적 담론 분석(critical discourse analysis)은 정치적 지배·종속 관계에 주목한다. 이 분석에 따르면 어떤 담론들은 특정 세력의 정치적 이해관계와 지배를 위한 수단이며,

이 과정에서 다른 정치 세력, 그리고 이들과 연관된 담론을 주변화한다(Wodak, 1989; Fairclough, 2003).

21 이런 점에서 그람시는 지배의 본질을 물질·경제적 토대에 대한 지배에서 찾은 정통 마르크스주의자와 다르다.

22 예컨대 라클라우와 무프는 그람시 논의를 크게 두 차원에서 비판한다(Laclau and Mouffe, 2001: 137-8). 첫째로 그람시가 패권적 주체를 핵심 계급의 기반 위에서 형성된다고 보는 점, 둘째로 그람시가 모든 사회적 구조가 하나의 패권을 중심으로 형성된다고 보는 점이다. 라클라우와 무프는 패권이 다양한 정체성과 사회관계 차원에서 나타날 수 있다고 반박한다.

23 이것과 유사한 맥락에서 조희연은 발전주의를 "산업화, 국민 총생산(Gross National Product, GNP) 혹은 국내 총생산, 수출 및 무역 확대 등으로 표현되는 성장 지향성 혹은 성장 추구적인 경향"으로 정의한다(조희연, 2002: 327).

24 취임식 연설에서 트루먼은 "과학적 발전과 산업의 진보의 혜택을 저발전 지역의 향상과 성장에 쓰기 위한 새로운 사업에 착수해야 한다."라고 밝힘으로써, 이전 문명 담론에서 비문명으로 개념화하던 세계의 여러 지역들을 "underdeveloped areas"라는 발전주의적 개념으로 규정했다. http://www.presidency.ucsb.edu/ws/index.php?pid=13282#axzz1xLpRs6mk.

25 일부 식민주 국가들이 치른 전쟁을 세계 대전으로 지칭하는 것은 서구를 비롯한 일부 국가들을 세계로 암시한다는 면에서 서구 중심적이다. 일찍이 한국에서는 구주(歐洲) 대전 등으로 지칭하기도 했다. 이 책에서는 되도록 세계 대전보다는 대전이라는 용어를 사용한다.

26 근대 이후의 서구 중심 담론들은 진보의 경로에서 원형(prototype)과 모방자(emulator)를 구분하고 양자 간 시간적 선후 관계를 가정해서 서구의 우월성을 강조하는 경향을 보인다(Greig, Hulme, and Turner, 2007).

27 식민주의 시기의 이른바 종교와 미신의 구분도 이런 관점에서 이해할 수 있다.

28 푸코의 통치성 개념을 국제 질서에 응용한 지구적 통치성은 국제 관계에서 신호와 의미들로 행사되는 권력을 의미한다. 지구적 차원에서 국가들은 영향력 있는 신호와 의미 체계에 따라 자신을 규율하고 행위함으로써 특정 국제 질서를 구성하고 지지한다.

제1부 문명에서 발전으로: 1880~1950년대

제1장 한국 서구중심주의의 기원: 1880~1930년대

1 이 분류와 관련해서 유길준은 "개화한 자는 천만가지 사물을 연구하고 경영하여, 날

마다 새롭고 또 날마다 새로워지기를 기약한다. …… 반쯤 개화한 자는 사물을 연구하지 않고 경영하지도 않으며, 구차한 계획과 고식적인 의사로써 조금 성공한 경위에 안주하고, 장기적인 대책이 없는 자다. …… 아직 개화하지 않은 자는 즉 야만스러운 종족이다. 천만 가지 사물에 규모와 제도가 없을 뿐만 아니라, 애당초 경영하지도 않는다."라고 규정했다(유길준, 2004[1895]: 394-5). 유길준이 수학했던 19세기 일본의 대표적인 근대화론자 후쿠자와 유키치(福澤諭吉)는 세계의 여러 사회를 원시, 반발전(semideveloped), 문명의 세 단계로 구분했다. 그는 "오늘날 세계에서 문명에 대해 얘기할 때 유럽과 미국이 가장 문명해 있고, 터키, 중국, 일본 등과 같은 아시아 국가는 반발전된 국가라 할 수 있으며, 아프리카, 호주 등은 여전히 원시 지역이라 간주할 수 있다."라고 말했다(de Bary, Gluck, and Tiedemann, 2006: 35).

2   자체 오리엔탈리즘에 대해 베푸 하루미(Befu Harumi)는 "서구 오리엔탈리즘의 대상이 되는 사람들이 그것을 받아들이는 과정"이라고 말했다(Befu, 2001: 127). 비슷한 맥락에서 네클라 모라(Necla Mora)는 내재화한 오리엔탈리즘을 "동양이 자신을 서구의 눈으로, 서양이 꾸며 낸 이미지로 표상하고 표현하는" 태도라고 정의했다(Mora, 2009: 418). 한편 이옥순은 한국 사회가 인도를 이해하는 방식과 관련해 복제 오리엔탈리즘이라는 용어를 사용했다(이옥순, 2002).

3   『한성순보』와 『한성주보』의 기사는 한글 번역본 『한성순보, 한성주보: 번역판』(정진석 편저, 관훈클럽 신영연구기금, 1983)을 이용했다. 당시 신문에 나타난 국가 정체성과 서구관을 보기 위해 『한성순보』에서는 국제뉴스인 「각국근사」에, 『한성주보』에서는 논설인 「사의」에 초점을 맞췄다. 『독립신문』과 『대한매일신보』는 KINDS의 사설 자료에서 서양, 외국, 선진, 문명, 개화, 구라파, 야만 등 7개의 검색어를 적용해 『독립신문』에서 81건, 『대한매일신보』에서 245건, 총 326건의 사설을 얻어 분석했다. 또 『조선일보』 온라인 기록 보관소에서는 문명을 검색어로 353건, 야만을 검색어로 62건의 기사를 찾았으며, 『동아일보』 온라인 기록 보관소에서는 문명을 검색어로 410건, 야만을 검색어로 60건의 기사를 찾아 분석 자료로 삼았다. 일제 강점기인 1910년대에는 한국인이 출간한 전국 일간지가 없었으므로 분석 대상에 포함하지 않았다. 이 장의 『독립신문』 등 고신문의 인용 기사에서는 원문을 되도록 살리되, 현재 쓰이지 않는 음운 등은 편의상 현재의 방식으로 옮겨서 표기했다.

4   일본에서는 문명개화(文明開化) 운동이 1860년대 말부터 1880년대 초반까지 활발히 일어났다(de Bary, Gluck, and Tiedemann, 2006). 이 운동에서 후쿠자와와 같은 일본의 근대화론자들은 서구를 모형으로 한 급속한 근대화 작업을 주창한다. 시기적으로 그 뒤에 나타난 한국의 개화·문명 담론은 일본의 그것에 영향을 받았다고 볼 수 있지만, 두 나라의 담론이 동일하다고는 말할 수 없다. 한국 사회 내에서 나타난 개화에 대한 인식도 다양했다. 예컨대 유길준은 개화를 "인간 세상의 천만 가지 사물이 지극히

선하고도 아름다운 경지에 이르는 것"이라 설명했다(유길준, 2004: 393). 반면 『독립신문』은 "개화라는 말은 당초에 청나라에서 만든 말인데, 이 말은 아무것도 모르던 생각이 열려서 이치를 지니고 일을 생각하여 실제의 내용대로 만사를 행하자는 뜻이라."라고 말했다(『독립신문』, 1896년 6월 30일). 문명 개념은 영어 civilization의 번역어로서 개화론자들이 한국에 소개했으며, 19세기 말에 서구의 문물과 사상을 지칭하는 용어로서 개화와 호환적으로 사용됐다(노대환, 2010a).

5   서구 확장의 약탈적 성격은 당시에 다른 아시아 국가의 지식인들도 인식했다. 일본 언론인 도쿠토미 소호(德富蘇峰)는 1886년의 한 기사에서 다음과 같이 주장했다. "오늘날 세계는 문명인들이 원시인들을 폭압적으로 쳐부수는 세계다 …… 유럽 국가들은 폭력의 최정점에 서 있고 힘의 원리에 자신들을 위치시킨다. …… 아아, 인도가 멸망했고, 베트남이 멸망했고, 버마가 다음 차례가 될 것이다"(de Bary, Gluck, and Tiedemann, 2006).

6   근대 일본이 서구로 파견했던 이와쿠라 사절단(岩倉使節團, 1872~1873년)의 주요 목표 가운데 하나는 일본과 서구 국가들 사이에 맺어진 불평등 조약을 재협상할 가능성을 조사하는 것이었다(Swale, 1998).

7   스펜서는 다윈이 『종의 기원』을 출판하기 전에 적자생존이라는 개념을 만들었다(Turner, 2003: 77).

8   네더빈 피터스는 영국의 빅토리아 시대였던 19세기에 사회 진화론이 인류학, 인종학과 함께 영국 제국의 지배 담론에서 한 축을 구성했으므로 이것을 제국주의적 청사진이라고 규정했다(Nederveen Pieterse, 2001).

9   블라디미르 티호노프(Vladimir Tikhonov)는 19세기 한국의 초기 근대화론자들이 국가의 힘과 생존, 또는 문명과 가장 적합한 자(the fittest status)의 지위 추구를 정당화한 주요 이데올로기가 사회 진화론이었다고 주장했다(Tikhonov, 2010).

10 『매일신문』에 가장 자주 등장하는 개념 가운데 하나는 문명이었는데, 부강 문명, 문명 부강 등으로 표현되기도 했다(노대환, 2010a).

11 수구는 종종 개화의 반대어로 쓰였다. 『독립신문』의 사설(1899년 11월 2일)은 "시골 사람의 사는 정경을 의논할 것 같으면 개화인지 수구인지 도무지 알 수가 없는 것"이라고 말했다.

12 이 주장과 관련해서 서재필, 윤치호 같은 기독교 개화론자들은 종교적 신념과 국가주의를 결합해 한국의 물질적 빈약을 "도덕·정신적 쇠퇴의 증상"으로 해석했다. 그들은 자강을 기독교 신앙에 근거한 "개인과 사회의 종교·도덕적 갱생"으로 해석하기도 했다(Wells, 1990: 9).

13 인종학과 관련해 한 사설은 "외국에서는 인종학이라는 학문이 대단히 크고, 학사 중에서 인종학 학사를 매우 높이 치더라."라고 보도했다(『독립신문』, 1897년 4월 6일).

14 티호노프의 연구를 보면 『독립신문』은 대체로 사회 진화론의 사상을 수용했고, 문명과 진보를 이루지 못한 비서구 사회의 불행이 일부분은 인종적 열등성에서 비롯됐다고 생각하는 경향이 있었다(Tikhonov, 2010).

15 청일 전쟁에서 일본이 승리한 직후에 일본의 근대 지식인이었던 도쿠토미는 서구가 주도하는 세계에서 일본의 지위가 향상된 것에 대해 다음과 같이 표현했다. "우리는 세계 앞에 더 이상 일본인임이 부끄럽지 않다. …… '일본인'이라는 이름은 …… 이제 명예, 영광, 용기, 성공, 승리를 의미한다. 전에는 우리가 스스로를 몰랐고, 세계도 우리를 알지 못했다. 그러나 이제 우리는 우리의 힘을 시험했기에 우리는 스스로를 알고, 세계도 우리를 알게 됐다. 더욱이 우리가 세계에 알려졌다는 것을 우리는 알고 있다!"(de Bary, Gluck, and Tiedemann, 2006: 133) 청일 전쟁 이후 일본이 아시아의 강국으로 인정받기 시작했다면, 러일 전쟁은 일본이 세계의 주요 강국의 하나로 인정받는 계기가 됐다(Tanaka, 1993: 14~15).

16 이 시기의 『황성신문』은 개혁파 유학자들이 출간한 대표적 신문이었는데, 『대한매일신보』와 논조가 달랐지만 국가의 생존 전략으로서 문명을 향한 개혁의 필요성을 강조했다는 공통점이 있다. 『황성신문』이 서구 지식의 수용과 사회 개혁을 주장한 것은 개명이라는 용어에 집약됐다(노대환, 2010b). 백동현은 『황성신문』이 문명국과 미문명국의 구분을 바탕으로 문명화의 필요성에 대해 동의했다고 보고한다(백동현, 2003: 172).

17 개화의 검색 빈도는 『독립신문』에서 16건이었는데, 『대한매일신보』에서는 13건이었다. 반면 문명의 빈도는 전자에서 4건, 후자에서 118건으로 크게 증가하는 모습을 보였다.

18 이런 점에서 당시 한국 국가주의자의 문명개화를 위한 노력은 지구적 추세에 참가하는 것이 목표였다고 해석되기도 한다(Schmid, 2002).

19 일제 강점기 한국인들이 일제의 통치와 문명 담론을 다른 맥락의 문명 담론을 이용해서 비판했음을 알 수 있다. 이것은 "일본이 문명개화 담론으로 한국의 주권을 침해하자 한국의 국가주의자들은 '국혼', '국수' 등을 강조하는 국가주의라는 대안 담론으로 옮겨 갔다."라는 안드레 슈미트(Andre Schmid)의 주장(Schmid, 2002)을 반박한다. 슈미트는 시간과 공간을 초월한 하나의 문명개화 담론의 유형을 가정해서, 한국 사회가 국내외 환경을 반영해 자신의 개화·문명 담론을 적극적으로 구성했다는 사실을 간과했다.

20 제1차 대전 이후 아시아 지식인들의 서구 인식이 크게 변화했다. 근대 중국의 지식인인 량치차오(梁啓超)는 사회 진화론의 관점에서 서구를 열렬히 추종했지만, 유럽에서 전쟁을 목격하고 귀국한 후로 서구에 대한 태도를 크게 바꾸었다. 그는 서구를 "아프고 쇠퇴하는 중이며, 과학, 물질주의, 기계화 등에 집착함으로써 피해를 자초했다."라고 인식했다(de Bary and Lufrano, 2000: 377~379).

21 개화기 동안 한국의 윤리 개념은 서구에서 문명의 한 요소라 여겼던 윤리 개념(ethics)의 영향을 받았다. 그러나 한국의 윤리 개념은 전통에 속하는 성리학적 가치가 뿌리이

며, 따라서 그 함의와 사용의 맥락은 서구와 달랐다. 한국의 유교적 지식인들은 다른 나라에 비해 우월한 윤리를 지녔다는 자긍심이 있었다(Yi, 2011).

제2장 근대 문명 담론과 일제의 한국 지배: 일제 강점기

1. 백인의 책무는 1907년에 노벨 문학상을 수상한 영국의 작가 러디어드 키플링(Rudyard Kipling)이 미국의 필리핀 식민지화와 관련해 1899년 2월 10일 『더 뉴욕 선(*The New York Sun*)』이라는 신문에 발표한 시의 제목으로, 서구 중심의 인종주의적 편견을 단적으로 드러낸다. 서구의 인종주의에 대한 논의는 네더빈 피터스를 참조했다(Nederveen Pieterse, 1995).

2. 『매일신보』는 조선총독부의 한글(국한문) 기관지로서 1910년 8월부터 해방 직후인 1945년 11월까지 발간됐다. 1910년대와 1940년 이후의 전쟁 기간에는 유일한 한글 신문으로서 일제의 중요한 통치 자료 중 하나다. 『매일신보』는 스스로를 어용지이자 조선 제일의 실업 신문으로 규정하기도 했다(『매일신보』, 1912년 7월 17일). 『매일신보』의 기사 자료는 KINDS에서 창간일인 1910년 8월 30일부터 1929년 12월 31일까지의 기사를 대상으로 했다. 문명으로 검색한 기사 332건과 야만으로 검색한 기사 122건 등 모두 454건에 대해, 일제와 조선 간 지배·피지배의 역학 관계를 둘러싼 문명 담론의 기본 전제와 특징에 초점을 맞춰서 분석을 실시했다.

3. 발전주의 시기의 박정희 대통령도 고요한 아침의 나라, 동방예의지국 등을 주장하는 전통적 문명관을 우물 안 개구리에 비유하며 자기도취에 빠진 세계관으로 비판했다.

4. 이런 맥락에서 더든은 식민주의 국제 질서를 계몽적 착취(enlightened exploitation)로 표현했다(Dudden, 2005).

5. 일제 강점기에 한국을 여행한 미국의 선교사, 언론인, 정치인들은 문명·인종적 우월감 속에서 "한국 국민에 대한 뿌리 깊은 멸시감과 한국의 정치적 독립에 대한 강한 거부감"을 표출했으며 이것은 미국의 외교 정책 수립에 큰 영향을 끼쳤다(이길상, 2007: 30). 미국 대통령 시어도어 루스벨트(Theodore Roosevelt)는 일본의 한국 강점에 대해 "한국은 분명히 일본 소유이다. …… 한국 국민들이 어떤 의미에서도 결코 자치를 할 수 없다는 것은 이미 드러났다."라고 했으며, 루스벨트의 자문 위원으로 한국을 여행했던 조지 케넌(George Kennan)은 한국인을 벌레에 비유하며 외세 개입의 필요성을 주장하기도 했다(이길상, 같은 책). 영국의 문명 인식과 관련해 『매일신보』는 「영국 병력의 중국 주둔은 문명 보호를 위해 불가피한 일(英兵 駐中은 文明保護上 不可避한 事)」라는 제목 아래, 1927년 영국군의 중국 주둔에 대한 영국왕립학사원장의 연설을 소개했다. "'중국에 영국 병력이 주둔하기 위해 필요한 막대한 손해를 피하게 됐다. 현재 우리가 자랑하는 현대 문명으로써 (중국이) 병력으로 보호받지 않고 생활할 수 있는

이상적인 시대에 도달하기까지 앞길이 멀었다.'라고 말하더라('中國에 英兵이 駐屯하기 爲하야 莫大한 損害를 避함을 得하얏다 現在 吾人이 誇하는 現代文明으로써 兵力에 依한 保護가 업시 生活을 할 수 잇는 理想의 時代에 到達하기까지에는 尙且前途가 遼遠하다'고 述하더라)(『매일신보』, 1927년 5월 3일)."

6 현재 선진국 담론에서 한국의 정체성이 선진국 문턱이라는 점에서 19세기 말 이후 나타난 한국인의 중간자적 정체성은 현재도 계속되고 있다.

7 구한말 유학자들은 이른바 신사상을 퍼뜨리는 근대 신문이 인륜을 무너뜨리는 불온 매체라고 인식하며 위기의식을 가졌다(김건우, 2015).

8 야만의 개념을 『매일신보』의 한 조선인 필자는 다음과 같이 소개했다. "무엇을 가리켜 야만성이 있다고 하겠는가? 비인도의 행동이 있는 것을 야만성이 있다고 할 것이며 비도덕의 행동거지가 있는 것을 가리켜 또한 야만성이 있다고 할 것이니 야만의 마을을 보라 인도와 정의도 없고 질서와 기강도 없다. 큰 전쟁 때 독일의 광폭 잔인한 행위를 모든 나라들은 야만 무도의 독일이라고 간파하였었다……(何者를 指하야 野蠻性이 잇다고 하겟는가? 非人道의 行動이 잇는 者를 野蠻性이 잇다고 홀것이며 非道德의 擧措가 잇는 者를 指하야 쏘한 野蠻性이 잇다고 홀것이니 野蠻의 部落을 觀하라 人道와 正義도 업고 秩序와 綱紀도 업슴으로써로다 大戰時에 獨逸의 狂暴殘忍흔 行事를 與國은 指하야 野蠻無道의 獨逸이라고 看破하얏셧도다……)(『매일신보』, 1921년 7월 16일)." 야만의 부정적 함의와 관련해 『매일신보』는 「미국 태형 개시(米國 笞刑 開始)」라는 제목의 기사에서 "문명은 이제 떠나고 야만이 다시 돌아왔는지 의문(문명은 이제 그만 도라가고 야만이 다시 도라왓는지 의문)"이라거나, "형제를 재판하는 야만(형뎨직판ㅎ는 야만)", "제 집에 불 놓는 야만(제 집에 불 불는 야만)" 등으로 보도했다(『매일신보』, 1921년 3월 21일, 1912년 6월 25일, 1913년 6월 18일).

9 이런 선전과 달리 일제는 이른바 문화 통치라고 선전했던 1920년대 이전까지 조선인 수감자들에게 전근대적 태형을 가했으며(이종민, 2004), 문화 통치 이후에도 조선인에게 고문 등을 일삼아 당시 『조선일보』와 『동아일보』 등 조선 언론들에게 비판받았다.

10 1905년 당시 조선에는 『동몽선습』, 『천자문』, 『소학』, 『맹자』 등을 가르치는 전통적 초등 교육 기관인 서당이 1만 개 이상에 달할 정도로 광범위하게 운영됐으며, 일제는 이른바 신교육으로 통해 조선 향촌 사회의 전통적 교육 체제와 지배 체제를 무너뜨리려 했다(김경미, 2004).

11 비슷한 맥락에서 또 다른 한 기사는 충청북도 청주의 동맹 휴업 사건을 다음과 같이 전한다. "고등 보통학교 동맹 휴업 사건의 원인은 첫째로 요시노(吉野) 교장의 불온한 언행이고, 이것이 차차 여러 가지 문제를 일으켜서 결국 폭발한 것이라는데 …… 요시노 교장은 무엇보다 민족 차별이 심하다. 조선 사람은 오래 전부터 야만성을 타고났다면서, 평소에 일본과 조선의 차별을 주장했을 뿐 아니라, 이기주의가 심하며 게다가 하는

말이 비열하다. 수업 시간에 학생에게 '너희들은 장래에 박사가 돼도 내 월급 3분의 1도 못 받는다.'라면서 면 서기나 순사가 되기만 권고하는 듯한 말을 함부로 하고 …… 세키모토(關本) 교사도 이 교장과 언행이 동일할 뿐 아니라 『문교조선』이라는 잡지에 「조선인은 야만」이라는 논문을 게재해 조선 사람을 모욕했다는 것이 원인이다……(고보맹휴사건의 원인은 첫재 길야교장의 언힝이 불온하다는대서 싱기여 차차 여러가지 문제를 이릇키여 결국 폭발이 된것이라는바 …… 길야교장은 무엇보다 민족차별이 심하다 죠선사람은 상고야만성을 타고낫다 하면서 일상 내선의 챠별을 쥬쟝할 뿐아니라 쏘한 리긔주의가 심하고 더욱히 교설이 비렬하다 교수시간에 싱도를 대하야 '너희들을 쟝리에 박사가 되야도 나의 월급삼분의 일을 못밧는다'하면셔 면서긔 순사 되기만 권고하는 듯한 교셜을 함부로 하고 …… 관교유도 교장과 동일한 언힝을 쓸뿐아니라 『문교죠션』이란 잡지에다 「죠션인은 야만」이란 론문을 게재하야 죠션사람을 모욕한 일이 잇다는 그것이 원인이오……)(『매일신보』, 1927년 12월 8일)."

제3장 문명 담론과 발전 담론의 각축: 1950년대

1   참고로 2016년 현재 한국의 GDP는 1조 4110억 달러, 1인당 GNI는 2만 7561달러로 1953년보다 각각 1,085배, 411배 많다.

2   일부 논자들은 이 정부가 국민에 충분한 물질적 보상을 제공하지 않은 채, 권위주의나 강압적 형태의 지배 방식에 의존했다는 점에서 약탈 국가(predatory state)의 특징을 지녔다고 지적한다(Evans, 1995; 조희연, 1998, 2003; 윤상우, 2005).

3   1950년대의 한국 사회가 발전을 어떻게 인식했는지, 즉 어떤 개념과 틀로 인식했는지 알려주는 담론 연구는 상대적으로 미흡하다. 박태균은 1950년대에 걸쳐 경제 계획의 필요성이 담론으로 널리 유통됐다고 지적하면서, 해방 이후 자립 경제 달성의 필요성에 대한 합의, 후진국 경제 발전에 관한 외국 이론의 유입, 미국의 대한(對韓) 정책, 한국 전쟁이 초래한 파괴와 가난 등을 그 요인으로 꼽았다(Park T-G, 2005). 기존의 연구는 당시 경제 계획의 필요성이 대중·국가적으로 제기된 상황을 설명하는 데 초점을 맞추고 있다.

4   이승만 대통령의 연설문은 국가기록원의 대통령기록관 온라인 자료(www.pa.go.kr)에서 정치·사회, 산업·경제, 문화·체육·관광 분야의 연설 기록 453건을 사용했다. 1959년의 『경향신문』 폐간 사건 당시에 신문의 발행 부수는 『동아일보』 35만 부, 『경향신문』 20만 부, 『한국일보』 16만 부, 『조선일보』 10만 부 등이었다(강준만, 2007). 당시 이들 주요 신문 사이에서 발전, 문명에 대한 논조에 두드러진 차이가 드러날 만한 정황이 없는 상황에서, 제반 여건상 본 연구는 이들 신문 가운데 유일하게 당시 기사의 인터넷 검색 서비스를 제공하는 『조선일보』를 분석 대상으로 선택했다. 또한 이 장에서는 잡지와

신문 기사 원문을 현재 맞춤법에 맞게 부분적으로 수정했다.

5   잡지 자료와 관련해 우선 발전 담론의 주요 개념인 경제 성장, 경제 발전, 경제 개발, 후
    진, 선진, 개발 도상, 근대화, 공업화의 8개 단어와 1950년대의 주요한 경제 정책 목표
    로 알려진 경제 재건과 부흥 등 모두 10개 단어를 검색어로 정해 모두 21종 38권의 잡
    지에서 57건의 기사를 얻었다. 가장 많이 검색된 잡지는 『새벽』으로 모두 7권이 검색됐
    으며, 다음으로 『신태양』과 『신천지』(각 5권), 『현대』(4권) 등이었다. 당시 주요 일간지
    의 발행 부수에 버금가는 5~8만의 판매 부수를 자랑하며(강준만, 2007), 대중 담론의
    공간에서 큰 영향력을 발휘한 잡지 『사상계』는 검색 결과에 나타나지 않았다. 『조선일
    보』 자료는 같은 검색어를 사용해 모두 1,662건의 기사를 확보했다. 이 가운데 부흥을
    주제어로 검색한 기사가 1,489건으로 대다수를 차지하며, 이것을 제외한 기사 자료는
    총 173건이다. 다음으로 1950년대의 문명 담론을 발전 담론과 비교할 목적으로 문명
    을 검색어로 입력해 잡지 검색에서 모두 10종 13권 16건의 기사를 확인했으며, 『조선
    일보』 온라인 기록 보관소 검색에서는 모두 31건의 기사를 확인했다.

6   대통령 연설문은 단순히 한 개인의 생각과 사고의 반영이 아니라, 그 시대를 대표하는
    통치 자료 중 하나로서 시대를 대표하는 지배 담론의 일면을 보여 준다.

7   이승만은 서재필과 함께 개화기 서구 중심 문명 담론의 대중화를 주도했던 독립협회
    활동에 적극 참여하는 등 일찍이 근대 문명 담론을 수용했다.

8   이것은 국가와 민족의 빈곤한 상황을 철저히 문제화해서 혁명적 수준의 조국 근대화를
    추진한 박정희 정부와 대조적이다.

9   여러 연설 기록에서 일본에 대한 강한 반대 감정을 드러내는 점이 흥미롭다. 『친일 친
    공 분자를 없게 하라, 일(日)의 침략적 근성은 가증』(1954년 5월13일)이라는 제목의 연
    설에서 이승만은 "일본이 동양의 한 부강한 나라이므로 한국의 빈약한 힘으로 경쟁할
    수 없다는 사상을 가진 자들" 등 친일파의 5개 유형을 제시하며, 친일파를 공산주의자
    와 함께 가장 경계해야 할 대상으로 지목했다.

10 가난을 문제화하는 서구의 시각에 대한 비판적 자세는 『신세계』에 실린 영문학자 김재
    붕의 글에 잘 드러난다. "곰은 가난하지 않다. 나도 가난하지 않다. 곰과 나에게는 창세
    기의 슬픔이 있을 뿐이다. 이렇게 반년간 일하고 반년간 동면하는 나에게 갑자기 돈 많
    은 서양 사람같이 생활해 보라면 정말 나는 당황한다. 우리는 인구의 대부분이 이런데,
    그 사람들은 인구의 대부분이 공일(空日)만 빼고 1년 내내 공장에서 혹은 농장에서 악
    착스레 일을 한다니 말이다. 그들을 부럽다고 생각할 때 우리는 가난하다. 곡마단에 끌
    려다니는 곰보다도 가난하다(『신세계』, 1962년 1월 1일)."

11 『경제공론』 창간호 표지에 실린 정치인과 정부 고위 관료 등이 보낸 축하 문구에서도
    당시의 경제 인식이 잘 드러난다. "경제 부흥의 귀감 되라.", "상공 진흥의 지침이 되
    라.", "자립 경제의 확립을 위하여", "농촌 경제의 향상에 지표가 되라.", "산업 부흥의 사

명을 다하라(『경제공론』, 1957년 5월 10일)."

12 　부흥부가 1958년 6월에 발표한 '장기 경제 부흥 계획'에 나타난 1959~1960년 경제 개발 계획의 기본 원칙은 다음과 같다. "1. 적절한 방위력과 가능한 소비 수준을 지탱하도록 하기 위하여 경제력을 지원한다. 2. 한국 경제가 안정된 재정 기초 위에서 경제 자립을 향해 전진할 수 있도록 투자 수준을 마련한다. 3. 국민 생산 의식을 증진시킨다(『조선일보』, 1958년 6월 22일)."

13 　한국 전쟁의 결과로 공업 부문 생산 시설의 절반가량을 상실했고, 생산력은 1951년 8월말 기준으로 전쟁 전의 3분의 1 수준으로 떨어졌다(최상오, 2003). 당시 한국에 경제 자문을 했던 네이선협회(Nathan Associates)는 전쟁 피해액이 2년 치 국민 소득에 달한다고 추산했다. 전후 복구에 관해서는 "1956년 말까지는 대부분의 산업 생산이 1949년의 전전(戰前) 수준을 회복하거나 능가"한 것으로 평가된다(김적교, 2012: 16).

14 　『신태양』은 1958년 시점에서 「10년 후의 한국 사회의 전망」이라는 특집 기사를 실었는데, 경제적 전망과 관련해 『한국일보』 논설위원이었던 박운대는 「자립 경제의 도달 가능: 후진성은 극복될까」라는 글에서 당시를 기준으로 10년 전의 경제적 수준 또는 일제 치하의 최고 수준을 자립 경제의 충분조건으로 인식하고, '네이선 보고의 5개년 계획' 등은 이 조건을 충족시키기 위한 전략으로 제시했다. 또 경제 발전의 목표에 대해 후진국 탈피, 선진국 진입 등의 추상적 개념보다는 "자립 경제에 도달한 한국 경제라면 다음에 바랄 것은 국민 소득을 늘려서 생활 수준을 향상시키는 길"이라는 등의 구체적 의견을 제시했다(『신태양』, 1958년 4월 1일). 이 특집 기사에서는 1958년 시점에서 10년 후 한국 사회의 전망과 관련해, 정치적으로는 "합리적 조직과 과학화된 정치"를, 사회적으로는 "돈 위주의 맘몬(Mammon) 시대 도래"를, 문화적으로는 "서양 문명과 융합된 문화"와 "과학의 진흥"을 예측했다.

15 　『조선일보』는 「곡가 정책과 경제 발전의 괴리」라는 제목의 사설에서 적절한 곡가 정책의 필요성과 관련해 "농민이 국민의 1할 정도밖에 되지 않는 선진 공업 국가에서도 그러하거늘 하물며 농자천하지대본으로 되어 있는 한국에서는 더 말할 나위도 없다."라고 주장했다(『조선일보』, 1958년 11월 11일). 여기에서는 농자천하지대본이라는 한국의 정체성이 선진 공업 국가와 명확히 대비된다. 16 　발전주의 패권의 지구적 부상과 함께 자급자족형 농업은 근대화를 통해 점차 사라져야 할 전통 요소로 인식된다. 국가의 후진국 탈피와 선진국 진입이라는 목표를 위해 공업화가 강조되는 상황에서, 농업과 농촌은 경제 정책의 우선적인 고려 대상에서 제외된다. 발전주의는 발전이라는 목적 달성의 효율성을 위해, 국가의 인위적 변화를 기획·시행한다. 발전주의는 사람을 주변화하며 GNP, 국민 소득의 지표를 높이는 기업 활동(예컨대 수출 활동)을 국가 정책의 가장 중요한 요소로 보는 경향이 있다.

17 　『재정』의 표지 광고는 너크시의 책을 다음과 같이 소개했다. "R. Nurkse 저, 최명진·박

동섭 공역, 『후진 국가에 있어서의 자본 형성 문제』. 세계 인구의 67퍼센트는 상금(尙今) 매 1인당 소득이 연간 50미불(美弗) 이하의 빈곤 속에서 삶을 계속하고 있다. 후진 국가들이 그 국민 경제 속에 내포하고 있는 '빈곤의 악순환,' 즉 시장 규모의 협소성-투자 유인의 부진-자본의 부족-생산력의 저위(低位)-소득의 저수준-시장 규모의 협소성의 어지러운 수레바퀴에서 어떻게 하면 피할수 있을까? 이와 같은 세기적 과제에 대한 진단과 처방은, 대망의 양서! 근출간!(『재정』 1955년 9월 1일)" 한편 박태균의 연구를 보면, 당시 한국에서 자주 인용된 외국의 경제학자는 아서 루이스(Arthur Lewis), 라울 프레비시(Raul Prebisch), 폴 바란(Paul Baran), 너크시, 군나르 뮈르달(Gunnar Myrdal) 등이 있었다(Park T-G, 2005). 또 한국의 대학교에서는 1950년대 말부터 경제 발전 관련 과목을 가르치기 시작했는데, 이것이 경제 발전 계획의 필요성을 한국 사회에 전파하는 데 중요한 구실을 했다.

18 이것과 비슷한 맥락에서 1960년대에 발행된 『교육과 훈련』의 글에서 송효정 서울특별시공무원교육원 행정 이사관은 "경제 면에서 후진국이라 함은 그 나라의 국민 소득 수준을 기준으로 하여 1인당 실질 소득이 100불 이하는 후진국이라 칭하고 100불 이상에서 300불 되는 나라를 중진국, 그 이상 되는 나라를 선진국이라고 규정하고 있다."라고 말했다(『교육과 훈련』 1963년 7월 20일).

19 『정계재계』에 실린 글에서 국회 법제조사과의 김병식은 후진국에 대해 다음과 같이 소개했다. "우리가 일반적으로 후진국이라 칭할 때 무엇을 기준으로 하여 선진국과 후진국을 구분하고 어디까지가 선진국이고 어디까지가 후진국이냐고 따지고 든다면 물론 여러 가지 이견이 있을 것이고 선진국과 후진국을 구별하는 명확한 정의와 한계를 정립하기가 용이하지 않을 것이다. …… 우리가 통념적으로 후진국이라고 부르는 국가 즉 산업과 경제가 미·저개발되어 국민 소득의 수준이 얕고 정치적으로는 독립 국가로서 탄생한 연령이 적어서 민주 정치의 경험이 일천하고 20세기 현대 기계 문명의 혜택을 많이 받지 못하고 있는 국가를 지칭한다고 해석할 때 흔히 미국과 구라파 제국을 선진 제국이라 하고, 아시아, 아프리카, 중동, 중남미를 후진 제국이라고 한다(『정계재계』 1959년 12월 10일)."

20 이런 인식과 관련해 『조선일보』에 실린 「우리 경제의 후진성(2)」이라는 글은 다음과 같이 말한다. "무슨 숙명적 비애인지 동남아시아에 존재하고 있는 나라 전부가 이러한 상태에 가로놓여 있다. 한국을 필두로 중공, 대만, 인도차이나에 있는 캄보디아, 라오스, 베트남 등, 태국, 버마, 말레이시아, 인도, 파키스탄, 필리핀, 인도네시아 등 모두 국민 매인당 소득 면에서 볼 때 100불 이하로 거개 5, 60불 수준밖에 되지 못한다. 적어도 오랜 역사를 지니고 문화 민족이라고 자처하는 나라 중 국민 매인당 소득 면에서 볼 때 세계 어느 곳을 찾아도 한국보다 못한 나라를 찾기는 어렵다는 특별한 현실을 우선 국민들이 인식하여야 하겠다(『조선일보』 1955년 9월 9일)."

21 근대 이래로 서구의 주류 엘리트들은 어느 사회, 어느 지역이 더 진보했는가, 또는 우월한가에 대한 집착이 있다(Nederveen Pieterse, 2001). 제2차 대전 뒤 단선적 진보 사관은 미소 냉전의 역사적 환경 속에서 펼쳐진다. 예컨대 1950년 『다이제스트』에 소개된 「소련 경제는 과연 부흥했나」라는 제목의 글에서 영국의 하원 의원인 존 베이커 화이트(John Baker White)는 다음과 같이 말한다. "소련의 대다수의 기업이 서구나 미국에 비해서 얼마나 뒤떨어져 있느냐는 것은 구미 제국에 있어서는 이미 사용되고 보급되고 있는 것을 소련이 채용해서 새로 사용하게 되는 때 의기양양하게 발표하는 것을 보아도 알 수 있다(『다이제스트』, 1950년 1월 1일)."

22 『조선일보』에 실린 칼럼은 다음과 같이 주장한다. "우리가 기왕에 에티오피아 전쟁의 뉴스 영화를 볼 때 에티오피아라는 나라는 우리와 비교도 되지 않는 야만국이라고 생각한 일이 있다. 하나 금반(今般) 전쟁을 통해서 세계에 알려진 한국은 이국인들의 이목에 우리가 알았던 에티오피아와 하등 다름없이 반영되어 있다는 것을 국민 각자가 알아둘 필요가 있다. 언어도단이라고 분개할 애국지사도 있을지 모르지만 그보다 먼저 속이지 못할 우리의 현실에 큰 분발이 있어야 하겠다(『조선일보』, 1955년 9월 9일)."

23 한국인의 영양에 관한 언급은 개화기에 서구 중심적 문명 담론의 틀에서 이루어진 자기 비하를 연상시킨다. "또 서양 화학 박사들이 각색 곡식을 분석하여 본즉 사람의 몸에 가장 유익하기는 밀가루요, 그 다음은 옥수수요, 쌀은 영양이 적은 물건이라 하니 밀가루 먹는 서양 사람의 건장한 것과 쌀 먹는 동양 사람의 잔약한 것을 보아도 두 가지의 우열은 가히 알겠도다"(『독립신문』, 1898년 8월 25일).

24 한국에 소개된 미국발 외신은 한국의 경제 발전 상황에 대한 미국 정부의 평가를 자주 다루었다. 『조선일보』는 「한국 경제 발전 현저 … 미 상무성서 지적」이라는 제목의 외신 기사에서 "미국 상무성은 대한민국의 경제가 금년도 상반기 동안에 성장과 안정성을 시현하였다고 발표하였다."라고 보도했다(『조선일보』, 1958년 4월 6일). 다른 기사는 "대한민국은 북한 괴뢰의 침략을 받은 이래로 '현저한 부흥과 발전을' 이룩하였다고 『뉴욕 타임스(The New York Times)』지는 논평하였다."라고 보도했다(『조선일보』, 1958년 6월 27일). 발전 담론의 지구적 패권 아래서 미국 또는 미국이 주도하는 국제기구의 평가는 한국 사회의 발전 정도를 가늠하게 하는 객관적 척도로 인식되며, 이 사회에 큰 영향력을 행사한다.

25 같은 사회라 하더라도 어떤 담론의 틀을 사용하느냐에 따라 서구에 대한 인식은 크게 다를 수 있다. 한국 사회에서 발전 담론이 일반화되기 전인 1950년의 『조선일보』에 실린 「처음 보는 태국」이라는 제목의 기사는 부제가 "코끼리(象)와 사원의 나라, 후진 지역이나 이상향"이었다(『조선일보』, 1950년 5월 15일). 발전 담론에서 후진은 문제화의 대상이자 전문적 처방의 대상이라는 점에서, 이 기사의 후진 지역에 대한 인식 경향은 발전 담론과 차이가 있다.

제2부 발전 담론의 부상과 현황: 1960년대~현재
제4장 발전 담론과 선진국 담론의 부상: 1960~1970년대

1   분석 자료로 국가기록원 대통령기록관의 온라인 콘텐츠에서 정치·사회, 산업·경제, 문화·체육·관광 분야의 박정희 대통령 연설 기록 총 519건을 사용했다. 또 당시의 주류 언론 중 하나였던 『조선일보』의 온라인 기록 보관소에서 1961~1979년의 기사 중 제목에 선진국 또는 후진국을 포함한 기사 202건을 분석했다. 대통령 연설문은 통치자의 공식 의견을 가장 잘 반영하는 문서이고, 주류 언론은 대중적 담론이 유통되는 대표적인 매체라는 점에서 이 두 자료를 분석 대상으로 삼았다. 박정희 정권은 군사 반란 직후인 1961년 5월 23일에 「사이비 언론인 및 언론 기관 정화」 방안을 발표해 정권에 친화적인 언론 환경을 만든 이후, 비판적인 언론을 탄압하는 한편으로 협조적인 언론에는 각종 특혜를 베풀어서 상업적 언론으로 성장할 계기를 제공했다. 1960년대 후반 이후 조선일보사를 비롯한 신문사들의 사세 확장이 눈에 띄며, 신문은 자유당 정권 시절 표방했던 정론지가 아니라 다각적인 경영을 함으로써 이윤을 추구하는 기업으로 탈바꿈하기 시작했다(강준만, 2007). 이런 언론 상황을 볼 때 당시 정권 친화적 신문 가운데 하나였던 『조선일보』의 담론은 정치 지배층의 시각을 잘 반영한 대중 담론이라 할 수 있다.

2   미국의 원조 정책이 무상 원조에서 유상 차관으로 변화함에 따라 국가 주도의 경제 성장과 자립 경제 달성의 필요성은 더욱 높아졌다(윤상우, 2006: 75).

3   제1차 경제 개발 5개년 계획의 원안은 내포적 산업화 전략에 초점을 맞췄으나 여건의 미흡, 미국의 압력 등에 따라 1964년부터 수출 지향형으로 수정됐다(류상영, 1996). 이 수정과 관련해 이병천은 수출 지향 정책으로 수입 대체 정책이 폐기되지 않았고 두 정책이 일정 부분에서 함께 운용됐다는 점을 들어, 1960년대의 산업화 정책을 복선형 산업화 정책으로 규정한다(이병천, 1999).

4   발전 국가나 발전 연합(developmental coalition) 등의 유사 개념과 비교할 때에 발전 레짐은 발전의 추진 주체와 관련해서 국가나 계층 차원의 역할을 넘어 다양한 사회적 힘을 포괄하는 총체적 사회 구조로 초점을 맞춘다. 또 발전 현상을 경제적 차원으로 한정하지 않고, 정치·사회·문화적 현상을 두루 아우르는 더욱 폭넓은 개념이라고 말할 수 있다. 발전 레짐에 대한 보다 자세한 설명은 조희연의 논문을 참조하라(Cho, 2000: 408~409).

5   조희연은 "1960년대 이후 개발 독재 하에서는 지배 담론이 근대화, 산업화, 절대 빈곤으로부터의 탈피 등을 포함하는 개발주의 혹은 발전주의 혹은 성장주의 담론으로 전환된다."라고 말한다(조희연, 2003: 57). 이것과 관련해 백낙청은 '한국식 고도성장 모델'의 창안자로서 "박정희의 '지적 재산권'을 인정하는 데 인색할 필요가 없다."라며 그를

'지속 불가능한 발전의 유공자'로 규정했다(백낙청, 2005: 290, 293).

6   영월화력발전소 준공과 관련해서 박정희는 "남들처럼 애국을 말하지 않으면서도 이 깊은 산중에서 오직 건설에 전념하여 오늘날 이처럼 훌륭한 발전소를 완성해 놓은 여러분들이야말로 진정한 애국자"라고 역설했다(박정희, 제2영월화력발전소 준공식 치사, 1965년 9월 15일).

7   조국 근대화와 관련해 박정희는 크게 3단계의 추진 계획을 제시했다(허은, 2007). 제1차 경제 개발 5개년 계획이 끝나는 1966년까지 공업 국가의 기초를 마련하고, 제2차 5개년 계획이 종료되는 1971년까지 공업화를 이루며, 제3차 5개년 계획이 완료되는 1970년대 후반에 조국 근대화를 이루어 대량 소비 시대를 연다는 것이다.

8   박정희의 통치 이념 중 하나였던 민족주의는 시대에 따라 강조점이 변화한다. 5·16 군사 반란 직후에는 이 집권기의 민족적 상황을 위기로 정의하고 군사 반란의 정당성을 확보하는 수단으로 민족주의를 이용했다면, 제3공화국 시기에는 경제 발전을 강조하는 맥락에서, 제4공화국(유신 헌법) 시기에는 주로 권력의 유지·강화를 위한 민족 주체성의 확립을 강조하는 차원에서 민족주의가 통치 이념으로 작용했다(이우영, 1991).

9   이런 주장과 관련해, 이덕재는 5·16 군사 반란 당시인 1961년에 74개 개발 도상국 가운데 한국의 1인당 국민 소득이 60위였지만 문자 해독률, 문화와 인종의 동질성 등을 포함한 사회·문화 복합 지표는 16위였다는 한 외국 연구를 인용해서 "'우리의 반만년 역사는 한마디로 말해서 퇴영과 조잡과 침체의 연쇄사였다.'라는 박정희의 한국 민족주의에 대한 혐오와 달리 전혀 다른 제도 수립의 가능성이 남아 있었음을 암시한다."라고 언급한다(이덕재, 2009: 105~106).

10   박정희의 민족주의의 진정성에 대한 연구자들의 평가는 크게 3개 유형으로 나눌 수 있다(최연식, 2007: 44~45). 첫째는 박정희가 제3세계의 전형적인 민족주의자라는 평가다. 둘째로 그가 유신을 기점으로 민족주의자에서 반민족주의자로 변신했다는 의견이다. 마지막으로 박정희는 처음부터 반민족주의자였다고 보는 유형이다.

11   미국의 정치 사회학자 배링턴 무어(Barrington Moore Jr.)는 근대로의 급속한 이행 과정을 본질적으로 폭력과 착취, 혁명이 내포된 과정으로 이해했다(B. Moore, 1966, 1972). 그는 이것을 자본가 민주주의(capitalist democracy)를 불러온 자본가 혁명, 파시즘을 야기한 위로부터의 혁명, 공산주의를 낳은 아래로부터의 혁명 등으로 구분하고 이 모든 혁명의 과정에 폭력과 착취, 부정의가 내포됐다고 봄으로써, 자본가 민주주의 과정을 이상화하는 서구 자본주의의 시각을 비판했다. 이 구분을 빌리면 박정희 시기는 사회 변화의 범위나 강도, 속도, 그리고 이후 한국 사회에 끼친 영향과 결과 등으로 볼 때 위로부터의 혁명이 진행됐던 시기라 할 수 있을 듯하다. 이 혁명을 주도한 세력은 박정희의 발전 국가와 이 발전 국가가 양성한 의존적 자본가의 연합이었다. 이 시기에 대한 평가와 관련해 우리 사회에 군사 반란인가, 혁명인가 하는 논란이 있는데, 군사 반

란을 이용한 혁명의 기간으로 이해하는 것도 어느 정도 타당해 보인다.

12 박정희는 이런 인식과 관련해서 "5·16은 한마디로 이 나라의 근대화를 위한 국민적인 몸부림"이었다고 주장했다(박정희, 5·16 혁명 제4주년 기념 치사, 1965년 5월 16일).

13 박정희에게 한국의 초가집은 빈곤과 나약의 상징이었다. 그는 "우리 조상 5,000년 대대로 물려받은 초가집은 3차 5개년 계획 말기에 가면 거의 보기 어렵게 될 것"이라고 말한다(박정희, 4.27 대통령 선거 춘천 유세 연설, 1971년 4월 15일).

14 1968년의 연두 기자 회견에서 박정희는 증산, 소득 증대 등 본연 의미의 경제를 제1경제로, 경제 개발을 저해하는 경제 외적인 요인을 제거하는 일을 제2경제로 규정하고 정신 개조 사업을 그 하나로 인식했으며, 이 사업으로 모든 국민이 근대적 인간형이 되기를 촉구했다(허은, 2007: 221, 271). 인간 개조의 수준으로 변화할 필요성은 1970년대 새마을 운동에도 잘 반영됐는데, 이것은 농민을 자발적으로 동원하기 위한 정치적 이데올로기의 성격을 띤다(김대영, 2004).

15 1960년대 중반부터는 한국 경제가 도약 단계에 진입했다는 인식이 나오는데, 이것은 로스토의 경제 성장 5단계 이론을 직접적으로 연상시킨다. "최근 우리는 자립 경제의 기반을 구축하는데 성공하였고, 또한 '자립의 평원'에 도달할 수 있는 도약 단계에 급속도로 접근……"(박정희, 제3회 저축의 날 담화문, 1966년 9월 25일). 이 인식과 관련해 1965년 한국을 방문한 로스토는 한국이 도약 단계에 있다고 주장하는데, 이 선언은 "지식인들 사이에 한국 사회가 그의 이론을 따라 도약하는 것이 가능하다는 신념을 심어 주었으며, 다른 한편으로 박정희 정부가 추진하는 계획에서 그의 이론은 하나의 척도가 되었다"(박태균, 2004: 156).

16 이병천은 1973년 1월 박정희 정권의 중화학 공업화 선언이 경제적 합리성보다는 안보와 권력의 정당성 확보를 위한 정치적 동기로 추진됐다고 주장한다(이병천, 1998). 반면 이덕재는 이것을 자본재 수입에 의존하는 경공업 중심 공업화의 한계를 극복하기 위한 자본재의 수입 대체 전략 중 하나로 해석한다(이덕재, 2009). 한편 윤상우는 닉슨 독트린, 미국의 경제 쇠퇴 등에 따른 미국 헤게모니와의 정치·경제적 긴장 관계가 방위 산업 육성을 위한 중화학 공업화에 나서는 계기가 됐다고 보고 있다(윤상우, 2006).

17 1970년대 말 시점에서 한 연설문은 1960년대, 1970년대, 1980년대에 대해 "우리가 지난 60년대의 개발, 70년대의 약진에 이어 80년대의 웅비를 기약하는 오늘이야말로 기나긴 민족사에서 볼 때 가장 보람찬 시기"라고 주장했다(박정희, 제10회 국회 개원식 치사, 1979년 3월 15일).

18 이 연구의 자료에서 1961~1979년에 선진국이라는 용어를 포함한 『조선일보』 기사 수는 모두 125건인데, 1960년대(1961~1969년) 18건, 1970년대(1970~1979년) 107건으로 1970년대의 급격한 증가가 눈에 띈다. 반면 1961년~1979년에 후진국을 포함한 기

사 수는 77건인데 1960년대 53건, 1970년대 24건으로, 후진국 용어 사용은 감소했다. 이것은 1960년대에는 담론이 초점을 후진국 탈피에 맞췄다가, 1970년대 들어 중진국의 정체성이 형성되며 선진국 진입으로 이동한 점을 반영한다고 해석된다.

19　　그러나 당시의 『조선일보』 기사를 전체적으로 보면, 선진국 개념의 초점이 대체로 물질적 측면에 맞춰졌으며 이것을 문화적으로도 앞섰다거나 풍부하다고 보는 경향에 대해 상당한 수준의 저항이 있었다.

20　　이 문제에 대한 기사의 내용은 다음과 같다. "선진국을 너무 긍정적으로 본다는 것은 그만큼 우리가 선진국의 부정적인 측면에 대해서 둔감 내지는 무식하다는 말이 된다. …… 그리고 선진화 또는 근대화를 잘못 추진함으로써 산업화와 도시화가 가져올 수 있는 (선진국에는 이미 도래한) 생활 환경의 저질화 문제, 그리고 분배 정의에 소홀함으로써 생기는 계층 간의 알력을 미리부터 조심해서 예방하지 못할 가능성이 한국인의 선진국관 속에 다분히 담겨 있는 것 같다. 한국이 국가로서 추구해야 할 미래가 어떤 것인가. 국가의 목적 가치가 재정립되어야 할 시점이다."

21　　박정희 연설문과 같이, 대중 담론에서도 1960년대 후반부터 한국의 정체성을 중진국으로 보는 시각이 나타났다(『조선일보』, 1968년 1월 14일, 1968년 1월 21일).

22　　이것과 비슷한 시기에 박정희 대통령은 "지금까지 우리는 개발 도상 국가들을 상대해 왔으나 점차 선진국과 경쟁 대상이 되고 있는 만큼 이를 앞지르도록 더욱 노력을 기울여야 할 것"이라고 말했다(『조선일보』, 1977년 1월 20일).

23　　이런 자신감과 관련해 한 기사는 다음과 같이 보도했다. "미국의 유력한 경제지 가운데 하나인 『저널 오브 커머셜』지는 24일 한국은 경제 개발에 성공했기 때문에 10년 이내에 선진 공업국 대열에 들어갈 것이며 5년 후에는 경제협력개발기구에 가입할 것이라고 보도했다"(『조선일보』, 1975년 12월 26일).

제5장　선진국 담론의 변화: 1980~1990년대

1　　『조선일보』는 한국의 주류 담론 유통자로서, 시기별로 주류 발전 담론의 특징을 잘 보여 준다. 선진국 담론은 한국의 지배 담론 중 하나로서 그 주요 개념과 특징이 주류 신문 간에 큰 차이가 없으므로, 『조선일보』에 대한 분석은 대중 공간에서 이 담론의 일면을 시대별로 파악할 수 있는 효율적인 연구 방법이라 판단했다. 『조선일보』 온라인 기록 보관소에서 이 시기의 기사 중 제목에 선진국을 포함한 642건과 제목에 후진국을 포함한 55건 등 모두 697건을 수집해 분석 자료로 삼았다. 또 선진국 개념에 대해 1980~1992년 257건, 1993~1998년 385건 등 모두 642건의 기사를 얻었다. 후진국 개념에 대해서는 1980~1992년 22건, 1993~1998년 33건 등 모두 55건의 기사를 얻었다. 이 기간 중 김영삼 정부 시기에 선진국의 사용 증가가 눈에 띈다.

2　보편주의에 내포된 서구중심주의를 비판하는 맥락에서 월러스틴은 서구적 가치관·세계관·이해관계를 반영한 서구적 보편주의(European universalism)와 인류 공통의 가치들을 반영한 진정한 의미의 보편적 보편주의(universal universalism)를 구분했다(Wallerstein, 2006).

3　1990년대에도 선진 시민은 사회 발전의 중요한 사안 가운데 하나였다. 예컨대 『조선일보』는 「선진 시민이 됩시다」라는 제목의 특집 연재 기사에서 교통질서, 식당 예절 등 공중질서를 지키는 시민이 되자고 홍보했다(『조선일보』 1997년 1월 1일).

4　이른바 선진국의 현상이라면 시민들의 낮은 정치 참여도 긍정적으로 해석하려는 태도가 나타나는 점이 흥미롭다. 이 점과 관련해서 『조선일보』의 한 기사(1991년 6월 21일)는 전날 실시된 광역 의회 의원 선거의 투표율이 예상보다 낮은 58.8퍼센트에 머무르자, "대체로 미·일 등 선진국의 경우 지자체 투표율이 50퍼센트를 넘지 못하는데"라며 "투표 행태가 상당히 선진국형에 근접하고 있다는 해석도 일부에서 제기"된다고 보도했다.

5　오늘날 대표적인 선진국 모임으로 지칭되는 G7, OECD 등의 경우 1980년대까지는 종종 서방국, 선진 공업국, 선진 개발국 등으로 불리기도 했다. 예컨대 『조선일보』의 한 기사는 G7을 서방 7국으로 불렀다(『조선일보』 1985년 5월 2일).

제6장 발전주의의 담론 구조와 국가 동원: 근대화, 세계화, 선진화

1　여기서 발전주의는 경제적 발전주의로, "20세기 중반 이후 지구적 패권 담론으로 부상한 담론으로서, 산업화(또는 후기 산업화)와 경제 성장 등에 따른 사회의 경제적 발전을 다른 가치보다 우선시 하는 태도"를 의미한다.

2　이렇게 볼 때, 발전주의는 신자유주의 등 여러 하위 담론과 요소들로 지지되는 큰 담론 체계라 할 수 있다.

3　국가기록원 온라인 콘텐츠의 대통령 연설문 가운데, 정치·사회, 산업·경제, 문화·체육·관광 분야의 연설문 1,164건(박정희 521건, 김영삼 292건, 이명박 351건)을 자료로 사용했다.

4　한국 언론이 자주 인용하는 너트크래커를 정확히 말하면 어느 국가의 경제 상황이 선진국과 후발 개발 도상국 사이에 끼인 상황을 '호두를 까는 기구(nutcracker)'에 끼인 호두에 비유한 것이다. 기술이나 품질 경쟁에서는 선진국의 견제를 받고, 가격 경쟁에서는 후발 개발 도상국에 밀리는 것을 이른다.

5　대중 매체에서는 아르헨티나 등 남아메리카 국가들이 과거에 선진국 문턱에서 좌절한 역사적 사례로 자주 거론된다.

6　산업화와 공업화는 의미가 유사해서 모두 영어의 industrialization으로 번역이 가능하

지만, 박정희는 이 두 용어를 함께 사용했다. 둘을 굳이 구분하자면 산업은 자급자족적 생산 활동과 대비되는 재화와 서비스의 조직적 생산 활동을, 공업은 농·광업 등과 구분되는 가공 산업을 의미한다는 점에서 전자가 후자를 아우르는 보다 큰 개념이라고 말할 수 있다.

7 김영삼은 임기 말 외환 위기의 원인을 세계화를 위한 노력의 부족으로 돌리기도 했다. "오늘의 경제 난국을 맞아 돌이켜 볼 때 우리의 개혁 노력과 그 성과는 너무나 미흡했다는 것이 드러났습니다. 세계의 변화에 우리가 뒤따라가지 못했던 것입니다"(김영삼, 경제 살리기를 위해 국민에게 드리는 말씀, 1997년 12월 11일).

8 예컨대 한국인은 국제 행사에 국가의 명운이 걸렸다고 인식하는 경우가 적지 않다. 대통령들의 연설문에서 2002년 한·일 월드컵과 2018년 평창 동계 올림픽·패럴림픽 대회 등은 전 세계 체육인의 축제를 넘어, 선진국으로 가는 길에서 한국의 현재 위치를 가늠하는 척도로 여겨진다. 온 국민이 국제 행사를 추구하고 동원되는 것은 이런 논리에서 정당화된다.

결론 '발전주의 선진국'을 넘어서

1 선진국 담론은 한국 사회의 자존감 결여를 반영한다. 한국 사회는 자존감의 결여를 선진국의 권위에 의존해서 해소하려 한다. 안으로는 자신이 없고 주체적 판단 능력이 약하므로 바깥의 권위에 기댄다. 한국 사회에서 여러 현상을 판단하는 주요 기준은 선진국의 사례이다. 미국이 검증한 미국 박사 학위자들은 한국 학계·사회를 지배하며, "지배받는 지배자"의 권위를 누린다(김종영, 2015). 한국 학계의 의존성을 이승환은 다음과 같이 지적했다. "수입품이라면 앞뒤 안 가리고 사들여야만 직성이 풀리는 졸부 사모님들과 서양 사조라면 일단 보편적 진리로 인정하고 무작정 수입해 들이는 학자들의 태도는 다른 것이 무엇인가?"(이승환, 1997: 184) 특히 심각한 것은 우리 사회가 국제 관계 또는 국제 정치 분야에서마저 스스로 생각하고 판단할 능력이 약하다는 점이다. 이 문제와 관련해서 일부 연구자들은 국제 정치학 분야의 외국 의존성, 특히 미국 의존성이 지나치기 때문에 한국의 정치학이 정체성 위기에 빠졌다고 지적한다(강정인, 2013).

2 현재 한국 사회의 이른바 보수 세력에게 안보의 의미가 대체로 반공과 등치 관계인 것도 이런 까닭이다. 반공주의는 이른바 자유세계의 맹주인 미국에 대한 맹목적 추종을 야기한다. 지금도 공공연히 일어나는 종북(從北) 낙인 찍기와 색깔 논쟁 등에서 볼 수 있듯, 반공주의 안보 담론은 아직도 우리 사회에서 큰 영향력을 발휘한다.

3 근대 시기 식민지와 전쟁을 거치며 자생적 자본가 계급이 미약했던 상황에서 국가가 주도한 한국 자본주의는 식민지에 대한 정복, 사기와 착취로 부를 축적한 자본가 주도

의 서구 자본주의와는 발전 과정이 다르다. 그러나 국가 개입이 상대적으로 적은 서구 자본주의를 한국 자본주의보다 더 바람직하거나 우월한 형태로 볼 근거는 없다.

4 무어는 막대한 자원 소비, 사회·경제적 불평등, 소수 집단에 대한 차별, 공격적 대외 정책 등의 이유를 들어 미국을 약탈적 민주주의로 규정한다(B. Moore, 1966, 1972). 일부 논자는 경쟁 위주의 미국식 자본주의를 정글 자본주의로 표현한다. 이것과 관련해서 이삼성은 "그것은 곧 노동 계층과 소외 계층에 대해 사회적 보장을 비롯한 보호막을 제거함으로써, 그들을 언제라도 산업 예비군으로 착취할 수 있는 사회·경제 체제를 의미한다."라며 "이러한 정치·사회적 지평의 한계를 가진 나라가 그로 인한 자본주의적 정글성을 바탕으로 패권을 지속시키고 있는 상황은 세계나 인류에게 결코 은총이나 행운이 아니다."라고 지적한다(이삼성, 2001: 87~88). 네더빈 피터스는 미국식 자본주의와 초강대국 신드롬으로 이루어진 '미국의 거품'을 넘어서자고 제안한다(J. Nederveen Pieterse, 2008).

5 선진국 담론에 나타나듯 스스로에 대한 자신감이 부족한 상황에서, 한국의 장단점을 면밀히 파악하고 장점에 대해 자부심을 갖자는 주장을 자문화 중심적, 민족주의적 또는 국수주의적이라고 비판하기는 어렵다. 한국 사회에서 누구보다 자국 또는 자민족 중심이어야 할, 이른바 우익 세력의 집회에서조차 외국 국기가 난무하는 상황을 보면 이 사회는 스스로의 품격을 높이기는커녕 자문화·자민족 중심적으로 생각하는 데도 익숙하지 않다.

6 현대 사회의 여러 문제들을 더 빠르고, 강하며, 영리한 과학 기술로 풀겠다는 발상은 문제가 있다. 외부에서 미사일이 날아오면 이것을 더 빠른 미사일로 격추하겠다며 미사일 방어 체계를 구축하는 데 천문학적 예산을 쏟아붓는 미국식 발상은 과연 인류의 진보에 얼마나 도움이 되는가?

7 한국은 객관적 국제 기준으로는 이미 선진국이다. 이미 한국은 다양한 국제 지수에서 경제·사회적인 고소득 발전국으로 인정된다. 예컨대 UN개발계획(UNDP)은 인간 개발 지수(Human Development Index)에서 한국을 매우 발전한 국가(very high human development)로 분류했다.

8 근대성들에 대한 관심은 각 사회의 근대성이 그 사회의 독특한 역사·사회적 배경에서 비롯된 산물이라는 점을 인식하는 것이다(Featherstone, Lash, and Robertson, 1995). 이것은 근대성의 전형이 단일하다고 보면서 이것을 기준으로 여러 사회를 위계화하는 서구 중심적인 근대성 인식을 비판한다.

9 사회가 유지되려면 경쟁이 불가피하지만, 그것이 지나치면 오히려 구성원들의 불필요한 고통을 야기한다. 현재 한국 사회 각 분야에서 일어나는 과도한 경쟁은 승자와 패자 간 보상의 지나친 격차에서 비롯된다. 이른바 스카이(SKY) 대학교와 타 대학교 출신 간 대우의 격차가 그리 크지 않다면, 극성스런 사교육과 지옥 같은 입시 경쟁은 약화될 것

이다. 정규직과 비정규직의 대우와 보상 격차가 누구나 용인할 수 있는 수준이라면, 비정규직을 둘러싼 논란이 발생할 이유도 없다.

10 16세기 유럽인들은 식민 사업에 나서서 다양한 방법으로 부를 창출했는데, 금은 채굴, 플랜테이션 농업, 아시아와의 무역, 아메리카 사업의 수익, 노예 납치 및 매매, 해적질 등이 그것이다(Blaut, 1993). 아메리카 정복은 유럽의 물질적 변화뿐 아니라, 인식의 변화도 초래했다. 유럽인들은 아메리카의 신기한 동·식물들을 접하는 과정에서 이것들을 공부하고 분류할 필요성을 느끼고 세상에 대한 호기심을 키웠으며, 이 호기심이 동·식물학을 포함한 유럽의 과학 발전에 큰 영향을 끼쳤다(Honour, 1975). 예컨대 아메리카의 앵무새는 당시 유럽에 들어와 있던 아프리카종보다 더 크고 색이 화려해 인기를 끌었다. 당시 유럽인들이 그린 아메리카 원주민 그림에는 앵무새가 자주 나타나며, 서구의 영화 등에서 어깨에 앵무새를 올린 해적선 선장이 등장하는 것도 유럽인들이 아메리카 대륙을 탐험했던 맥락에서 이해할 수 있다. 식민주의와 함께 발달한 당시 유럽의 과학에는 유럽우월주의가 반영됐다. 유럽의 동물학자들은 아메리카의 동물들이 유럽보다 유전적으로 열등하다는 주장을 펴기도 했다(Honour, 1975).

11 서구의 물질과 기술 추구 경향을 인도의 정치인 마하트마 간디(Mahatma Gandhi)는 다음과 같이 지적했다. "우리는 마음이 쉼 없는 새라는 점을 알고 있다. 더 가질수록 더 많이 원하며, 언제나 불만족 상태로 남아 있다. …… 그래서 우리 선조들은 우리의 탐욕에 제한을 뒀다. 그들은 행복이 대체로 마음의 상태라고 보았다. …… 우리는 수천 년 전부터 같은 종류의 쟁기를 이용해 왔다. 우리는 예로부터 같은 종류의 작은 오두막집을 사용해 왔고, 우리의 전통적 교육도 이전과 그대로다. 우리에게는 삶을 갉아먹는 경쟁 체계가 없다. …… 우리가 기계를 발명할 줄 몰랐던 것이 아니다. 다만, 우리 마음이 그런 것들을 좇게 되면 우리는 노예가 되고 우리의 도덕 기질을 잃게 될 것이라는 것을 우리 선조들은 알았던 것이다."(McMichael, 2008: 39에서 재인용)

보론 한국·중국·일본의 발전 담론 비교: 국가 정체성과 상호인식

1 자료의 수집 방법은 다음과 같다. 먼저 KINDS에 있는 분석 기간의 사설 가운데 한국·중국·일본을 검색어로 입력해 모두 325건의 사설을 찾았다. 이 가운데 선진국을 포함한 사설은 16건이었다. 이 세 국가를 후진국 개념과는 어떻게 관련지어 인식하는지 알아보기 위해서 후진국도 검색했으나 결과가 없었다. 이 세 나라에 대한 한국 신문 사설에서 후진국 개념보다는 선진국 개념이 더 많이 쓰였음을 알 수 있다. 다음으로는 한국의 선·후진국 개념과 관련해서, 중국과 일본 각각의 정체성과 표상이 어떻게 구성되는지 알아보기 위해 자료를 수집했다. 일본과 선진국을 검색어로 입력해 모두 71건의 사설을 얻었으며, 일본과 후진국을 검색어로 사용해서는 모두 6건의 사설을 수집했다. 다

음으로 중국과 선진국을 검색어로 해서 모두 36건의 사설을, 중국과 후진국을 검색어로 사용해서는 모두 5건의 사설을 얻었다.

2   이 장의 마지막 절인 「한국·중국·일본의 발전 담론 속 상호 인식 비교」에서 중국·일본 부분은 『경제·인문사회연구회 인문정책연구총서 2015-22』에서 박정현·송병권 교수가 각각 집필한 내용을 수정·보완한 것이다. 공동 연구의 내용 게재를 허락해 주신 정일준·박정현·송병권 선생님께 감사드린다. 중국의 발달 국가 담론에 대한 보다 자세한 논의는 박정현·김종태의 논문을 참조하라(박정현·김종태, 2015).

3   신흥국은 영어권의 대중 담론에서 요즘 흔히 나타나는 개념인 emerging countries의 번역어로 볼 수 있다. 실제로는 개발 도상국과 의미가 비슷한데, 이 국가들의 경제적 부상을 강조하는 함의가 강하다(Nederveen Pieterse and Rehbein, 2009).

4   한국이 중국과 일본 사이에 끼었다는 의미로 너트크래커에 비유한 사례가 있는데, 이것은 한국 경제가 "너트크래커 사이에 있는 호두" 신세라는 외국 언론의 비유를 잘못 인용한 것이다. 여기서는 정확한 표현을 위해 "너트크래커 사이의 호두"로 수정했다.

5   한국의 선·중·후진국 개념을 중국에서는 거의 사용하지 않는다. 선진이라는 용어는 선진 기술, 선진 사상 등과 같이 단순히 앞섰다는 의미로 사용된다.

6   중국의 발달 국가 담론에서 한국·일본은 대체로 발달 국가에 속한다.

참고문헌

강정인. 2003a. 「서구중심주의의 이해: 용어 및 개념 분석을 중심으로」. 『국제 정치논총』 43: 29~51쪽.

강정인. 2003b. 「지구화·정보화 시대 동아문명의 문화정체성: 서구중심주의를 극복하기 위한 담론 전략들」. 『정치사상연구』 9: 223~245쪽.

강정인. 2004. 『서구중심주의를 넘어서』. 서울: 아카넷.

강정인. 2013. 『정치학의 정체성: 한국 정치학의 주체성을 위하여』 서울: 책세상.

강준만. 2007. 『한국 대중 매체사』. 서울: 인물과 사상사.

길진숙. 2004. 「'독립신문'·'매일신문'에 수용된 '문명/야만' 담론의 의미 층위」. 『근대 계몽기 지식개념의 수용과 그 변용』. 이화여대 한국문화연구원. 서울: 소명. 59~95쪽.

김건우. 2015. 「한말 유학자의 위기의식과 근대문명 담론 비판: 간재 전우의 양계초 비판을 중심으로」. 『유교사상문화연구』 61: 95~128쪽.

김경미. 2004. 「보통학교제도의 확립과 학교훈육의 형성」. 연세대 국학연구원 편. 『일제의 식민지배와 일상생활』. 서울: 혜안. 485~530쪽.

김대영. 2004. 「박정희 국가동원 매커니즘에 관한 연구: 새마을운동을 중심으로」. 『경제와 사회』 61: 172~207쪽.

김도종. 2001. 「박정희 패러다임의 등장과 지속에 관한 담론적 접근」. 『한국정치외교사논총』 23(1): 127~150쪽.

김동노. 2004. 「식민지시기 일상생활의 근대성과 식민지성」. 연세대 국학연구원 편. 『일제의 식민지배와 일상생활』. 서울: 혜안. 13~36쪽.

김수자. 2011. 「'독립신문」에 나타난 개화지식인들의 근대주의와 유학 인식」. 『동양고전연구』 45: 249~275쪽.

김윤태. 1999. 「발전 국가의 기원과 성장: 이승만과 박정희 체제에 관한 역사사회학적 연구」. 『사회와 역사』 56: 145~177쪽.

김인영. 2013. 「발전 국가에서 포스트발전 국가로: 이명박 정부 '저탄소 녹색성장'을 중심으로」. 『세계지역연구논총』 31(1): 29~53쪽.

김적교. 2012. 『한국의 경제 발전』. 서울: 박영사

김정현. 2005. 「오리엔탈리즘과 동아시아: 근대 동아시아의 '타자화'와 저항의 논리」. 『중국사연구』 39: 159~192쪽.

김정훈·조희연, 2003. 「지배 담론으로서의 반공주의와 그 변화 - '반공규율사회'의 변화를 중

심으로」. 조희연 편. 『한국의 정치·사회적 지배 담론과 민주주의 동학: 한국 민주주의와 사회운동의 동학 (3)』. 서울: 함께 읽는 책. 123~199쪽.

김종영. 2015. 『지배받는 지배자: 미국 유학과 한국 엘리트의 탄생』. 파주: 돌베개.

김종태·한기덕. 2013. 「한국 대학생의 외국인 차별 의식의 근원: 민족, 문명, 선진국 담론의 비판적 검증」 『담론 201』 16(3): 35~66쪽.

김철규. 2002. 「20세기 발전주의의 형성과 한계」 『비교사회』 4: 213~231쪽.

김철규. 2003. 『한국의 자본주의 발전과 사회 변동』. 고려대 출판부.

김호기. 1998. 「박정희 시대와 근대성의 명암」 『창작과 비평』 99: 93~111쪽.

노대환. 2010a. 「1890년대 후반 문명 개념의 확산과 문명론의 전개」 『한국사연구회 276차 연구발표회 자료집』. 1~21쪽.

노대환. 2010b. 「1905~1910년 문명론의 전개와 새로운 문명관 모색」 『유학 사상연구』 39: 347~386쪽.

류상영. 1996. 「박정희 정권의 산업화전략 선택과 국제 정치경제적 맥락」 『한국정치학회보』 30(1): 151~179쪽.

마상윤. 2002. 「근대화 이데올로기와 미국의 대한정책: 케네디 행정부와 5·16 쿠데타」. 『국제정치논총』 42(3): 225~247쪽.

박노자. 2005. 「독재자가 한민족 전통을 날조한다: 박정희의 '민족중흥'」 『인물과 사상』 86: 158~172쪽.

박상영. 2012. 「한국 '포스트발전 국가론'의 발전과 전개: 90년대 이후 한국 발전 국가 연구 경향과 향후 연구과제」 『현대정치연구』 5(1): 63~90쪽.

박양신. 2008. 「근대 초기 일본의 문명 개념 수용과 그 세속화」 『개념과 소통』 1(2): 33~74쪽.

박정현·김종태. 2015. 「중국의 발전 담론과 국가 정체성의 딜레마」 『아세아연구』 58(4): 134~173쪽.

박태균. 1997. 「1950년대 말 미국의 대한경제 정책 변화와 로스토의 근대화론」 『한국사론』 37: 253~317쪽.

박태균. 2004. 「로스토 제3세계 근대화론과 한국」 『역사비평』 66: 136~166쪽.

박태균. 2007. 「한국 전쟁 이후 이승만 정부의 경제 부흥 전략」 『세계정치』 8: 203~249쪽.

박태균. 2009. 「박정희 정부 시기를 통해 본 발전 국가 담론에 대한 비판적 시론」 『역사와 현실』 74: 15~43쪽.

백낙청. 2005. 「박정희 시대를 어떻게 생각할까」 『창작과 비평』 128: 287~297쪽.

백동현. 2003. 「개화기 언론·잡지에 나타난 서구관: 전통관과 신구학 논쟁」 단국대 동양학 연구소 편. 『개화기 한국과 세계의 상호이해』. 서울: 국학자료원. 159~196쪽.

서재진. 1991. 『한국의 자본가 계급』. 서울: 나남

신명직. 2004. 「식민지 근대도시의 일상과 만문만화」 연세대 국학연구원 편. 『일제의 식민지

배와 일상생활』. 서울: 혜안. 277~335쪽.

심재욱. 2002. 「1910년대 매일신보의 식민지지배론: 조선귀족·지방관리에 대한 사설을 중심
  으로」. 수요역사연구회 편. 『식민지 조선과 『매일신보』-1910년대』. 서울: 신서원. 203~241
  쪽.

유길준. 2004[1895]. 『서유견문』. 허경진 역. 서울: 서해문집.

유불란. 2013. 「'우연한 독립'의 부정에서 문명화의 모순된 긍정으로: 윤치호의 사례」. 『정치사
  상연구』 19(1): 85~108쪽.

윤상우. 2005. 『동아시아 발전의 사회학』. 나남.

윤상우. 2006. 「한국 발전 국가의 형성·변동과 세계체제적 조건, 1960~1990」. 『경제와 사회』
  72: 69~94쪽.

윤상우. 2009. 「외환 위기 이후 한국의 발전주의적 신자유주의화: 국가의 성격변화와 정책대
  응을 중심으로」. 『경제와 사회』 83: 40~68쪽.

이경훈. 2004. 「요보·모보·구보: 식민지의 삶, 식민지의 패션」. 연세대 국학연구원 편. 『일제의
  식민지배와 일상생활』. 서울: 혜안. 189~231쪽.

이기형. 2006. 「담론분석과 담론의 정치학」. 『언론과 사회』 14(3): 106~145쪽.

이길상. 2007. 『20세기 한국교육사: 민족, 외세, 그리고 교육』. 서울: 집문당.

이덕재. 2009. 「박정희 정부의 경제 정책: 양날의 칼의 정치 경제학」. 『역사와 현실』 74:
  79~112쪽.

이병천. 1998. 「발전 국가 자본주의와 발전 딜레마」. 이병천·김균 편. 『위기, 그리고 대전환: 새
  로운 한국 경제 패러다임을 찾아서』. 서울: 당대. 44~71쪽.

이병천. 1999. 「박정희 정권과 발전 국가 모형의 형성: 1960년대 초중엽의 정책전환을 중심으
  로」. 『경제 발전연구』 5(2): 141~187쪽.

이병천. 2000. 「발전 국가 체제와 발전딜레마: 국가주의적 발전동원체제의 재조명」. 『경제사
  학』 28: 105~138쪽.

이삼성. 2001. 『세계와 미국: 20세기의 반성과 21세기의 전망』. 서울: 한길사.

이수훈. 2004. 『세계체제, 동북아, 한반도』. 서울: 아르케.

이승환. 1997. 「누가 감히 '전통'을 욕되게 하는가?」 『전통과 현대』 창간호(여름). 176~189쪽.

이옥순. 2002. 『우리 안의 오리엔탈리즘』. 서울: 푸른역사.

이우영. 1991. 「박정희 통치이념의 지식사회학적 연구」. 『한국사회학회 1991년도 전기사회학
  대회 발표논문요약집』. 62~69쪽.

이원영. 1996. 「개화사상과 문명 사관」. 『호남정치학회보』 8: 361~387쪽.

이종민. 2004. 「감옥 내 수형자 통제를 통해 본 식민지 규율 체계」. 연세대 국학연구원 편. 『일
  제의 식민지배와 일상생활』. 서울: 혜안. 445~484쪽.

임학순. 2012. 「박정희 대통령의 문화정책 인식 연구: 박정희 대통령의 연설문 분석을 중심으

로」『예술경영연구』 21: 159~182쪽.

장세길. 2011. 「두려우면서, 매력적이면서, 야만스러운 중국: 중국 내 노동집약적 제조업 분야 한국 기업인의 중국 인식」『비교문화연구』 17(1): 81~117쪽.

장세진. 2012. 『상상된 아메리카』. 서울: 푸른역사.

전재성. 2016. 「조천록을 통해 본 허봉, 조헌의 조명 관계 인식」. 하영선·이헌미 편. 『사행의 국제 정치: 16~19세기 조천·연행록 분석』. 서울: 아연출판부. 39~67쪽.

정문상. 2007. 「냉전시기 한국인의 중국 인식」『아시아문화연구』 13: 47~70쪽.

정문상. 2011. 「'중공'과 '중국' 사이에서: 1950~1970년대 대중 매체상의 중국관계 논설을 통해 보는 한국인의 중국 인식」『동북아역사논총』 33: 57~90쪽.

정문상. 2012. 「근현대 한국인의 중국 인식의 궤적」『한국근대문학연구』 25: 203~231쪽.

정선태. 2004. 「'독립신문'의 조선·조선인론: 근대 계몽기 '민족' 담론의 형성과 관련하여」『근대 계몽기 지식개념의 수용과 그 변용』. 이화여대 한국문화연구원. 서울: 소명. 167~191쪽.

정용화. 2004. 「한국인의 근대적 자아 형성과 오리엔탈리즘」『정치사상연구』 10(1): 33~54쪽.

정용화. 2006. 「1920년대초 계몽담론의 특성: 문명, 문화, 개인을 중심으로」『동방학지』 133: 173~198쪽.

정일준. 2009. 「한미관계의 역사사회학: 국제 관계, 국가 정체성, 국가프로젝트」『사회와 역사』 84: 217~261쪽.

정일준·박정현·김종태·송병권. 2015. 「한국, 중국, 일본의 발전 담론 속에 나타난 국가 정체성과 상호 인식 비교」『경제·인문사회연구회 인문정책연구총서』 2015~2022쪽.

정진석 편. 1983. 『한성순보 한성주보: 번역판』. 서울: 관훈클럽 신영연구기금.

정진아. 2008. 「이승만 정권의 경제 부흥계획」『동방학지』 142: 113~150쪽.

정진아. 2009. 「이승만 정권기 경제 개발 3개년 계획의 내용과 성격」『한국학연구』 31: 353~386쪽.

정혜경. 2002. 「『매일신보』에 비친 1910년대 재조일본인」. 수요역사연구회 편. 『식민지 조선과 『매일신보』-1910년대』. 서울: 신서원. 125~168쪽.

조성운. 2005. 「총론: 1910년대 일제의 동화정책과 〈매일신보〉」. 수요역사연구회 편. 『일제의 식민지 지배정책과 〈매일신보〉: 1910년대』. 서울: 두리미디어. 9~25쪽.

조희연. 1998. 『한국의 국가·민주주의·정치변동』. 서울: 당대.

조희연. 2002. 「'발전 국가'의 변화와 국가-시민 사회, 사회운동의 변화: 한국에서의 발전주의의 성격 및 사회운동의 변화를 중심으로」『사회와 철학』 4: 293~351쪽.

조희연. 2003. 「정치·사회적 담론의 구조 변화와 민주주의의 동학: 한국 현대사 속에서의 지배 담론과 저항담론의 상호작용을 중심으로」. 조희연 편. 『한국의 정치·사회적 지배 담론과 민주주의 동학: 한국 민주주의와 사회운동의 동학(3)』. 서울: 함께읽는책. 33~120쪽.

조희연. 2004. 「박정희 시대의 강압과 동의: 지배·전통·강압과 동의의 관계를 다시 생각한다」. 『역사비평』 67: 135~190쪽.

최상오. 2003. 「이승만 정부의 경제 정책과 공업화 전략」. 『경제사학』 35: 135~165쪽.

최연식. 2007. 「박정희의 '민족' 창조와 동원된 국민통합」. 『한국정치외교사논총』 28(2): 43~72쪽.

커란, 제임스. 2014. 『미디어와 민주주의』. 이봉현 역. 파주: 한울.

함동주. 2004. 「근대 일본의 문명론과 그 이중성: 청일전쟁까지를 중심으로」. 『근대 계몽기 지식 개념의 수용과 그 변용』 이화여대 한국문화연구원 편. 서울: 소명출판. 363~392쪽.

허은. 2007. 「1960년대 후반 '조국 근대화' 이데올로기 주조와 담당 지식인의 인식」. 『사학연구』 86: 247~291쪽.

허은. 2010. 「박정희 정권하 사회개발 전략과 쟁점」. 『한국사학보』 38: 213~248쪽.

홍석률. 2005. 「1960년대 한미관계와 박정희 군사정권」. 『역사와 현실』 56: 269~302쪽.

Amin, Samir. 1989. *Eurocentrism*. New York: Monthly Review Press.

Andreasson, Stefan. 2005. 「Orientalism and African Development Studies: The 'Reductive Repetition' Motif in Theories of African Underdevelopment」. *Third World Quarterly* 26(6): 971~986.

Apffel-marglin, Frédérique and Stephen A. Marglin, eds. 1990. *Dominating Knowledge: Development, Culture, and Resistance*. New York: Oxford University Press.

Apffel-marglin, Frédérique and Stephen A. Marglin, eds. 1996. *Decolonizing Knowledge: from Development to Dialogue*. New York: Oxford University Press.

Ashizawa, Kuniko. 2008. 「When Identity Matters: State Identity, Regional Institution-Building, and Japanese Foreign Policy」. *International Studies Review* 10: 571~598.

Baumgarten, Britta and Jonas Grauel. 2009. 「The Theoretical Potential of Website and Newspaper Data for Analysing Political Communication Processes」. *Historical Social Research* 34(1): 94~121.

Beck, Ulrich. 1992. *Risk Society: Towards a New Modernity*. London: Sage.

Befu, Harumi. 2001. *Hegemony of Homogeneity: An Anthropological Analysis of Nihonjinron*. Melbourne: Trans Pacific Press.

Blaut, James M. 1993. *The Colonizer's Model of the World: Geographical Diffusionism and Eurocentric History*. New York: The Guilford Press.

Brigg, Morgan. 2002. 「Post-development, Foucault and the Colonisation Metaphor」. *Third World Quarterly* 23(3): 421~436.

Brohman, John. 1995. 「Universalism, Eurocentrism, and Ideological Bias in Development

Studies: from Modernisation to Neoliberalism」. *Third World Quarterly* 16(1): 121~140.

Chang, Ha-Joon. 2008. *Bad Samaritans: The Myth of Free Trade and the Secret History of Capitalism*. New York: Bloomsbury Press.

Cho, Hee-yeon. 2000. 「The Structure of the South Korean Developmental Regime and Its Transformation: Statist Mobilization and Authoritarian Integration in the Anticommunist Regimentation」. *Inter-Asia Cultural Studies* 1(3): 408~426.

Cowen, M. P. and R. W. Shenton. 1996. *Doctrines of Development*. London: Routledge.

Dant, Tim. 1991. *Knowledge, Ideology and Discourse: A Sociological Perspective*. London: Routledge.

de Bary, Wm. Theodore and Richard Lufrano, eds. 2000. *Sources of Chinese Tradition*, vol. 2, 2nd edn. New York: Columbia University Press.

de Bary, Wm. Theodore, Carol Gluck and Arthur E. Tiedemann, eds. 2006. *Sources of Japanese Tradition: 1600 to 2000*, vol. 2 (abridged), part 2, 2nd edn. New York: Columbia University Press.

Doty, Roxanne Lynn. 1993. 「Foreign Policy as Social Construction: A Post-Positivist Analysis of U.S. Counterinsurgency Policy in the Philippines」. *International Studies Quarterly* 37(3): 297~320.

Dudden, Alexis. 2005. *Japan's Colonization of Korea: Discourse and Power*. Honolulu, HI: University of Hawaii Press.

Escobar, Arturo. 1995. *Encountering Development: The Making and Unmaking of the Third World*. Princeton, NJ: Princeton University Press.

Esteva, Gustavo. 1992. 「Development」. pp. 6~25 in *The Development Dictionary: A Guide to Knowledge as Power*, edited by Wolfgang Sachs. London: Zed Books.

Evans, Peter. 1995. *Embedded Autonomy: States and Industrial Transformation*. Princeton: Princeton University Press.

Fairclough, Norman. 2003. *Analysing Discourse: Textual Analysis for Social Research*. London: Routledge.

Featherstone, Mike, Scott Lash, and Roland Robertson, eds. 1995. *Global Modernities*. London: Sage.

Forgacs, David, ed. 1988. *An Antonio Gramsci Reader: Selected Writings, 1916~1935*. New York: Schocken Books.

Foucault, Michel. 1972. *The Archaeology of Knowledge*, translated by A. M. Sheridan Smith. New York: Harper Colophon Books.

Foucault, Michel. 1980. *Power / Knowledge: Selected Interviews and Other Writings 1972~1977*, edited by Colin Gordon, translated by Colin Gordon, Leo Marshall, John Mepham, and Kate Soper. New York: Pantheon Books.

Gramsci, Antonio. 1971. *Selections from the Prison Notebooks*, edited and translated by Quintin Hoare and Geoffrey Nowell Smith. New York: International Publishers.

Greig, Alastair, David Hulme, and Mark Turner. 2007. *Challenging Global Inequality: Development Theory and Practice in the 21st Century*. New York: Palgrave Macmillan.

Grosfoguel, Ramón. 2007. 「The Epistemic Decolonial Turn: Beyond Political-Economy Paradigms」 *Cultural Studies* 21(2~3): 211~223.

Hall, Stuart. 1996. 「The West and the Rest: Discourse and Power」 pp. 184~227 in *Modernity: An Introduction to Modern Societies*, edited by Stuart Hall, David Held, Don Hubert, and Kenneth Thompson. Malden, MA: Blackwell.

Hettne, Björn. 1995. *Development Theory and the Three Worlds: Towards an International Political Economy of Development*, 2nd ed. Essex: Longman Scientific & Technical.

Hobsbawm, E. J. 1987. *The Age of Empire 1875~1914*. New York: Pantheon Books.

Honour, Hugh. 1975. *The New Golden Land: European Images of America from the Discoveries to the Present Time*. New York: Pantheon Books.

Howarth, David. 2000. *Discourse*. Buckingham: Open University Press.

International Forum on Globalization. 2004. 「A Better World Is Possible!」 pp. 438~448 in *The Globalization Reader*, edited by Frank J. Lechner and John Boli. 2nded. Malden, MA: Blackwell.

Jepperson, Ronald L., Alexander E. Wendt, and Peter J. Katzenstein. 1996. 「Norms, Identity, and Culture in National Security」 Pp. 33~75 in *The Culture of National Security: Norms and Identity in World Politics*, edited by Peter. J. Katzenstein. New York: Columbia University Press.

Kim, Yun Tae. 1999. 「Neoliberalism and the Decline of the Developmental State」 *Journal of Contemporary Asia* 29(4): 441~461.

Kim, Yun Tae. 2007. 「The Transformation of the East Asian States: From the Developmental State to the Market-oriented State」 *Korean Social Science Journal* XXXIV(1): 49~78.

Laclau, Ernesto and Chantal Mouffe. 1987. 「Post-Marxism without Apologies」 *New Left Review* 11: 79~106.

Laclau, Ernesto and Chantal Mouffe. 2001. *Hegemony and Socialist Strategy: Towards a Radical Democratic Politics*, 2nd ed. London: Verso.

Larner, Wendy and William Walters, eds. 2004. *Global Governmentality: Governing International Spaces*. New York: Routledge.

Latham, Michael E. 2000. *Modernization as Ideology: American Social Science and 'Nation Building' in the Kennedy Era*. Chapel Hill, NC: The University of North Carolina Press.

Leys, Colin. 1996. *The Rise and Fall of Development Theory*. London: James Currey.

Lin, Chun. 2006. *The Transformation of Chinese Socialism*. Durham, NC: Duke University Press.

Mahathir, Mohamad. 1991. 「The Way Forward」. *Office of the Prime Minister of Malaysia*. Available at http://www.pmo.gov.my/?menu=page&page=1904.

McMichael, Philip. 2008. *Development and Social Change: A Global Perspective*, 4th ed. Thousand Oaks, CA: Pine Forge Press.

Mehmet, Ozay 1999. *Westernizing the Third World: the Eurocentricity of Economic Development Theories*, 2nd ed. London: Routledge.

Miyaoka, Isao. 2011. 「Japan's Dual Security Identity: A Non-combat Military Role as an Enabler of Coexistence」. *International Studies* 48: 237~255.

Moore, Barrington. 1966. *Social Origins of Dictatorship and Democracy: Lord and Peasant in the Making of the Modern World*. Boston, MA: Beacon Press.

Moore, Barrington. 1972. *Reflection of the Causes of Human Misery and on Certain Proposals to Eliminate Them*. Boston, MA: Beacon Press.

Mora, Necla. 2009. 「Orientalist Discourse in Media Texts」. *International Journal of Human Sciences* [Online] 6(2): 418~428. Available at http://www.insanbilimleri.com/en.

Ndlovu-Gatsheni, Sabelo J. 2012. 「Coloniality of Power in Development Studies and the Impact of Global Imperial Designs on Africa」. Inaugural Lecture Delivered at the University of South Africa.

Nederveen Pieterse, Jan. 1995. *White on Black: Images of Africa and Blacks in Western Popular Culture*. New Haven, CT: Yale University Press.

Nederveen Pieterse, Jan. 2001. *Development Theory: Deconstructions / Reconstructions*. London: Sage.

Nederveen Pieterse, Jan. 2008. *Is There Hope for Uncle Sam? Beyond the American Bubble*. London and New York: Zed Books.

Nederveen Pieterse, Jan. 2017. *Multipolar Globalization: Emerging Economies and Development*. London: Routledge.

Nederveen Pieterse, Jan and Boike Rehbein, eds. 2009. *Globalization and Emerging Societies: Development and Inequality*. London: Palgrave Macmillan.

Nisbet, Robert A. 1969. *Social Change and History: Aspects of the Western Theory of Development*. New York: Oxford University Press.

Ollapally, Deepa. 2011. 「India: The Ambivalent Power in Asia」. *International Studies* 48: 201~222.

Park, Tae-Gyun. 2005. 「Different Roads, Common Destination: Economic Discourses in South Korea during the 1950s」. *Modern Asian Studies* 39(3): 661~682.

Patterson, Thomas C. 1997. *Inventing Western Civilization*. New York: Monthly Review Press.

Quijano, Anibal. 2000. 「Coloniality of Power and Eurocentrism in Latin America」. *International Sociology* 15(2): 215~232.

Rahnema, Majid and Victoria Bawtree, eds. 1997. *The Postdevelopment Reader*. London: Zed Books.

Rist, Gilbert. 1997. *The History of Development: From Western Origins to Global Faith*, translated by P. Camiller. London: Zed Books.

Rivero, Oswaldo De. 2001. *The Myth of Development: The Non-viable Economics of the 21st Century*, translated by Claudia Encinas and Janet Herrick Encinas, New York: Zed Books.

Rostow, Walt W. 1960. *The Stages of Economic Growth: A Non-Communist Manifesto*. Cambridge, UK: Cambridge University Press.

Sachs, Wolfgang. 1992. 「Introduction」. pp. 1~5 in *The Development Dictionary: A Guide to Knowledge and Power*, edited by Wolfgang Sachs. London: Zed Books.

Sachs, Wolfgang, ed., 1992. *The Development Dictionary: A Guide to Knowledge as Power*. London: Zed Books.

Said, Edward W. 1979. *Orientalism*. New York: Vintage Books.

Sakai, Naoki. 1989. 「Modernity and Its Critique: The Problem of Universalism and Particularism」. pp. 93~122 in *Postmodernism and Japan*, edited by Masao Miyoshi and H. D. Harootunian. Durham, NC: Duke University Press.

Schmid, Andre. 2002. *Korea Between Empires, 1895~1919*. New York: Columbia University Press.

Shohat, Ella and Robert Stam. 1994. *Unthinking Eurocentrism*. New York: Routledge.

Sikkink, Kathryn. 1991. *Ideas and Institutions: Developmentalism in Brazil and Argentina*. Ithaca, NY: Cornell University Press.

Simon, Roger. 1991. *Gramsci's Political Thought: An Introduction*. London: Lawrence & Wishart.

Swale, Alistair. 1998. 「America: 15 January~6 August 1872: The First Stage in the Quest for Enlightenment」. pp. 7~23 in *The Iwakura Mission in America and Europe: A New Assessment*, edited by Ian Nish. Surrey: Japan Library.

Tanaka, Stefan. 1993. *Japan's Orient: Rendering Pasts into History*. Berkeley, CA: University of California Press.

Tikhonov, Vladimir. 2010. *Social Darwinism and Nationalism in Korea: the Beginnings (1880s~1910s): "Survival" as an Ideology of Korean Modernity*. Leiden: Brill.

Tripathy, Jyotirmaya and Dharmabrata Mohapatra. 2011. 「Does Development Exist outside Representation?」 *Journal of Developing Societies* 27(2): 93~118.

Tucker, Vincent. 1999. 「The Myth of Development: a Critique of a Eurocentric Discourse」. pp. 1~26 in *Critical Development Theory: Contributions to a New Paradigm*, edited by Ronaldo Munck and Denis O'Hearn. London: Zed Books.

Turner, Jonathan H. 2003. *The Structure of Sociological Theory*, 7th ed. Belmont, CA: Wadsworth/Thomson.

Wallerstein, Immanuel. 2004. *World-Systems Analysis: An Introduction*. Durham, NC: Duke University Press.

Wallerstein, Immanuel. 2006. *European Universalism: The Rhetoric of Power*. New York: The New Press.

Wells, Kenneth M. 1990. *New God, New Nation: Protestants and Self-Reconstruction Nationalism in Korea 1896~1937*. Honolulu: University of Hawaii Press.

Wiegersma, Nan and Joseph E. Medley. 2000. *US Economic Development Policies towards the Pacific Rim: Successes and Failures of US Aid*. New York: St. Martin's Press.

Wodak, Ruth, ed. 1989. *Language, Power and Ideology: Studies in Political Discourse*. Philadelphia, PA: John Benjamins Publishing Company.

Wood, Brennon. 1998. 「Stuart Hall's Cultural Studies and the Problem of Hegemony」. *British Journal of Sociology* 49(3): 399~414.

Yi, Hae Gyung. 2011. 「Changes in the Concept of Yulli during the Enlightenment Period in Korea」. *Seoul Journal of Korean Studies* 24(2): 219~239.

Zhao, Suisheng. 1997. 「Chinese Intellectuals' Quest for National Greatness and

Nationalistic Writing in the 1990s」. *The China Quarterly* 152: 725~745.

신문 자료 1890~1930년대

『독립신문』. 1896.6.30. 「논설」. 1면.

『독립신문』. 1897.4.6. 「논설」. 1면.

『독립신문』. 1898.8.25. 「구황할 계책」. 1면.

『독립신문』. 1899.9.11. 「인종과 나라의 분별」. 1~2면.

『독립신문』. 1899.9.20. 「논설」. 1면.

『독립신문』. 1899.10.14. 「논설」. 1면.

『독립신문』. 1899.11.2. 「논설」. 1면.

『독립신문』. 1899.11.9. 「논설」. 1면.

『대한매일신보』. 1907.8.21. 「논설」. 1면.

『대한매일신보』. 1908.8.13. 「논설」. 1면.

『대한매일신보』. 1908.10.6. 「논설」. 1면.

『대한매일신보』. 1909.3.27. 「논설」. 1면.

『대한매일신보』. 1910.1.7. 「논설」. 1면.

『매일신보』. 1912.7.17. 「咸昌郡의 咸昌, 함창군청의 권유로 일꾼이 모두 문명함」. 3면.

『매일신보』. 1912.3.19. 「사설: 文明과 孝烈」. 1면.

『매일신보』. 1912.3.27. 「忠北의 頑固破劈, 소원소장의 열심으로 문명사상이 점차 진보」. 3면.

『매일신보』. 1912.6.25. 「형제재판하는 야만」. 3면.

『매일신보』. 1913.3.20. 「신문은 문명 원인」. 1면.

『매일신보』. 1913.6.18. 「제 집에 불 놓는 야만」. 5면.

『매일신보』. 1914.3.1. 「인물 유인하는 뚜쟁이의 별반 징치할 일」. 3면.

『매일신보』. 1914.3.23. 「文明의 선진자되는 청년신사 趙命九氏」. 3면.

『매일신보』. 1914.3.31. 「朴泳孝侯의 패소, 李根澔男을 증인」. 3면.

『매일신보』. 1914.7.2. 「사설: 文明國의 皮相만 模習함이 不可」. 1면.

『매일신보』. 1916.12.15. 「신임 총독을 환영하는 노래」. 3면.

『매일신보』. 1918.5.14. 「윤전기의 인쇄력과 사진반의 민속한 데는 안 놀란 이 없었다, 본사를
방문한 璕春視察團」. 3면.

『매일신보』. 1918.5.25. 「英文 조선총독부 施政年報 外字新聞 비평(하)」. 1면.

『매일신보』. 1919.11.21. 「文明國의 結婚費」. 3면.

『매일신보』. 1919.12.6. 「混血族의 奬勵」. 1면.

『매일신보』. 1920.7.21. 「婦人과 家庭에 關係」. 3면.

『매일신보』. 1920.11.19. 「朝鮮을 위하여 速히 좋은 대로 인도하여야겠소」. 3면.

『매일신보』. 1921.2.25. 「漫筆: 文明과 分業(1~2)」. 1면.

『매일신보』. 1921.3.21. 「米國 笞刑 開始, 문명은 이제 그만 돌아가고 야만이 다시 돌아왔는지 의문」. 3면.

『매일신보』. 1921.6.7. 「反히 激怒를 與한 訓諭, 조선민족이 차차로 야만에 떨어졌다는 연유에 대하여」. 3면.

『매일신보』. 1921.7.16. 「漫筆: 野蠻性의 解剖, 小業과 大業」. 1면.

『매일신보』. 1921.9.23. 「朝鮮의 歷史的 觀察(5)」. 1면.

『매일신보』. 1921.11.12. 「朝鮮求景, 모든 시설이 모두 문명국의 그 시설」. 3면.

『매일신보』. 1922.1.8. 「米國의 實況을 擧하여 조선의 現狀을 비판하노라(2), 미국 대학 출신 金用柱氏 談」. 1면.

『매일신보』. 1922.7.16. 「昭義校 盟休의 原因, 내지인 교사가 조선학생에게, 야만을 면치 못한 인종이라고」. 3면.

『매일신보』. 1922.11.7. 「現代文化生活과 世人의 誤解(上), 非實質的, 非文明的」. 1면.

『매일신보』. 1923.4.9. 「현대 문명과 동양도덕의 관계(상)」. 1면.

『매일신보』. 1923.5.12. 「1만5천여건의 檢擧中에 最多數가 破廉恥罪」. 3면.

『매일신보』. 1924.12.10. 「開放欄, 투고 환영, 도박하는 文明國人」. 5면.

『매일신보』. 1925.10.26. 「文明은 우리의 占有物이다」. 3면.

『매일신보』. 1927.2.7. 「各國의 植民政策 (一)」. 1면.

『매일신보』. 1927.2.14. 「植民運動의 精神 (五)」. 1면.

『매일신보』. 1927.5.3. 「英兵駐中은 文明保護上 不可避의 事」. 1면.

『매일신보』. 1927.12.8. 「朝鮮은 野蠻이다 校長失言이 原因」. 2면.

『매일신보』. 1928.1.7. 「論說, 苟安치 말라」. 1면.

『동아일보』. 1921.6.27. 「문명인과 야만인의 차이」. 3면.

『동아일보』. 1925.9.15. 「문명의 원질」. 1면.

『동아일보』. 1926.7.16. 「영웅과 코, 문명인일수록 코가 크고 높다」. 3면.

『동아일보』. 1929.6.26. 「문명인에게는 사랑니가 없다」. 3면.

『동아일보』. 1936.8.8. 「문명인들은 입이 빠르다」. 3면.

『동아일보』. 1939.2.11. 「문명한 사람은 얼굴이 둥글어져」. 4면.

『조선일보』. 1921.4.30. 「대전 후의 구주문명의 신경향」. 1면.

『조선일보』. 1921.6.20. 「문명과 야만」. 1면.

『조선일보』. 1921.7.26. 「과학 문명과 도덕 문명의 가치와 소장」. 1면.

『조선일보』. 1923.3.9. 「문명한 사법과 경찰에도 고문이 무하니라」. 1면.

『조선일보』. 1924.7.12. 「경찰을 문명화하라」. 1면.

『조선일보』. 1924.9.9. 「조선의 경찰과 일본의 문명」. 1면.

『조선일보』. 1925.11.13. 「침략 문명에 유린된 조선 청년아 궐기하라. 본보 사장 이상재씨 강
　　연」. 1면.

잡지 자료 1950~1960년대

『경제공론』. 1957.5.10. 「특집: 서독경제의 부흥에 배우라」. 20~26쪽.

『교육과 훈련』. 1963.7.20. 「경제 발전 5개년 계획은 왜 필요한가?」 17~23쪽.

『다이제스트』. 1950.1.1. 「쏘련경제는 과연 부흥했나」. 58~61쪽.

『법률과 경제』. 1954.2.1. 「한국 경제 재건의 실체적 기초」. 44~47쪽.

『법률과 경제』. 1954.11.25. 「후진국의 경제적 특징과 그 개발문제」. 22~25쪽.

『새벽』. 1956.11.1. 「경제 재건의 과거·현재·장래: 미국의 대한 경제 원조를 중심으로」. 76~79
　　쪽.

『새벽』. 1959.10.15. 「후진국과 독재: 본래 선거는 한국정치사 상의 분수령」. 62~67쪽.

『세대』. 1963.6.1. 「허영의 시장과 빈곤의 성장」. 120~123쪽.

『신세계』. 1962.1.1. 「하사 정도는 된다」. 87~88쪽.

『신세계』. 1962.1.1. 「동면과 가난」. 101~102쪽.

『신천지』. 1953.10.5. 「운명의 국산품」. 56~60쪽.

『신태양』. 1958.4.1. 「특집 10년 후의 한국/경제/자립 경제의 도달가능: 후진성은 극복될가」.
　　90~93쪽.

『신태양』. 1959.3.1. 「1959년 해외학계 조류/경제 발전에 있어서의 경제적 요인-스펭글러」.
　　117~120쪽.

『신태양』. 1959.3.1. 「현대사상과 그 초극/현대문명의 몰락」. 34~42쪽.

『자유공론』. 1958.12.1. 「한국 부흥계획의 현재와 장래」. 51~57쪽.

『자유세계』. 1952.1.25. 「한국 경제의 부흥책」. 111~115쪽.

『정계재계』. 1959.12.10. 「후진국가의 보수혁신정당 현황」. 49~54쪽.

『초점』. 1956.1.25. 「아세아 경제의 고민/후진성을 극복하는 길」. 55~60쪽.

『현대』. 1957.11.1. 「현대의 특징」. 56쪽.

『현대』. 1957.12.1. 「특집/후진성의 제 문제」.

『현대』. 1957.12.1. 「특집/후진성의 제 문제/후진국 경제연구: 그 기초조건과 개발방식에 관한
　　논의」. 75~79쪽.

『현대』. 1957.12.1. 「특집/후진성의 제 문제/한국적 후진성의 제 양상: 기형적 근대화와 후진적

신계급」 68~74쪽.

신문 자료 1950년대

『조선일보』 1950.5.15. 「처음 보는 태국...상과 사원의 나라, 후진지역이나 이상향」 조간 2면.

『조선일보』 1955.9.8. 「우리경제의 후진성 - (1)국민 소득으로 본 비교」 조간 2면.

『조선일보』 1955.9.9. 「우리경제의 후진성 - (2)악순환하는 생산-소비. 칼로리의 소비량도 표준이하」 조간 2면.

『조선일보』 1957.6.19. 「경제 재건의 촉진방법」 조간 1면.

『조선일보』 1958.6.22. 「59·60년의 경제 개발계획 수립 - 방위력과 소비수준을 견지, 산업·수출을 육성」 석간 2면.

『조선일보』 1958.4.6. 「한국 경제 발전 현저...미 상무성서 지적」 석간 2면.

『조선일보』 1958.6.27. 「『뉴욕 타임스 6,25 기념 사설 - 한국에 민주주의 보존, 현저한 부흥과 발전 이룩」 석간 2면.

『조선일보』 1958.11.11. 「곡가정책과 경제 발전의 괴리」 석간 1면.

『조선일보』 1958.12.7. 「장기경제 개발계획의 목표와 요령」 석간 1면.

『조선일보』 1959.1.1. 「과학문명의 절정에 서서. 젊은이들에게 붙이는 글」 조간 7면.

『조선일보』 1959.6.12. 「후진국이란 무엇인가 - 학자들이 말하는 여러 견해」 조간 2면.

신문 자료 1960~1970년대

『조선일보』 1968.1.14. 「선-후진국회의에 중용지도를 지켜」 1면

『조선일보』 1968.1.21. 「후진국사절단 앞장 오해받을까봐 사양」 2면.

『조선일보』 1969.11.4. 「선진국의 잘못」 5면.

『조선일보』 1972.3.9. 「선진국의 한국적 의미」 4면.

『조선일보』 1972.6.7. 「UN인간환경회의의 의의와 선진국의 책무」 2면.

『조선일보』 1973.7.4. 「80년대엔 선진국 대열에」 1면.

『조선일보』 1975.12.12. 「한국 경제지위 향상. 이미 선진국권 진입, 상의 간담회」 2면.

『조선일보』 1975.12.26. 「한국, 10년내 선진국으로 5년후 OECD에 가입, 미 『저널 오브 코머셜』지 보도」 2면.

『조선일보』 1977.1.1. 「선진국에 이기는 길은 투지와 노력」 11면.

『조선일보』 1977.1.20. 「두뇌 산업시대 대비하도록, 박정희 지시 시장다변화 적극 추진」 1면.

『조선일보』, 1978.1.24. 「사고율 세계최고 '달리는 흉기' … 사망률 선진국의 44배」, 3면.

『조선일보』, 1978.1.27. 「임산부 사망 선진국의 10배」, 5면.

『조선일보』, 1978.6.22. 「한국, 선진국 대열에, 미 국무성 보고서서 공개」, 1면.

신문 자료 1980~1990년대

『조선일보』, 1983.1.1. 「선진국 문물, 과연 그것은 모두 좋은 것인가」, 14면.

『조선일보』, 1983.11.16. 「선진국행」, 7면.

『조선일보』, 1984.3.11. 「선진국의 신경과민」, 3면.

『조선일보』, 1984.11.11. 「선진국의 조건」, 6면.

『조선일보』, 1984.12.7. 「선진국 공해산업 개도국 고의 이전」, 4면.

『조선일보』, 1985.1.12. 「양잿물 안 마시기. 선진국 공해물질 수입 없어야」, 5면.

『조선일보』, 1985.5.2. 「서방국 정상회담 오늘 개막」, 4면.

『조선일보』, 1985.11.1. 「개방만 하면 선진국인가」, 2면.

『조선일보』, 1986.1.19. 「골초들 연 백만 명 숨져 - 제3세계, 선진국 담배 판촉 탓」, 4면.

『조선일보』, 1986.3.11. 「전통 문화 많이 가진 나라가 선진국」, 5면.

『조선일보』, 1987.3.5. 「전 대통령 '선진국 진입 문고리 잡았다'」, 2면.

『조선일보』, 1987.3.6. 「전 대통령 '우리는 선진국 된다'」, 2면.

『조선일보』, 1987.3.13. 「전 대통령 '선진국 향해 갈 준비 끝났다'」, 2면.

『조선일보』, 1987.6.17. 「'베네치아 경제선언' 속셈」, 3면.

『조선일보』, 1991.6.21. 「선진국형 투표 성향 나타냈다」, 2면.

『조선일보』, 1995.3.29. 「OECD 가입하면 국제 흐름 예측 선진국」, 9면.

『조선일보』, 1995.7.24. 「선진국의 길」, 5면.

『조선일보』, 1995.12.20. 「국민성과 선진국」, 5면.

『조선일보』, 1997.1.1. 「선진 시민이 됩시다 (1) 서울-도쿄 번화가 현장 비교」, 47면.

『조선일보』, 1997.11.24. 「방송도 선진국으로」, 23면.

신문 자료 2000년대

『경향신문』, 2014.2.20. 「새누리당, 막말과 억지로 '간첩 조작' 못 덮는다」, 31면.

『경향신문』, 2014.10.8. 「삼성전자도 한국도 혁신 없인 한 방에 갈 수 있다」, 31면.

『경향신문』, 2014.12.1. 「유가 하락, 반갑기는 하지만…」, 31면.

『경향신문』. 2015.5.11. 「수출 부진, 시간 걸려도 근본대책 마련해야」. 31면.

『국민일보』. 2013.9.2. 「철도 안전관리 후진국 행태 아직 못 벗었나」. 27면.

『동아일보』. 2006.4.1. 「자유와 시장을 지키겠습니다」. 39면.

『동아일보』. 2006.12.26. 「한국에선 외면당한 '2006 선진국 트렌드'」. 35면.

『동아일보』. 2008.1.9. 「안전의식과 방재 시스템 후진국의 참극」. 35면.

『동아일보』. 2008.3.25. 「식탁 안전 없이 선진국 못된다」. 31면.

『동아일보』. 2008.5.9. 「'역시 정치 후진국' 입증한 17대 국회」. 35면.

『동아일보』. 2008.7.21. 「엠네스티, 한국의 법질서 흔들 셈인가」. 27면.

『동아일보』. 2008.8.15. 「정부 수립 60년, 광복 63년 대한민국의 길」. 27면.

『동아일보』. 2008.10.4. 「단일 민족을 넘어서 다문화 사회를 생각하는 개천절」. 27면.

『동아일보』. 2008.10.22. 「'국가 서열' 전진이냐 후퇴냐 갈림길에 섰다」. 31면.

『동아일보』. 2008.12.2. 「대통령 퇴임 9개월만의 '형님' 검찰 출두」. 31면.

『동아일보』. 2008.12.9. 「새로운 수출 드라이브 모델 창출할 때다」. 31면.

『동아일보』. 2013.3.8. 「유해 화학물질, 사용선진국 관리후진국」. 31면.

『동아일보』. 2013.6.7. 「20년 전 오늘 新경영 선언한 삼성의 교훈」. 31면.

『동아일보』. 2014.2.25. 「'체벌 뇌사' 감추려 교사가 출석부 조작하다니」. 31면.

『동아일보』. 2014.3.4. 「이주열 차기 한은 총재, 청와대에 '아니요' 할 수 있어야」. 31면.

『동아일보』. 2014.7.9. 「삼성전자까지 먹구름, 최경환 경제팀 '위기' 직시하라」. 31면.

『동아일보』. 2014.7.29. 「사회지도층부터 바꿔달라는 국민 염원 들리는가」. 31면.

『동아일보』. 2015.1.1. 「광복 70년, 통일 한국 향한 재도약의 갈림길에 서다」. 35면.

『문화일보』. 2014.10.31. 「지금부터 1년이 국가 革新의 골든타임이다」. 39면.

『문화일보』. 2015.5.4. 「未來기술 120개 중 1위 하나도 없는 대한민국 현실」. 31면.

『문화일보』. 2015.6.2. 「수출 急落…노동개혁과 기술 혁신 더 절박해졌다」. 31면.

『세계일보』. 2013.5.8. 「영국의 국격, 일본의 국격」. 31면.

『조선일보』. 2001.1.8. 「후진국형 전염병 나도는 한국」. 2면.

『조선일보』. 2001.8.7. 「이 '쓰레기'가 우리 수준」. 2면.

『조선일보』. 2001.12.17. 「월드컵 개최국가에 웬 이질?」. 2면.

『조선일보』. 2003.10.16. 「세계의 거울에 비친 오늘의 한국」. A31면.

『조선일보』. 2005.4.13. 「심판 똑바로 볼까요?」. A31면.

『조선일보』. 2005.7.1. 「어떻게 올라온 선진국 문턱인데 이렇게 주저앉나」. A35면.

『조선일보』. 2005.11.26. 「대통령 '선진국이 목표', 비서실장 '이미 선진국'」. A31면.

『조선일보』. 2007.2.22. 「기업 전망, 세계는 밝고 한국은 어둡고」. A35면.

『조선일보』. 2007.2.24. 「'교육부가 죽어야 교육이 산다'고 증명한 교과목 개편」. A31면.

『조선일보』. 2007.2.26. 「경제 규모 12등, 대외 원조는 OECD 꼴찌」. A35면.

『조선일보』. 2007.5.2. 「김 회장이 보여 준 '노블리스 오블리제'의 현주소」. A31면.

『조선일보』. 2007.8.22. 「당이 새로워지려면 이 후보 먼저 새로워져야」. A35면.

『조선일보』. 2007.11.16. 「건보, 무작정 인상 말고 미래 청사진 내놔야」. A35면.

『한겨레』. 2006.1.12. 「산업 연수생제 폐지, 미룰 이유 없다」. 27면.

『한겨레』. 2008.5.1. 「비정규직 의존하면 학교 파탄난다」. 27면.

『한겨레』. 2008.10.14. 「금융 위기 상황에 맞지 않는 금산분리 완화」. 27면.

『한겨레』. 2008.12.1. 「새해 예산안은 전대미문의 대책이 돼야」. 27면.

『한겨레』. 2013.4.10. 「시장 불안 요인, 차분히 선제적으로 대처해야」. 31면.

『한겨레』. 2013.11.18. 「산업용 전기요금 정상화할 때 됐다」. 35면.

『한국일보』. 2013.7.20. 「신흥국 경제 위기 먹구름 몰려오나」. 23면.

『한국일보』. 2013.9.30. 「CP발행 근본 문제점 일깨운 동양그룹 사태」. 31면.

대통령 연설문 자료

이승만

「김구 선생 급서에 통탄불금」, 1949.6.28.

「쇄국주의를 배제함」, 1949.8.10.

「남북 동포는 협조하라」, 1950.

「신세계에 살 가치 있는 사람을 만들자」, 1950.

「경제 자립책에 대하여」, 1952.9.9.

「친일 친공 분자를 없게 하라, 일의 침략적 근성은 가증」, 1954.5.13.

「납세는 문화국민의 의무」, 1954.6.3.

「전국 실업가에 보냄」, 1954.7.2.

「유교의 교훈을 지켜 예의지국 백성이 되라」, 1954.10.1.

「중앙전화국 서국 신설을 치하」, 1957.7.3.

「우수한 국산품을 생산하여 해외시장을 개척하라」, 1957.7.15.

「동성동본 혼인에 대하여」, 1957.11.18.

「국민은 삼강오륜을 지켜라」, 1957.12.30.

「나라의 위신과 지위를 보전토록 하라, 자유당 공천자 일동에게」, 1958.3.25.

「우리나라 영화의 발전을 치하」, 1959.1.2.

박정희

「제6회 근로자의 날 치사」, 1964.4.17

「비상 계엄령 선포에 즈음한 담화문」, 1964.6.3.

「8.15 제19주년 경축사」, 1964.8.15.

「동부지역공공행정기구 제3차 총회 개회식 축사」, 1964

「제46회 3.1절 경축사」, 1965.3.1.

「진해제4비료공장 기공식 치사」, 1965.5.2

「5·16 혁명 제4주년 기념 치사」, 1965.5·16.

「세수 확보에 대한 서신」, 1965.6.11

「제헌절 제17주년 경축사」, 1965.7.17.

「제2영월화력발전소 준공식 치사」, 1965.9.15

「제4298주년 개천절 경축사」, 1965.10.3.

「한글날에 즈음한 담화문」, 1965.10.9.

「부산조선공사 종합 기공식 치사」, 1966.7.6.

「제3회 저축의 날 담화문」, 1966.9.25.

「대통령 후보 지명 수락 연설」, 1967.2.2.

「대전 유세 연설」, 1967.4.17.

「전주 유세 연설」, 1967.4.18.

「제22회 광복절 경축사」, 1967.8.15

「부산연합철금공장 준공식 치사」, 1967.9.29.

「제4회 수출의 날 기념식 치사」, 1967.11.30.

「공화당 당원 동지에게 보내는 특별 담화」, 1968.8.15.

「제2경제 운동 실천 국민 궐기 대회 치사」, 1968.9.28.

「제주도포도당공장 준공식 치사」, 1968.11.1.

「한국기자협회 창립 제5주년 기념식 메시지」, 1969.8.18.

「4.27 대통령 선거 대전 유세 연설」, 1971.4.10.

「4.27 대통령 선거 춘천 유세 연설」, 1971.4.15.

「9.27 대통령 선거 대구 유세 연설」, 1971.4.17.

「4.27 대통령 선거 서울 유세 연설」, 1971.

「현대건설 울산조선소 기공식 치사」, 1972.3.23.

「경제의 안정과 성장에 관한 긴급 명령의 공포 시행에 따르는 특별 담화문」, 1972.8.2.

「포항종합제철공장 준공식 치사」, 1973.7.3.

「제13회 수출의 날 치사」, 1976.11.30.

「전국 새마을 지도자 대회 유시」, 1976.12.10.

「하와이 이민 75주년 기념 메시지」, 1978.1.13.

「민주공화당 창당 제16주년 치사」, 1979.2.26.

「제10회 국회 개원식 치사」, 1979.3.15.
「소비 절약 추진 범국민 대회 치사」, 1979.3.27.

김영삼

「여의도 클럽 회원의 날 연설」, 1993.6.17.
「6·25 참전 용사 위로연 연설」, 1993. 6.25
「제165회 정기 국회 연설」, 1993.9.21.
「1994년 연두 기자 회견문(개혁과 세계화로 재도약)」, 1994.1.6.
「1995년 연두 기자 회견문(세계와 미래를 향한 힘찬 전진)」, 1995.1.6.
「『세계일보』 특별회견」, 1995.2.27
「제32회 무역의 날 연설」, 1995.11.30.
「12·12 사태 발생 16년째 되는 날을 맞아 국민에게 드리는 말씀」, 1995.12.12.
「제28회 국가 조찬 기도회 연설」, 1996.4.30.
「대전지하철 1호선 기공식 연설」, 1996.10.30.
「경제 살리기를 위해 국민에게 드리는 말씀」, 1997.12.11.

이명박

「제28주년 5·18 민주화 운동 기념사」, 2008.5.18.
「대구성서5차 첨단산업단지 기공식 축사」, 2008.5.21.
「국민에게 드리는 말씀」, 2008.5.22.
「제18대 국회 개원 연설」, 2008.7.11.
「국민성공실천연합 비전 선포식 축사」, 2008.7.12.
「원주-강릉 철도 건설 기공식 치사」, 2012.6.1.
「제19대 국회 개원 연설」, 2012.7.2.